# 优阅成长读

## 浦东新区"书香校园"
## 教师读书活动优秀征文集

主　编　毛力熊
副主编　严国华　王丽琴

上海社会科学院出版社

## "悦行文库"教育丛书编审委员会

### 主 任

毛力熊

### 副主任

严国华　朱爱忠

### 编 委

（按姓氏笔画为序）

马淑颖　王丽琴　毛力熊　方志明　双慧红　朱佳琦
朱爱忠　庄晓燕　孙雯洁　严国华　沈　吟　金志勇
赵之浩　胡　军　钟　岩　倪霜舟　徐　兰

## 慧阅读　优成长
——浦东新区"书香校园"教师读书活动优秀征文集
## 编审委员会

### 主　编
毛力熊

### 副主编
严国华　王丽琴

### 编　委
（按姓氏笔画为序）

| | | | | | |
|---|---|---|---|---|---|
| 马淑颖 | 王丽琴 | 毛力熊 | 方志明 | 双慧红 | 朱佳琦 |
| 朱爱忠 | 庄晓燕 | 孙雯洁 | 严国华 | 沈　吟 | 金志勇 |
| 赵之浩 | 胡　军 | 钟　岩 | 倪霜舟 | 徐　兰 | |

悦·行读书社团历年成果

悦·行读书社团历年成果

教育局机关 UP 读书社成立

UP 读书社与书香盈耳诵读会成员共读《红色家书》

UP 读书社·XIN 语会成员《格局·坚守》故事会

UP 读书社成员在上南中学图书馆

采文读书坊·开明轩启动仪式留影

采文读书坊"深阅读"启动与项目化学习整本书阅读活动

书香盈耳诵读会成员加入"巾声有约"声音志愿者服务队

书香盈耳诵读会《领读洋泾》同心向党·经典诵读活动

"心世界"读书会成立十周年纪念,相聚教发院阳光书吧

"心世界"读书会成员探访上海图书馆东馆,听专题讲座

《王阳明大传》共读小组一起行走松江仓桥

金新小学阅悦月读社团共读活动

汉字悦读社《汉字里的中国》读书分享

"一亩田"读书社团读书交流活动

初中数学再创造研读社团听浙江大学蔡天新教授讲座后签名

吴迅中学悦美书吧

# 序

从 2017 年到 2023 年,浦东新区教育工会和浦东教育发展研究院携手并肩、齐心协力,大力推动教师读书社团建设,深入推进教师读书活动,让校园充满书香气,让教师成为真正的读书人。从学校读书活动到社团读书活动,从个人读书活动到亲子读书活动,犹如盛开在浦东教育园地里的魅力"四叶草"。老师们从"爱读书"到"会读书",再到"慧读书",走出了一条浦东教育工作者"慧阅读,优成长"的发展之路。

当一个人使劲踮起脚尖靠近太阳的时候,全世界都挡不住他的阳光。当一个人经年累月始终拥抱阅读的时候,全世界都能看到他的智慧。当浦东 650 多所中、小、幼学校的 5.5 万名教师,将好读书、读好书汇聚成了一道光,使得今天浦东教育的天空,群星交相辉映。苏格拉底说:"每个人身上都有太阳,主要是如何让它发光。"在浦东教育园地里开展了七年的《书香校园》活动,让我们见证了"有志者敦之笃之,力行者果之毅之"教育的光彩,践行着化教育改革的洪流为教学研究的清流。且读且思且随风,且说且写且从容。

岁序常易,华章日新。七年来,我们共编印了七本《书香校园》的专集,共计有 339 篇,达 170 万字。高低起伏山一程,平静奔涌水一程,作为一个时段的总结,以及更好地促进《书香校园》活动深入和可持续地发展,今天,我们从历年的优秀作品中再进行精选,出版了本册《慧阅读 优成长》的荟萃本。目的之一就是,在浦东新区全体教师中,倡导用阅读照亮阅读、用智慧点燃智慧、用创造激发创造、用心灵滋润心灵的读书学习之风。七年来,形成了七个不同的读书主题,这无疑就是七道大美浦东教育的亮丽风景线:

《读书与成长》,体现了我们——"腹有诗书气自华"的清心与倾心;

《我的教育观》,展现了我们——"俱怀逸兴壮思飞"的我心与全心;

《为学校点赞》,涌现了我们——"春城无处不飞花"的贴心与甜心;

《教育的创意》,映现了我们——"宝剑锋从磨砺出"的尽心与精心;

《教育的活力》,再现了我们——"映日荷花别样红"的诚心与耐心;

《温暖的教育》,突现了我们——"化作春泥更护花"的齐心与真心;

《慧读书　优成长》,实现了我们——"功不唐捐终入海"的信心与恒心。

七年来的2500多天里,浦东的"教育人",与"读"日日相伴,与"书"心心相印;与"思"刻刻相随,与"慧"天天相融。用阅读的实际行动,印证了教育家苏霍姆林斯基曾经说过的一段话:"无限相信书籍的力量,是我的教育信仰的真谛之一。"

读哲学,我们拜访智者交谈,探寻思想深度——我是谁？我从哪里来;

读理论,我们开阔育人视野,学习科学方法——哪里去？我该怎么做;

读案例,我们反思反问反省,化为心中光源——怎样改？我的优策略;

读教育,我们获取同行经验,提升内涵能力——怎么教？我的慧行动;

读经典,我们致敬先贤大家,追求诗与远方——爱什么？我的新未来。

这"五读"与"五问",对于我们浦东"教育人"来说,其实就是一种根植于内心的修养、一种无须提醒的自觉、一种久久为功的坚持、一种向阳而生的姿态。

日日行不怕千万里,天天读不吝千万言,时时做不惧千万事,我能我行我成长。

2021年世界教师日的主题是:"教师是教育复苏的核心。"那读书,无疑就是教师内涵发展的催化酶和助力器。在读书学习上把握主动,是教师发展所必需的。杨绛先生把读书比作"到世界上最杰出的人家里去串门"。读书是以潜在的对话,发现自我、丰富自我的过程。阅读,应该是生活中的一种常态。半卷诗书一壶茶,人间至味在阅读。今天,我们编印的不仅仅是文集,那是奔腾在时代洪流中的浪花,是镌刻在教改实践中的印痕,是闪耀在育人天空中的群星,是描绘在奔向未来中的璀璨,更是浦东建设教育引领示范区的一种用智慧与行动书写的自豪。

毛泽东同志曾大力倡导"学用统一观",他说"读书是学习,使用也是学习,而且是更为重要的学习",将学和用紧密联系在了一起。学是基础,用是目的,将学到的知识观点转化为解决问题的思路和方法,做到学而能用,学而会用,学用统一。2019年,习近平总书记在视察《读书》杂志时说:"要提倡多读书,建设书香社会,不断提升人民思想境界,增强人民精神力量。"2024年是第40个教师节,让我们共同倡导:

用行动"致敬阅读"吧！去实现——心与心的交流;

用体验"享受阅读"吧！去实现——美与美的分享;

用心灵"感恩阅读"吧！去实现——爱与爱的传递;

用坚持"恒远阅读"吧！去实现——人与人的共进。

浦东新区教育工作党委副书记、教育工会主席　毛力熊

# 目 录

序

## 第一编　浦东新区教师读书活动历程

书香沁浦东，教育可强国
　　——浦东新区教师读书活动十余载回眸
　　················· 上海市浦东教育发展研究院　王丽琴　003
为"悦·行"读书社团点赞················ 上海市浦东教育发展研究院　陈家昌　017

## 第二编　特色社团、个人暨学校读书活动巡礼

关于采文读书坊"5+1>6"的阅读视界与创意写作思考
　　················· 上海市浦东教育发展研究院　蔡文花　023
为你，等一夏花开
　　——记浦东新区教育工会书香盈耳诵读会
　　················· 上海市浦东新区金桥中心小学　苏爱英　032
书香常伴的成长故事··············· 上海市浦东新区华高小学　张琪娜　041
中学校园教师阅读活动的开展逻辑与实施路径
　　——以上海中学东校为例················ 上海中学东校　周鲁泉　044

## 第三编　七彩征文硕果累累

**读书与成长** ···································· 051
翻转透镜：直面教师内心幽微处
　　——《教学勇气》读书报告 ········· 上海市建平实验中学　王奕敏　052

数学经典共读中的个体角色与成长脉络
　　——一位初中数学教师四年共读的体悟
　　　　　　　　　　　　　　　　　　　　　上海市南汇第二中学　张丽芝　059
用实践架起读书与成长的桥梁……………上海市浦东新区新港小学　周威丽　067
借助阅读，走出"洞穴"
　　——阅读对于为师的助益……………………上海市上南中学　黄艳嬿　074
读书伴我成长………………………上海市浦东新区上南五村小学　戴思佳　079

**我的教育观**　　　　　　　　　　　　　　　　　　　　　　　　　　　085
"夹衫乍著心情好"
　　——我带学生做探究…………………………上海市石笋中学　舒　君　086
让学生由学习一篇课文爱上阅读
　　——兼谈我的语文教学观…………………上海市川沙中学南校　王　珍　094
为孩子们的"悦"读撑起一片天………上海市浦东新区上南五村小学　彭晓璐　100
跳出数学"做数学"……………………上海市浦东新区惠南小学　徐一蕾　106
责任在心　担当在行
　　——小学生公民责任感培养新途径
　　　　　　　　　　　　　　　　　　　上海市浦东新区上南二村小学　施远远　112
爱的进行曲
　　——用爱书写我的教育观………上海市浦东新区高行镇东沟小学　周荔荔　117

**我为学校点赞**　　　　　　　　　　　　　　　　　　　　　　　　　123
吴迅中学赋………………………………………上海市吴迅中学　袁志敏　124
梦田守望者
　　——为南汇一中的筑梦人点赞……………上海市南汇第一中学　瞿燕屹　126
我为你点赞………………………上海市浦东新区小天使幼儿园　潘清华　129
观澜景在我梦里…………………………上海市浦东新区观澜小学　周小单　132
火的永生………………………………上海市第六师范附属小学　武计芩　135

## 我(们)的教育创意 ············ 139

浅谈初中化学学科 P.I.E 理念教学
——以"盐"单元的个性化作业设计为例 ····· 上海市实验学校东校 沈毅辉 140
教学不仅仅是一种告诉 ·············· 上海市浦东新区唐镇小学 刘叶青 146
达克罗兹音乐教学法的创新应用 ········ 上海市浦东新区石笋幼儿园 朱军妹 150
学习共同体构建要素与策略的探究
················· 上海市浦东新区惠南西门幼儿园 孙 燕 155
只待"花"开 ················· 上海市浦东新区蓝贝壳幼儿园 孙思敏 160

## 教育的活力 ············ 163

阅读：赋予生命永恒的活力 ············ 上海市建平实验中学 孙伟菁 164
初中学生英语学习活力的激发 ··········· 上海市高行中学 汤英华 169
知虫趣,享自然,激活力 ·········· 上海市浦东新区锦绣博文幼儿园 高慧怡 174
"儿童视角"下的集体教学活动 ········· 上海市浦东新区南六幼儿园 李敏芝 179
在幼儿园陶土坊活动中发展幼儿想象力的实践研究
················· 上海市浦东新区上炼三村幼儿园 吴晓梅 185

## 温暖的教育 ············ 191

为温暖教育提供温暖环境 ············· 上海市洋泾中学 李彦荣 192
"温暖"相遇 ··················· 上海市浦东新区新城小学 沈丽丽 194
云端感应触心弦,师生共鸣暖心灵 ·········· 上海市吴迅中学 宋 飞 200
"你创想,我支持!" ·············· 上海市浦东新区东方锦绣幼儿园 刘晓媛 203
爱得小一点,爱得大一点 ··········· 上海市浦东新区百灵鸟幼儿园 王 岚 208

## "慧"读书,优成长 ············ 213

浦东新区青年新秀系列阅读活动运作路径与经验
················· 上海市浦东教育发展研究院 金秋玥 214
读书,最美的生命之旅 ·············· 上海市新云台中学 王晓云 218
教书与读书 ·············· 上海市浦东新区建平实验小学 朱 煜 221

呦呦鹿鸣悦书香　专业成长乐时光
................................ 上海市浦东新区曹路打一小学　潘志燕　224
热爱而生　平凡开展 ................ 上海市浦东新区周浦镇第二小学　陆　洋　227
会当凌绝顶，一览众山小
　　——我在新网师的成长故事 ........ 上海市浦东新区祝桥东港幼儿园　孙红卫　230
第一次成为领读人
　　——我正在读的一本书《听说：探索课堂互动的研究谱系》
................................ 上海市浦东新区观海幼儿园　张玉荣　233
"一波三折"的征文经历 ............ 上海市浦东新区临沂五村幼儿园　范素娟　238

# 第一编

## 浦东新区教师读书活动历程

# 书香沁浦东,教育可强国

## ——浦东新区教师读书活动十余载回眸

**上海市浦东教育发展研究院　王丽琴**

上海市科研特级教师黄建初曾给浦东一所中学的读书活动专辑写序,提出:**教师当为善学者**,"如果将学习作为标尺,那么教师可分为两类人:会学习的人和不会学习的人"。他几十年如一日地倡导身边的教师读书,培育教师中的爱书人,因为在他眼里,爱读书的教师,往往就是善学者,往往也能给孩子带来更好的教育。

浦东新区广大教师中,爱书人、善学者举不胜举,他们的从容成长、悄然发光,除了良好的教育背景、卓然的教育理念使然,也离不开所在单位和区域的书香熏染。其中,浦东新区教育工会十余年如一日,多形式、多层级、多模态地推进书香校园建设,培育了优良的区域读书生态,营造了芬芳多姿且持久绵长的浦东"书香"师语。

笔者从四个方面梳理我们走过的这条"书"径。

## 一、区校工会联动,十余载持续举办"书香校园"读书活动

### (一)一花一世界,读书始终是浦东中小幼校园的头等大事

自古以来,学校就是"读书的地方"。浦东的中小幼校园里,到处是书声;引导师生读书,则是长期共识。"同沐四季风,共享读书乐""读书、明理、善教"等美好标题,不断出现在各校读书活动简介和案例中。以"傅雷杯"教师读书活动为例,由傅雷中学牵头,辐射到整个周康航地区的教师。2011年首届读书活动的主题是"我与生命化教育",2012年第二届读书活动的主题是"读书、明理、善教","八个一"的活动设计,带领全体教师走入书境,感受读书的魅力:(1)制订一份读书计划;(2)梳理一张读书列表;(3)举办一次读书交流;(4)精读一本生命读物;(5)举办一次教师演讲;

(6)聆听一场专家讲座;(7)组织一次家长沙龙;(8)设立一个交流平台。

"傅雷杯"教师读书活动,受到了当时的第四教育署领导高度关注与重视,最终的获奖读书心得由《浦东教育》汇编成专辑,发挥了积极的影响力。类似的校本特色读书活动及其成果汇编,在各校还有很多,详见本书的相应部分。相信这些"一花一世界"的美好故事,能给您更深的启发。

### (二)读书与责任,浦东教育发展研究院工会18年不中断读书交流活动

2006年起,浦东教育发展研究院工会每年组织院内的读书交流活动,到2013年已汇编5本教职员工读书心得专辑(基本情况见表1),历任院长为专辑撰写序言;年底举行大型读书交流活动,邀请叶辛、王小鹰、孙颙等知名作家做讲座。这些活动有力推动了院内的书香文化营造,培育了一大批自身热爱读书,也热衷推广教师读书的骨干力量。

表1 浦东教育发展研究院工会历年读书交流活动专辑一览表

| 年 份 | 征文主题 | 教职员工读书心得入选专辑数量/篇 |
| --- | --- | --- |
| 2008 | 读书·勤业·思行 | 80 |
| 2010 | 读书与做人 | 51 |
| 2011 | 读书交流 | 68 |
| 2012 | 未定主题 | 90 |
| 2013 | 未定主题 | 50 |

以2008年的读书交流活动为例,时任浦东教育发展研究院院长的顾志跃研究员欣然为当年的专辑写了题为《享受读书》的序言,提及"以工会名义,组织群众性读书活动在浦东教育发展研究院已经开展三年了,这是我作为院长给全体员工的一份福利"。他认为,"在一个知识分子成堆的地方,领导要想关心大家,最容易做的一件好事就是组织大家读书"。在他的大力倡导下,仅2008年,工会就组建了"教育理论""英文原著""文学作品""文明礼仪""法律道德""信息技术""生活情趣""文化艺术"等8个读书小组。这些小组后来逐步演进成浦东各种书香教师社团的雏形。组

长们也逐步成长为"悦·行"读书社团的领衔人。

程红兵院长在 2011 年度读书专辑的序言《读书交流——多么好的事情》中，更是深情地回忆了自己曾每个月花一到两节课让学生们交流读书心得，"现在作为院长，请老师们以部门为单位交流读书体会，同样也是为了分享阅读的体验、阅读的思考。这样一种分享活动，我称之为读脑"。

是啊，读书、分享，其实就是读优秀的人们脑海里的东西，可以激发灵感，激发思维，培育智慧，培育学养。一直热心张罗浦东教育发展研究院读书活动的朱爱忠主席则以《读书活动，不是工作的点缀》为题，分享自己读《过去的小学》后产生的真切体悟。

"如果说'读'与'不读'对从事一般行业的人是一种个人选择，对教师而言，这种选择则意味着一种责任，承载着一种使命。教师是知识的传授者，更是人格的塑造者。'读'与'不读'，不仅关涉其自身的专业成长、精神修养，更是一件与未来息息相关的事情。所以，对于我们广大教师来说，读书活动不是工作的点缀，而是一种态度。"

因此，对于我们来说，读书已经是一种责任、一种使命，也是教师专业发展引领者们的一种专业态度。

### （三）全区总动员，浦东新区教育工会年度"书香校园"读书征文

从 2016 年起，浦东新区教育工会联手院工会，每年春夏向各教育指导中心工会、各基层工会发出当年的"书香校园"教师读书活动通知。每年的读书活动均紧扣当年的重要政策、文件精神，根据实际需要拟定合适的征文主题，不变的是倡导教师读书，以"书香"持续培养"四有"好老师，不断营造书香浓郁的校园氛围，提升教师的专业素养和文化素养。

以 2019 年为例，当年的读书征文主题为**"我为学校点赞"**，通知对征文主题、要求做了详细的解读与布置：

1. 征文主题：我为学校点赞。围绕在加快推进浦东教育现代化、建设浦东教育强区过程中，学校坚持立德树人的根本任务，办好老百姓家门口的好学校，培养德智体美劳全面发展的社会主义建设者和接班人，所进行的积极探索、无悔付出以及取得的突出成绩、可喜进步等，谈谈身为其中的"我"的真切感受和自豪之情。

2. 征文要求：征文内容要实事求是，积极向上，体现对学校改革发展的认同、希望、信心和责任担当。可从身边奋斗人、改革感人事等记录与叙述中，见人见物，见思想见变化，富有真情实感地为学校的发展和进步点赞。

征文文体不拘,题目自拟,字数在 2 000 字以内。各单位可择优报送优秀征文 2—3 篇。征文稿件以纸质文本和电子稿方式递交,截稿日期为 7 月 1 日。纸质文本字体为仿宋、四号字,一式二份,在征文末尾注明作者单位、姓名和联系手机号码(纸质稿寄送和电子稿发送方式略)。

每年的通知中,区教育局工会都明确指出:读书活动是教师素质工程建设的重要抓手。在区教育局、浦东教育发展研究院、各指导中心以及各基层工会的共同努力下,八年来,浦东的教师们围绕当年主题展开了基于校本或跨校共读组织的读书活动,撰写论文,收获了看得见的成长。

每年的征文,经过各级工会的发动、组织,不断涌现出优秀的征文作品。以 2020 年主题征文为例,这一年的征文主题是"**我(们)的教育创意**",鼓励教师把自己和团队在教育教学中的各种创新实践、创意经验表达出来,分享出去。浦东教育发展研究院蔡文花老师撰写的《创意、影响力助力实现跨越"专业经验"的教育创新——悦·行丨采文读书坊 5+1 大于 6 的品牌故事》、上海市浦东新区辅读学校杨斌老师撰写的《我们的教育创新——梦工坊就业实习基地》、惠南西门幼儿园孙燕老师撰写的《学前教师学习共同体构建要素与策略的个案探究》等 22 篇文章喜获一等奖。这些文章都是从实践中提炼而来的,带着浓郁的书香气息,更彰显了"教师共同体""合作创新"等先进理念。

## 二、"悦·行"读书社团,打造浦东校园最美的风景线

浦东新区教育系统教职工"悦·行"读书社团(以下简称"悦·行"读书社团),是浦东学校读书联盟,其根本宗旨在于通过组织本区教师创建读书社团,参与书香校园建设,培养领读者队伍,发现和总结教职员工读书经验,通过推广教职员工全民读书活动,提升教职员工阅读品质,有效推进校园文化建设,促进教职员工专业发展。

"悦·行"读书社团在区教育工会的关心下,每年均得到各基层单位党政工组织的积极支持,建团数量和参与人员不断提升,社团工作取得了丰富的成果。

### (一)读书社团建设规范化

1. 制定社团管理办法

为鼓励教职工开展读书活动,推进书香校园建设,丰富和活跃教职工业余生活,

引导、规范教职工社团组织建设,社团制定《上海市浦东新区教育单位教职工"悦·行"读书社团管理办法》(以下简称《办法》)。《办法》共有12条,从社团性质、建团要求、参团原则、社团运行、经费使用和考核管理等方面提出规范要求,确保"悦·行"读书社团的规范有序发展。

#### 2. 规范建立读书社团

根据《办法》和以往经验,建立跨校读书社团和基层单位分社团。各社团根据预设目标吸收成员,共同研究制定年度读书活动方案。从2017年初建,到2018年,浦东教育系统就成立了16个跨校读书社团、75个校内读书社团登记备案,各社团根据预设目标吸收成员,共同研究制定年度读书活动方案。2019年,建团数量和参加人数再攀新高,共审核通过建立的教职工"悦·行"读书社团153个,总计参与人数达3 097人。其中,跨校社团22个,参与教师525人;学前读书社团54个,参与教师934人;小学读书社团41个,参与教师746人;中学读书社团36个,参与教师892人。2020—2022年读书社团数量和参与人员又有扩展,并克服疫情影响,坚持开展线上为主的共读活动。2023年,各个社团逐步恢复线下活动,社团数量和参与人数均有提高。

### (二) 读书社团活动多样化

#### 1. 线上交流分享多

网络时代,移动终端让交流可以随时实现,微信、QQ、美篇等APP的魅力加持下,"悦·行"读书社团线上活动如火如荼。各读书社团在领读者主持下,利用晚间、休息日等碎片化时间,围绕主题展开学习讨论,大家分享观点、交流体会,还把学习交流过程制作成美篇、公众号图文消息,分享到全区的领读者群内。除了微信、腾讯会议等常用工具,教师们还根据不同群体的特点和共读书目的实际需要,探索使用了钉钉、CCtalk、Classin等多种学习平台,积累了丰富的读书交流资源。

#### 2. 线下活动热情高

线上读书有化解时空阻隔、方便易行等优势,但面对面的线下交流还是不可或缺的,社团开展的线下活动也精彩纷呈。钟书阁是"悦·行"读书社团选定的活动基地,大家喜欢这里的环境和浓浓的自由读书氛围,选书购书,将好书推荐给同伴,面对面交流和发表观点,表达的都是真情实感。除了共同的学习基地,各读书社团还充分发挥自己所在学校的优势,开展共读经典、诗歌朗诵、阅读节等活动,可谓各显神通,百花齐放。

### (三) 特色社团引领作用大

**1. 心世界读书会**

2010年前后,浦东教育发展研究院的王丽琴博士经常参与全国教师自发组织、共读中外名家教育著作的读书活动,并于2013年8月组织教发院多位志愿者联合全国各地专家学者,在杨思中学举办了为期3天的全国首届教师"勇气更新"公益研修活动。在当时的执委会成员之一朱爱忠主席鼓励下,十几位志愿者老师于8月31日正式成立了属于自己的读书会,取名为"心世界"。成员每年围绕一本书展开丰富多彩的阅读活动;结合市级团队发展计划项目,"心世界"读书会组织过四届"书有光　读更美"读书心得征集活动,不断探索教师共读的各种可能性,引领了浦东乃至全国不少教师的成长。成员们曾合作编写出版了《偷师杜威——开启教育智慧的12把钥匙》,在历届"黄浦杯"长三角地区教育征文中获得一等奖4次、二等奖5次。突出的读书成果,引起了《上海教育科研》《教师月刊》等媒体的关注。2017年3月,《上海教育科研》编辑部委托"心世界"读书会承办当年的"读书与成长"长三角地区经验交流活动。

"心世界"读书会现有成员21人,均为浦东中小幼学校和浦东教育发展研究院教师,学科涉及语文、数学、英语、音乐、信息科技、教育科研、学前教育、拓展课程等。自2017年以来,"心世界"读书会鼓励成员各自成立"悦·行"读书社团,50%的成员成为跨校或校内读书社团负责人。拥有了自己的读书社团之后,他们依然心系"心世界",因为这里是"悦·行"读书社团领读者的摇篮。"心世界"读书会的风格和规则,为他们带领"悦·行"读书社团提供了借鉴。2019年春,浦东教育工会和上海社会科学院出版社启动"悦·行书系"出版计划,"心世界"读书会的张娜、张丽芝老师成为第一批提交专著书稿的领读者,郑新华老师则于2021年完成专著。3种成果均在市区级教育科研成果奖评选中获奖,带动了各自"悦·行"读书社团成员的快速成长。

**2. 书香盈耳诵读会**

这是最早成立的一个全区性共读社团,社团带着"读在当下"的哲学思维,鼓励教师们开展诵读打卡。管理员已发布300多个打卡主题内容,"书香盈耳诵读会"公众号则发布了32期图文并茂、有声有色的推文;2019年暑假期间,分14期完整发布了有声书《世界上最奇怪的动物》;举办了三八妇女节散文诗歌诵读活动,喜迎新中国成立70周年的"我有祖国,祖国有我"主题朗诵活动;在周浦文化中心举办了"悦读心时光——2019玄序书香盈耳诵读会"等多场大型活动。2022年六一儿童节,"书香盈耳诵读会"的38位成员为边区儿童定制了一份专属礼物:创享益声音"好故事金道理"专辑,用100个好故事激发边区孩子们对社会、对人生进行多角度的思考,点燃他们内心深处的智慧火花。

**3. 儿童阅读指导者联盟**

儿童阅读指导者联盟有一个标识——"小圭璋"。圭璋是中国古代一种玉制的礼器,寓意孩子们都能品德高尚,将来成为国家栋梁之才。儿童阅读指导者联盟以2019"小圭璋中国原创绘本插画展"进校园活动为主要内容,倡导通过教师的指导,弘扬中华优秀传统文化,树立文化自信,培养儿童良好的阅读、表达、思考等品质,促进学校之间对绘本阅读教学活动和读书活动的研究。浦师附小、龚路中心小学、顾路中心小学、民办尚德学校、民办福山正达小学、进才实验小学、新世界实验小学、洋泾菊园实验学校等学校参与巡展活动,积极开展相关的教学研究。

**4. "行动π"跨学校读书社团**

这是建立在2018年度共读《追求理解的教学设计》基础上的"加强版"共读小组,书目又加上了学科性更强的《章建跃数学教育随想录》。社团成员理论与实践相结合,进行读书活动的设计。大家先啃读目录,将《章建跃数学教育随想录》中的重点文章进行了归类,分类别进行选读;同时,从《数学》教材中选择一个内容,然后针对这一内容从手边的书中找到对应的相关内容,分享到群内阅读。2020年"行动π"跨学校读书社团的活动增加了研究的意味,组内多位教师结合课题的研究、读书活动的深入研讨,发表了多篇论文。"行动π"跨学校读书社团活动更像是一个任务驱动下的读书筛选活动,目标定位在服务于教学,结合多本书的内容、已发表的文章进行索引,讨论其中的一些问题,然后回归到教材本身。

**5. 采文读书坊**

如果说以上四个社团品牌是"悦·行"读书社团组建之初即有得天独厚优势的"元老派",那么采文读书坊则是后起之秀中的"排头兵"。在一次全院教工读书心得交流中,领读人姜美玲博士分享了自己阅读《瓦尔登湖》这部经典的次数有18遍,百读不厌的故事深深吸引了本院教工蔡文花。她本来就爱读书,又是一名期刊编辑,特别是经历了病痛折磨和至亲辞世等挫折之后,听到"悦·行"读书社团各位领读人的实践分享后,这颗阅读种子就在她的心里生根、发芽。2019年2月,采文读书坊正式启动,作为首个以"社团联盟"形式出现的新型社团品牌,它自诞生伊始便以高标准搭建"5+1>6"跨学校成员间的阅读行动,目标导向清晰,各读书坊按照年度、月度阅读计划有序推进,线上线下循环交替,循序渐进。最早组建的两家读书坊如"听潮风"和"西柚味儿"于2月27日同一天不同时段举行了启动会,2019年年底又有"春之声""溪君荟""开明轩"3家学校阅读社团陆续诞生,"采文读书坊"核心阅读社团"墨香采微"群组,则是由此5家学校社团的精英成员组成的跨校社团。首个"5+1"社团联盟组建形成,采文读书坊5+1>6的阅读故事也随之发生,口口相传,闻着书香不断壮大。2020年至2021年,"立学磨剑""满庭芳""雅文润心""书韵荷香""星园小驿"5所学校新社团加盟融入。采文读书坊的领读人蔡文花用3年多时间育成、发展了12个相对独立的读书社团,包含幼儿园、中学、社会教育机构。作为一个新型联盟读书平台,采文读书坊更像是浓缩的"悦·行"读书社团,它不仅是读书分享的交流平台,更发挥了联盟桥梁作用,一起搭建科研平台,让青年教师更好、更快地成长,为浦东教育发展做出贡献。

### 6. UP 读书社

UP读书社成立于2023年4月25日,是"悦·行"中最年轻的读书社团。由教育局机关党委书记毛力熊、机关党委委员陈菊英牵头成立,目前成员有37名,覆盖机关9个处室。UP读书社目前已形成"一日一读、一周一探、一月一谈"三位一体的全员阅读模式,以美篇平台为主阵地,发布"一日一读、一周一探、一月一谈"推文34篇,获得17万余次阅读点击与1 300余次点赞,积极向全社会传达先进阅读理念、推广先进阅读模式。

"一日一读"倡导利用碎片化时间进行阅读,为机关日常工作提供丰富的精神给养。"一日一读"设有读格局、读经典、读诗词、读历史四个板块,如读《格局》、读《论语》、读唐诗宋词、读《中国科学技术史稿》等。目前,已通过读书群发布日读资料102篇5万余字,社员们已养成良好的日读习惯。

"一周一探"充分利用周末、假期时间探访上海特色书店,特别是小而精的独立书店,记录上海独特的书店文化,形成手绘"书店地图"。探访"远方书屋""犀牛书店""复旦旧书店""乐开书店""朵云书店""谜芸馆""半层书店""小朱书店""梯书店"等书店,通过参观、访谈等形式记录多样的书店文化和经营理念,忠实记录上海城市的文化烟火。

"一月一谈"是UP读书社每月最重要的共读形式,有学习理论、共读座谈、朗诵研学等多种形式。开展"UP 读书社'格局·未来'共读会","UP 读书社·上南悦读社'格局·钥匙'共读会","UP 读书社·XIN 语书社'格局·坚守'故事会","UP 读书社·书香盈耳诵读会'红色家书'共读会","UP 读书社·采文读书坊'乡村振兴'研学活动","UP 读书社·芦芽文学社'走近传统文化,感受非遗魅力'交流活动",在浦东新区教育系统引发热烈反响。

另外,"一月一谈"还设有"写给未来的自己""互赠文创产品""互赠一本书""参观方孝孺纪念馆""参观长达村史馆""观看皮影戏"等多重生动活泼的阅读形式,加深了社员们和社团之间的情谊,使社员们开拓了眼界,打开了格局,书香满机关!

## 三、"请进"+"走出",锻造浦东教师读书的品牌形象

### (一)聆听名家名师读书报告

十余载岁月,浦东新区教育工会和浦东教育发展研究院工会在区级层面组织了丰富多彩的读书报告活动,邀请各方名家名师开讲。如:

1. 2017 年 3 月 27 日下午,在浦东图书馆,生命化教育的倡导者张文质先生与书友现场对话交流,亲切互动。

2. 2017 年 9 月 8 日晚,著名配音艺术家童自荣先生的新书《让我躲在幕后》发布会,吸引了浦东的很多"童"粉,老师们选择以这种方式度过了一个特别的教师节。

3. 同济大学哲学系教授陈家琪先生,先后 3 次受邀为浦东教师做讲座,以其深邃的哲学思想和亲和的现实关怀,让很多的中小幼教师开启了哲学与人生的思考。

4. 上海师范大学詹丹教授于 2021 年 11 月 1 日受邀为浦东教师主讲《伟大的红楼梦——〈红楼梦〉文本解读的整体关联》,让红迷们深感过瘾。

和这些相对机动的名家名师讲座相比,浦东教育"弘道"讲坛堪称"请进来"这种方式的"天花板"设计。自 2019 年起,该讲坛已先后邀请鲍鹏山教授、赵启正院长、俞立中校长、葛剑雄教授、陈高宏部长、郑召利教授、王建宇院士等名家、大咖,为浦东教师做专题讲座。每次"弘道"讲坛开讲之日,各教育指导中心工会、基层工会均积极发动,妥善组织优秀教师参与,在他们的心田播下了追求高质量阅读、勇敢创新实践的种子,为推进浦东教育现代化和区域教育综合改革创新示范区建设做出自己的贡献。

### (二)为长三角乃至全国做读书交流、共同体建设指导

1. "教学勇气"研读营是早成立的4个全区性共读社团之一,书友们边共读,边自我研修,2015—2017年连续3年组团赴四川绵阳、武汉武穴、山东曹县等地,支持全国"勇气更新"公益活动,并在论坛上亮相做集体叙事,输出教师共读、蜂房式共同体的理念与策略。

2. "心世界"读书会负责人借助市级团队发展计划项目,在上海市学习科学研究所的大力支持下,于2015—2018年连续组织四届"教师共读与读书心得"征集活动,联合山东、西安、湖南等地教师参与,评选出最佳共读小组、优秀共读小组十余个,获得一、二、三等奖的读书心得超过500篇。

3. 上海浦东教育系统在全国享誉的"悦·行"读书社团品牌名声在外,又引出沪滇两地教育系统合作共读书香的佳话。

为了深化上海市浦东新区与云南大理白族自治州的教育合作交流,浦东新区依托优质教育资源优势为大理白族自治州教育引入优质校园文化品牌建设经验,帮助大理白族自治州对口帮扶学校提高教学管理水平和教育教学质量。

除了沪滇合作,浦东新区的领读者们还利用各种项目合作的机会,为远方的教师送去共读、行读的资源和理念。如赵明艳为新疆莎车地区教师组织共读活动,推动他们的专业成长;郑新华、徐颖等为西藏江孜县教师送教。

## 四、"额外的奖赏",浦东教师读书活动的探究成果

### (一)挑战性阅读促进科研型教师的专业发展

1. 从"杜威共读"到教育科研著作领读——教师为什么要读一点深刻的书?

在浦东的"悦·行"读书社团中,有一批社团的共读书目比较特别,不仅相当难,而且有的猛一看和一线教师的教育教学日常生活有较大的距离。比如,王丽琴老师长期以来带领共读社团,啃读杜威的《民主主义与教育》《儿童与课程》、刘良华的《教育哲学》《教育研究方法》(两个版本),近年来,则集中于国内外教育科研前沿专著,如《学习质量评价:solo分类理论》、马扎诺等著《教育目标新分类学》、魏戈主编《成为研究型教师的8个锦囊》、肖思汉著《听说:探索课堂互动的研究谱系》,吸引了一

批中青年科研骨干主动"找虐",挑战自己的能力边缘。

王老师在和领读者白老师交流时,这样提及自己倡导教师读一点深刻的书,尤其是要主动担任领读者角色的原因。

王:我发现有一些经验很丰富的老师,或者说讲座经验很丰富的老师,做一个吸引人的讲座并不难。从2010年我开始做教师的教育经典共读,其中领读形式是后期才逐步固定下来。你会发现,老师们的领读,看起来也就是在做讲座。白老师,我想问你,担任领读、做分享,和专门为大家准备一个讲座,有什么不一样?

白:做领读和做讲座有什么不一样?我本来以为这是最后一章,没有多少页,会很轻松,后来在准备的时候发现不是这么回事,等于我又把整本书一页一页读了一遍,花了几天的时间。准备PPT时,我发现领读真的是有点吃力的,因为要准备好自己参加这次共读最重要的体会,不断地反思,和自己的实践挂钩。

王:对。我为什么特别倡导大家领读,尤其是共读有一定难度的书,争取做某一章的领读者?如果是纯粹做讲座,有可能很顺,就是把做过的事情、我的经验绘声绘色地讲出来。自己列提纲,自己控制时长,一线教师会有很多生动的表达方式。而领读的时候,领读者某种程度上是一个翻译者,要把这本书介绍给还没读的和正在读的其他教师,但我们又不可能是一个简单的复读机,好的领读者一定是像在搓绳子一样,把这本书的精华的东西拧成一股绳,同时又向自己的教育教学生活去不停地追问,充分地调动自己的经验去理解书,作为我的这股绳跟书的那股绳一起搓,搓出来一个更加坚固的、更加有条理的讲座式产品。领读者大多会很投入,结束时也会很有成就感,因为觉得自己没有辜负大家的等待,也没有辜负自己付出的时间。

目前很多学校有各种各样的共读方式,我们采用的领读式,有点逼着教师做讲座的味道。但讲座只是一个外壳,领读的内核是让教师不停地吸纳的过程。一般意义的做讲座,主要是单方面的输出。领读不是这样,更多的是吸收的过程。可能讲的时间只有这一个小时,或半个小时,但是吸收和准备的过程至少需要一个礼拜,领读者带着这个任务苦苦地读,默默地"搓绳",还要做PPT,使自己的准备更生动、可视化地呈现。在这样一个安静的夜晚,对着PPT,对着陪着你的这么多书友,领读者经历了完整的深度阅读过程,成长自然就在其中了。

**2. 从"弗赖登塔尔"共读到"悦·行书系"彩虹书——基于共读的课题研究如何催生教师的专业跃进?**

"弗赖登塔尔"共读小组是浦东一批初中数学教师建立起来的一个社团。该社团和全国好几个地方的共读小组联动,深度阅读弗赖登塔尔的系列数学经典著作,高品质的读书心得引起华东师范大学汪晓勤教授团队的关注。更难得的是,领读者们不满足于读懂数学经典,而是以课题为抓手,以"再创造"理念为指引,申请系列市区级课题,用4—5年时间的努力形成了有品质的科研成果。《初中数学再创造——基于再创造数学观的反思性学习研究》一书由上海社会科学院出版社出版,领衔人张丽芝老师晋升为正高级教师。通过这个案例我们发现,领读、共读不是终点,如何将共读的成果转化为教师的教育教学实践,课题研究、科研项目就是特别好的转化路径。

当然,这里的课题是一个广义的概念,不一定都要追求立项,哪怕是微项目、小课题,教师只要实践起来,就可以把从书里汲取的营养,在自己的课堂、班级里做迁移和引用。而课题研究共同体最好的凝聚方式和推进策略,又离不开对教育科研类书籍的深读。总之,领读与科研、项目与成果孵化之间形成了良性的循环,领读者化身为课题负责人,"读书达人"进阶成长为"科研达人",在浦东已经不是个案,"悦·行书系"彩虹书中的六本,都是由这样的教师和他们的团队完成的。他们通过基于共读的课题研究,实现了自己和共读、课题小伙伴们的专业跃进。

### (二)多模态阅读促成多元共读模式和领读课程开发

#### 1. "心世界"的读法——读出共读领袖群落

前文提及的"心世界"读书会,阅读的模态主要为静、漫。所谓"静",就是读书会只重点提供每年的共读书目,成员自定步调安静地阅读,并进行不定期的交流。所谓"漫",就是完全不设定阅读的专业限制,各学科、跨学科的各类"轻经典",都成为成员共同研读的对象。如社会学、人类学、经济学、考古学、历史学,大家通过读书会,接触到了之前作为一线教师很少触碰的领域,打开了眼界,浓厚了情怀。在这个过程中,参与者深深爱上了阅读,也爱上了交流互动的伙伴,渐渐萌发了自己也要组建身边的读书会的想法。因此,一半以上的成员成为共读领袖,经常交流如何带好自己的读书会,如何让"心世界"读书会的资源为新的共读小组建设助力。

#### 2. "书香盈耳"的读法——让声音成为阅读的最佳CP

前文对书香盈耳诵读会也有所简介,作为以朗读、演读为主要形式的读书会,成员经常切磋朗诵、演讲等技巧,积极参与区内外各种朗诵比赛,主动服务社会,让阅读更加入耳入心。2020年春武汉疫情严重的时段,书香盈耳诵读会的书友主动以优美的声音、诚挚的诵读来驰援武汉市民,通过"WE星坊"公众号,持续编发"书香盈耳"

专栏。许多公众号订阅用户在聆听了浦东师生的诵读作品后,以留言、点赞等方式表达感谢,认为在最为艰难的时刻,来自浦东的书香温暖了他们,声音抚慰了他们。书香盈耳诵读会也积极参与各种形式的党建、主题教育活动,朗读革命家书、伟人诗作,把红色资源以更动人的形式送达书友的内心。

3. "良师领读者"联盟的读法——原来领读可以成为课程

领读的过程,往往主要是当时在场的老师短暂受到激荡。如何保留领读的成果,让更多教师得益?"良师领读者"联盟作为一个近两年逐渐成形的"悦·行"读书社团,特色就是致力于把领读资源课程化。领读者在完成一场甚至一个系列的领读后,我们鼓励其"产品化",而产品的主要形式就是系列的领读课程。以领读柳夕浪著《撬动未来的杠杆》一书为例,2023年5月底启动,到7月上旬收官,7位领读者分工合作,就每个章节进行深度领读,这些领读的视频及直播现场的互动交流环节,都由腾讯会议完成视频录制,剪辑后上传到CCtalk的"良师领读者"联盟旗下。7课时的完整领读视频,构成一个相对独立的领读课程系列。目前,"良师领读者"联盟已经建构了《学习质量评价:solo分类理论》、《教育目标新分类学》、《成为研究型教师的8个锦囊》、《听说:探索课堂互动的研究谱系》、《教育研究方法》(第二版、第三版各一组)、"聆听桥本武"、《红楼梦》庚辰本对照读等近10个领读课程系列。后来加入的成员通过手机小程序就可以随时随地配合这些书进行跟读、复读。"复读生"在浦东的共读活动中是一种"荣誉称号",不少好书在不同社团之间流传、接力,有领读课程作为支架,后一轮的领读者会比第一轮的更为轻松,而不同轮次的领读者之间也会互相启发、共进,形成迭代效应。

(三)最美书香人,让浦东校园书香更浓郁、师者人生更浪漫

文汇出版社2023年推出了一本大型报告文学集《造梦·怀梦·逐梦——浦东"最美书香人"风采录》,该书获得浦东新区区委宣传部(区文体旅游局)宣传文化基金的支持,也是第六届浦东作协反映浦东宏大故事、奋进故事、感人故事的第三部报告文学集。全书分"一组阅读城区的理念范本""一卷书香社会的实践案例""一部书香达人的生动写照"三个板块,内容为23位浦东作协会员所采写的27位浦东新区首届、第二届"最美书香人"(含提名对象)的故事。

令教育系统骄傲的是,有三位浦东教师作为"最美书香人",其事迹被载入这本丰厚的报告文学集,通过作协会员们的妙笔,一组精彩故事被生动地展现在大众面前:

《他孵化着浦东校园的浓浓书香——浦东教育系统"悦·行"读书社团总负责人朱爱忠剪影》文/闪艳芳

《为有竹梅伴书香——上海市建平实验中学党总支书记兼校长魏澜专访》文/王晓云

《读书,这么浪漫的事——观澜小学"澜星读书节"负责人顾天昊老师的书香人生》文/李佳

是的,读书是如此浪漫的事,呵护一所校园、一方水土的书香,是如此美好的事业。让我们坚信**教育可强国**,坚持**书香沁浦东**,带着"额外的奖赏",持续走在浦东新区书香校园建设的美好之路上。

# 为"悦·行"读书社团点赞

上海市浦东教育发展研究院　陈家昌

浦东新区教育系统教职工"悦·行"读书社团,是近年来在上海教育界具有重要影响的一个教师读书组织,其旗下加盟的各类学校读书坊多达185家,拥有会员总数超过3 200人。我经常在各种媒体看到"悦·行"读书社团及其所辖的读书坊开展的丰富多彩的教师读书活动,有集体的整本书阅读,有教师独立阅读之后的推介与交流,有教师选取书籍的精彩片段开展的朗诵活动,有教师和学生共读一本书活动。看到这些活动的报道,我深为浦东教育界书香越来越浓郁而感到高兴。我想,在浦东由教育大区向教育强区推进的过程中,教师的自主阅读将起到非常重要的作用。

不久前,"悦·行"读书社团的总召集人、上海市浦东教育发展研究院原工会主席朱爱忠老师来电告知,读书社团即将出版一本反映近年来浦东教师读书成果的新书《慧阅读　优成长》,希望我为这本书写一篇文章,我欣然从命。我还联系中国作协原副主席叶辛,请他为浦东教育"悦·行"读书社团题词,请自幼习书、擅长丹青的上海女作家王小鹰为新书题写书名。很快,我就收到了两位沪上文化界知名人士的墨宝:王小鹰以一手娟秀的隶书题写的书名,叶辛的题词是"读书,让我们更善良,更聪明,更出色"。我想,两位名家的题词,一定会为"悦·行"读书社团即将出版的新书增光添彩。

一

我常常想,读书其实是面向全社会的一项福利。作为老三届知青,我自己就是读书的受益者。在2007年夏季上海书展推介的由上海文艺出版总社和百家出版社联合出版的拙作《〈论语〉导读》一书的"缘起"中,我写道:"在人妖颠倒、是非混淆的20世纪70年代早中期,我在贵州山区的一家工厂工作,那里经常停电。一到晚上,点上蜡烛,翻开《论语》,我就进入了一个与周围世界完全隔绝的空间,那是与睿智的灵魂对话的崇高享受,是在物资极度匮乏时期的一种偷偷的精神加餐。"正由于爱好读书,积累了一定量的知识和观察思考问题的能力,恢复高考后,我能够考进大学,并且毕业后留校担任了大学中文系教师。

20世纪90年代中期,受浦东开发的感召,我来到浦东从事教师继续教育工作后,总是尽自己的能力,引导和支持教师读书,开出了一些鼓励教师读书的培训课程,很受基层教师们的欢迎。特别是21世纪初,我担任《浦东教育》编辑室主任和上海市浦东教育发展研究院工会学习委员,在时任工会主席朱爱忠倡导的读书活动中,发挥了自己所长,为这项活动做了一些力所能及的推进工作。

一是,根据每一年院工会读书活动的主题,参与组织编辑教师读书心得文集,计有2008年《浦东教育专辑第17期——读书、勤业、思行》、2009年印制的《书香为雅——教职工读书笔记汇编》、2010年《读书与做人》、《2012年上海市浦东教育发展研究院教职工读书笔记选编》等。这些文集汇集了数百篇我院教职工的读书心得和笔记,一定程度上展示了我院教师读书的成果。

二是,我曾先后邀请著名作家陆星儿、王小鹰、叶辛、赵长天、赵丽宏、马尚龙等,为全体教职员工作读书报告。这些作家,大多曾经是知青,他们从社会最基层开始工作和生活,对平民百姓的生活有非常深刻的认识和体验,因此他们的报告很接地气,深受我院教职工的欢迎。特别是这些作家在讲座过程中经常会与教师互动,回答教师现场提出的各种问题,甚至相互探讨,引发大家更加深刻的思考。不少教师告诉我,听这样的讲座,是人生非常美好的经历,令人难忘。记得有一位教师在心得体会中写道:这是一个梦幻的下午,我们不仅和叶辛交流了各种观点,我还和这位大作家单独合影。我把照片给家人和朋友们看,大家都很羡慕……

我还曾为推动浦东教育系统机关干部读书活动,尽过一点微薄之力。那是2007年秋季,我撰写的《〈论语〉导读》出版不久,时任浦东新区社会发展局机关党委副书记的倪似玉老师,邀请我为局机关公务员作题为《中华优秀传统文化和教育》的系列读书报告。倪似玉老师告诉我,读书活动,是机关年度创建文明单位的一个重要标志。我在社发局机关干部集中学习的时候,一共讲了3次,每次一个半小时,局机关干部基本上都来听讲,而且互动也很热烈。记得第一次开讲的主持人是时任教育处处长赵连根。赵处长是我敬重的老朋友,他出版过许多教育专著,对基础教育的改革与发展有很多独到的见解。

我主张读书,而且是读纸质书,认为这是一项社会性的福利,首先在于读书的过程,是读者的思维与作者的思维碰撞的过程。这一过程,对于读者来讲,是一个认知深化的过程,是思维品质改善的过程。天下之大,我们不可能用两条腿来丈量全部的土地,但是我们可以通过阅读了解更大的世界。其次,书本价格不贵,读书是一项惠而不费的活动。现在有许多人,把宝贵的时间用来看微信上发的文章,这根本谈不上阅读,而是一种快餐式的浏览。五花八门的信息中充满着虚假的、无聊的成分,浪费人的时间,等于空耗人的生命,而且眼睛也看坏了。因此,进入信息时代,我依然主张人们还是要坚持读纸质书。

## 二

读书,历来是中国知识分子专业生活的一种主要形态。中国有"耕读传家"的传统。儒家注重学养,倡导"十年读书,十年养气"。所谓学养,是指一个人在人文科学、自然科学和学术道德等方面有意识地进行长期自我深造、锤炼和自我积累所能达到的程度。学养是知识分子学术道德和知识体系的一个重要组成部分。而提升学养的主要途径就是读书。

唐代诗人王勃在《滕王阁序》里用了"叨陪鲤对"的典故。子曰:"小子何莫学乎《诗》?《诗》可以兴,可以观,可以群,可以怨。迩之事父,远之事君;多识于鸟兽草木之名。"这里说的是孔子教导自己的儿子孔鲤要多读《诗经》,因为《诗经》能够振奋精神(兴),能够观察自然和社会(观),能够凝聚人心(群),能够表达怨愤(怨),人们还可以从《诗经》里学到许多自然的与社会的知识,学到本领,才能为家庭和为国家效力。由此可见,孔子是最早强调读书的社会功能的人。

延至今日,即使到了信息化时代,一个国家,也还是需要大批埋头读书的人,需要大批甘于坐冷板凳、孜孜不倦、知行合一、"学而时习之"的人。如果没有大批读书人投身科学研究,科技现代化绝不可能实现。正如华为总裁任正非所说,人类尽管已经进入了信息时代、AI时代,但是这些科技开发和实施,还是要靠一大批科学家,要靠各学科领域的领军人物持续不断地努力攻关,需要读书和思考,找到更加合乎科学的解决问题的途径。否则,一个芯片,就要卡住许多工业部门,成为国民经济持续健康发展的拦路虎。

然而,一个不争的事实是,随着教育的普及,高校的不断扩招,近几年来新进教师的学历普遍提高,但是教师整体的学养水平却明显下降。众所周知,在当前社会的心态文化中,浮躁是对知识分子危害最严重的腐蚀剂。传统的读书人不读书,后果极其可怕。每年4月23日,是世界读书日。这一天,有许多学者指出,教师不读书,是一个普遍现象。更有人批评说,现在最可怕的是,不读书的教师在拼命教书(教刷题)。当然,不仅是教师,社会各行各业,爱读书的人实在少之又少。许多家长要孩子好好读书,自己从来不读。孩子们读完了大学、研究生之后,有了一个职业,就再也不愿意去读和专业提升无关的书,整个社会缺乏读书的氛围。许多人用大量的时间,看无聊的短视频,有的人花大量时间和金钱去追星,有一些数据统计,看了使人非常担心。

在这样的时期,浦东教育"悦·行"读书社团倡导教师读书,具有更为重要的现实意义和价值。因为"师者,范也",教师为人师表,是学生的榜样,一个爱读书的教师,会教出一批又一批爱读书的学生,这些学生又会带动周围的人,使更多的人将更多的业余时间花在阅读上,减少智能电子设备的社交和游戏功能的运用,摆脱浮躁的心境,对整个社会的健康发展无疑具有重要的推进作用。

这些年,我常常到各学校为教师作《阅读与教师的学养修为》的讲座,与爱读书的教师互动较多,其中有不少教师就是"悦·行"读书社团的成员。通过这些教师,我常常读到浦东教师撰写的阅读心得和书评,甚至读到一线教师和教科研工作者撰写的很有实践价值的新著,我也常常会应邀为这些书撰写序言或书评。例如,2022年夏季,黄建初老师新著《走向实证——给一线教师的教科研建议》出版后,一些学校组织了黄老师新著的集体阅读活动。我也认真读了这本书,写了题为《一本走在正道上的教科研指导书——读黄建初〈走向实证——给一线教师的教科研建议〉》的书评,充分肯定黄老师扎根基层学校,聚焦教育教学一线,发现真问题,并在实践中通过最有说服力的实证寻找解决问题的方式和方法。文章经各类媒体推介,成为解读黄老师新著的辅导材料,阅读量迅速扩大,一些纸质刊物也转载了我的书评。

把教师从浮躁的社会心态中拉回书桌前,向教师推介好书,鼓励教师互相推介自己喜欢读的书,可以扩大好书的阅读面,发挥一本好书的社会作用。同时,积极鼓励教师深入实践,总结经验,探究教育改革和发展中遇到的问题和挑战,将实践经验以文字形式记录下来,鼓励教师著书立说,是浦东教育"悦·行"读书社团正在做的功德无量的好事。我真心希冀这样的读书社团能够持续发展壮大,影响更多教师回归纸质书的阅读,为浦东教师专业成长,为提升浦东教师的学养修为,作出更大的贡献。

## 第二编

## 特色社团、个人暨学校读书活动巡礼

# 关于采文读书坊"5+1>6"的阅读视界与创意写作思考

上海市浦东教育发展研究院　蔡文花

## 一、关于采文读书坊

采文读书坊,是浦东地区青年教师开展读书与写作的阅读平台,也是教师们对话书本、对话自己、对话共读伙伴展示阅读素养与能力的跨校社团。搭建此平台的初衷是为学校青年教师打开阅读的视角,拓宽其阅读的视野,通过读书带来的力量改变其"惰性"或"慵懒"状态,进而不断去勇敢探索未知的世界。此创意直接产生于主持人对教师如何写出满意的文章这一问题的长期困惑与工作思考。

实践研究发现,当一个人思考决定要和阅读相伴成长的时候,潜存的"关键对话"意识的按钮就会启动;当一个人想和一批人一起阅读成长的时候,其合作交流带动改变视界进步的力量就会产生。采文读书坊主持人长时间开展教育"人物专访"故事的采写工作。在这一过程中,主持人倾听对话了一批又一批优秀教师、卓越教师,通过他们的成功经验与成长故事,发现大量的、有效的阅读与积累会为一个人的认知、思维、写作等打开广阔的思路,在写作方面甚至会产生"井喷"现象,也会出现"问渠那得清如许,唯有源头活水来"的"泉涌"。

采文读书坊的组建与启动,不只因为一种对阅读未知世界的感性好奇,对陌生世界理性求证的探索愿望。从成效看,它更是一群爱阅读的志同道合者,借采文读书坊的平台,在与"青年教师阅读素养提升的教育服务设计"诉求与任务驱动的共鸣中,突破固定型思维,研习成长型思维模式,探寻读书之道,提升青年教师的阅读素养,练就学习力、阅读力、领导力,从而获得专业发展与心灵成长。

## 二、采文读书坊的阅读视界与关键元素

勇气、创意、坚持、行动,是采文读书坊形成特色并获得同行认可的关键元素。其主要呈现为以下几个方面。

### (一)勇气:让读书坊青年教师打开阅读视界、开放阅读姿态合作共读

读书坊注重对青年教师引导,使其持有开明开放的阅读姿态,并设计系列阅读场景或主题任务驱动,鼓阅读之勇气,激发阅读之志,使教师们进入独立阅读与共读状态。

在倡导全民阅读的时代,一个人对读书的自由与责任,是需要无畏的勇气的。这种勇气可以摆脱来自过去一些对读书的认知与习惯的局限。对此,采文读书坊为青年教师读书攀登路上架梯助力。读书坊倡导两项行动:一是坚持独立阅读和与他人一起阅读的习惯培育;二是在阅读时持有开明开放的阅读姿态,培养悬挂观念的容纳力。这些行动让读书坊教师明确了开展独立阅读时,如何做一名有自我要求的读者;共读对话时,如何坚持以开明开放的阅读姿态,培育多元认知与学习优秀的容纳力。

在阅读的路上,笔者的思考固然很多,困惑也不少,有想清楚的,有没想清楚的,模糊的更多。作为采文读书坊主持人与浦东"人物故事"的教育编辑,笔者在推进学习与工作过程中,发现不少"术有专攻"的优秀而卓越的教育人士,他们大多阅读量与阅读品质惊人,经历多年的寻觅与颠簸、发现与失落,最终找到阅读可以改变视界的秘诀与力量。他们坚持阅读学习,成为专业与行业的领军人物,兼具有终身学习者的品格。

5+1采文读书坊在引导带领学校青年教师寻求专业成长、展示阅读经验、助推教育发展路上,为青年教师阅读者推荐《被讨厌的勇气:"自我启发之父"阿德勒的哲学课》([日]岸见一郎、古贺史健著),以学习互相尊重与激励,继而升级挑战阅读《自卑与超越》([奥]阿德勒著)等有益心智成长的书籍,并坚信阅读是一项崇高的智力锻炼,锻炼心智,能不断打开阅读视野和精神之窗。同时,读书坊以《如何阅读一本书》为蓝本阅读学习,开始阅读技能的全学科阅读研习,注重引导青年教师进入阅读状态、开展阅读志趣交流、推荐好书行动,鼓励教师学会运用故事思维特质(《故事思维》)来分享阅读故事,研究阅读方式,浸润各种设计营造的阅读场域或读书会,去发

现身边的最美书香人,以互相鼓励,合作阅读,促进成长。

这一阶段,采文读书坊鼓励教师先从认知自我独立阅读状态开始,学会分享阅读书目,共享读书社团阅读书单。在实际操作方面,我们以故事思维开启阅读之门,"阅"他者动人故事为切口,由此产生阅读伙伴的共鸣与激情,不断催生如何持续保持阅读热情与增加阅读的勇气,驱动阅读学习力。通过和书对话、和读书坊成员交流对话、和自己对话,让读书青年找到热爱生活、专业成长的方向,感觉自己有价值、被认可,通过最优体验发现心流,并坚持持续阅读与学习成长。

### (二)创意:重在激发青年教师读书思考的思维潜质与优先体验方式

采文读书坊注重创新读书学习方式,做到以读书活动促学习与思考,实现从读书青年个体的、封闭的、静态的学习状态向开放的、互动的融合型读书学习转变。创新思维是突破一般的认知水平,发现以往没有发现的事物联系,在习以为常的领域开辟新路径,找到解决问题的切入口。

**其一,读书坊让创意阅读融入沪上海派文化,更接城市烟火气。**

如果要用新鲜的视角观察事物,就必须先放下我们习以为常的思考方式和理解方式。认知科学家弗朗西斯科·瓦莱拉认为,要培养这种放下自己习惯的能力,就必须"悬挂观点,摆脱我们习惯的思考流程"[①]。2020年7月,我们将一场"创新征文与成长故事"主题阅读会地点设在沪上一家设计与众不同的文化创意面馆,让青年教师浸润式体悟海派文化书香气息。开放头脑创意,重新认识我们和世界的关联,拓展创新能力。在实践中,要做到悬挂观念就需要耐心,需要我们主动避免对观察对象强加上自己先入为主的心智模式或思维框架。培养人的认知习惯是需要时间与实践的,这是一种悬挂观点的容纳力。通过阅读学习,读书坊成员找到了一系列的方法和工具。

**其二,读书坊鼓励青年学会像作家那样去阅读,培养成长型思维模式。**

读书坊成功设计了一项具有创新挑战性的著书出版计划,申报"墨香采微"选题,带领教师学会像作家那样去阅读并理解一段文字、一篇文章、一本书、丛书等结构的思维能力与品质。读书坊主持人带头架构出版书的目录、结构与模块,合理分配写作任务,鼓励教师说出自己的阅读故事,发现工作学习中阅读的心得,分享最优体验,体

---

① [美]彼得·圣吉,等.第五项修炼:终身学习者[M].张成林,译.北京:中信出版集团,2018.

悟具有成长意义的"志存高远、勇于行动、坚韧不屈、积极乐观、承担责任、善于合作、不断成长"七种成长型思维模式[①]。成书的过程,尝试把自己当作优秀作者、作家,不仅仅是将读书认知启悟写出来,更要赋予文字以价值;把自己当作大众读者,读通就要写通顺;把自己当作出版编辑,以高质量要求选书,选读读通经典作品。

**其三,创意取群名、出海报、推公微,培育阅读审美情趣。**

教育的生命力在于教师成长,而教师的成长在于教师是否具有成长性思维模式。"5+1>6"的攀登故事,缘起于每位教师参与了为读书社团群组取名的活动。7家群组社团,汲取大家的智慧,"听潮风""西柚味儿""春之声""溪君荟""开明轩""森林研习""墨香采微"等群名都富有浓郁的文化书香气息,采文读书坊的群名也为教师们带来提升阅读素养的风向标。取群名的意义在于引用了"权数"一词。人类学家项飙说过:"如果把自己的愿景写进去,会增加一定的厚重感,更重要的是,会给文本一个灵感,不是机械的记录,而是有灵魂和关怀在里面。"[②]因为将自己融入,所以活跃思维就有了土壤。

### (三)坚持:助推青年教师刻意训练"作者思维",提高教师写作技能

读书最可贵的是始终坚持,功夫下到一定程度,自然就会有所收获。读书学习在于学而笃行,学以致用。写作,尤其是论文写作,是教师解决教育教学问题的必修课与能力。近来有一种叫"作者思维"的阅读法。这种阅读法,会透过文字,看到文章的骨骼与肌理——所读的作品是如何建构的。读书坊倡导教师坚持"读写互惠"技能训练,以写促读,读写结合;鼓励教师通过阅读学习,努力掌握并不断提高写作这门手艺,收获由阅读带来的成果和"成果"意识。

阅读者的收获与成果,首先来自"阅读",成果便是一种阅读物本身以及和阅读相伴相随的认知信息与思维特质。如何看待写作,能否从阅读中汲取写作的养分,在于阅读者真正从作品中读懂了多少。英国语言学家亨利·希金斯认为,写作是一项代码技巧,一种发现的过程,一场作者与读者的对话,一种储存信息的方法,一门创作性学科。华东师范大学哲学系郁振华教授说,坚持阅读是写作的不二法门。

读书坊一直鼓励教师们随阅读进入写作,培育"阅读"与"成果"并存的意识,把

---

① [英]乔·欧文.成长型思维:从平凡到优秀的七种思维模式[M].傅婧瑛,译.北京:人民邮电出版社,2018:4.
② 项飙,吴琦.把自己作为方法:与项飙谈话[M].上海:上海文艺出版社,2020:165-166.

读的"知道"转化为一种"知识",慢慢训练自己,渐渐地就养成这种"作者思维"。通过这种思维,获得的愉悦和感受是多重的,有感性的,也有理性的,对写作有很大启发。当然,这样的阅读能力和"作者思维"是需要刻意训练的,也会真正理解"读写互惠"技能的内涵和思考。

从阅读视角看,写作也是集聚注意力价值、丰富阅读的一种方式。信息爆炸时代,整个世界好像串通好了要一致阻碍我们拥有专注力。忙于应付外界各种干扰的我们,一旦有了专注力,就会产生一种化繁为简的惊人力量。英国作家于尔根沃尔夫在《专注力》一书里引导我们找到专注的焦点,拥有专注力的有效策略,如时间管理策略、右脑适用策略、优势策略、战略拖延策略、第二自我策略等。通过写作训练青年教师的专注力,建立信息专注,构建阅读选题申报、图书出版、学术论文发表等计划,有条不紊地导向阅读目标,是读书坊一项具有突破性的尝试行动。我们可以从中发现一些管理的方法和工具,提高阅读效能,得到智慧启迪。

这一阶段,读书坊专注于主题型阅读、选题性思考、非虚构写作的方法,进行故事、论文等写作实操,以写促读,读写结合,读写互惠,写出阅读时光里的故事,学习非虚构写作,提升阅读力。目的是体验写作的过程,收获阅读与写作并存的成果,掌握专业写作这门手艺。读书坊成员如期出色完成了系列写作计划与实战习作:话题稿、故事稿、主题演讲稿、经验稿、学术论文稿、团队专著合作书《墨香采微》等。

**(四)行动:组建读书坊,搭建教师研习"读写互惠"读书技能平台**

路虽远,行将至;事虽难,做必成。读书坊引导青年多读国情世情之书,助推青年有志厚植家国情怀,涵养进取品格,努力讲好中国故事,赓续民族精神,传承中华文明。读书坊自组建启动以来20项主要大事记如下:

行动一:2019年2月,"听潮风""西柚味儿"读书坊启动会。

行动二:2019年4月,"春之声"读书坊启动会。

行动三:2019年5月,"溪君荟"读书坊启动会。

行动四:2019年9月26日,"开明轩"读书坊启动会暨5+1采文读书坊"共享阅读人生 献礼伟大祖国"主题演讲赛活动,经多次遴选出的10名读书青年现场展示演讲才艺,4名青年主持受训主持技能,引起很大反响,读书坊领导力、组织力、学习力、影响力等全面开花。各读书坊领导和成员老师、区教育工会、相关中心领导、教发院领导、媒体及其他受邀个人参会互动。

行动五：2020年4月23日，世界读书日上海教育电视台关注报道采文读书坊"墨香采微"群组线上线下"世界读书日　万物有签名"主题活动。

行动六：2020年4月，读书坊推出微信公众号平台CWreading，至今有16期推送；从2023年7月开始，推出"读书青年专访"系列，报道读书坊青年成长故事。

行动七：2020年4月，设计出台了采文读书坊logo图CW标志。

行动八：2020年7月，读书坊"森林研习"组成功申报区级重点课题"基于青年教师阅读素养视角的教育服务推广研究"。

行动九：2020年11月，区级重点课题"基于青年教师阅读素养视角的教育服务推广研究"开题会暨《诗经》离我们有多远"主题阅读名家讲座指导会。

行动十：2020年9月，10则青年教师创新征文故事发布上海教育新闻网"师考"栏目。

行动十一：2020年10月，读书坊自制完成拍摄专题片视频《寻找生命的黄金屋》时长6分29秒。

行动十二：2021年4月，成功申报出书选题"墨香采微"。

行动十三：2021年12月，《墨香采微》一书以5+1合著方式正式出版。

行动十四：2021年12月，"相信阅读的力量"读书坊新书《墨香采微》首发主题发布会。

行动十五：2022年8月，举办"如何写出核心期刊满意的论文"线上专题报告会。

行动十六：2022年9月，"敏思悦读社"读书坊启动会。采文读书坊主持人受聘"敏思悦读社"读书坊导师。

行动十七：2022年9月，"仁·合"读书坊启动会。

行动十八：2023年5月、6月，读书坊教师的4篇读书笔记发表于《上海教育》。

行动十九：2023年9月，《浦东教育》"专题聚焦"栏目刊发读书坊5+1学术论文。

行动二十：2023年9月，区级重点课题"基于青年教师阅读素养视角的教育服务推广研究"结题总结会。

这些大事，见证了读书坊为阅读、为相遇一直在努力的美好行动。

## 三、采文读书坊"5+1>6"

采文读书坊是一个读书平台，也是一个青年教师学习型组织。读书坊倡导青年响应时代号召,成就专业的教育人生,自 2019 年 2 月正式启动以来,从最初成立的"听潮风""西柚味儿""溪君荟""春之声""开明轩"五家学校读书坊联盟,2020 年发展增加了"立学磨剑""满庭芳""荷韵书香""润心雅韵""星园小驿",共有 10 家读书坊,2022 年至 2023 年相继又影响启动"仁·合""敏思悦读社""XIN 语书社""书院记忆"等一批推广读书青年社团,致力于带领青年教师通过读书平台,进行阅读学习,突破认知局限视角,提升阅读素养,拓展育人视界,将阅读作为一项崇高的智力锻炼,去认知、学习、行动、创新、成长与影响,提升学习阅读力,传播优秀文化,传承文明进步。

采文读书坊,从酝酿、组建启动,到维护推进与平台展示,其推广的阅读价值理念与影响力传播技术的合体共融,刷新了最初的 5+1 读书坊社团数量组合,凸显出专业服务研究的价值,现在的 5+1 也成为读书坊未来全新的概念体系,可以说是量变与质变的数字化内涵的跨越转变。由此,采文读书坊的价值意义,已然超越数字 6 本身的意义。

2021 年 12 月,《墨香采微》出版并发布用比较技术化的语言文字将各读书坊相联结,5+1 读书坊不再是个体呈现,而是"5+1>6"的位置联结,采文读书坊的位置更接近团队一起阅读这件事情的核心,每一个成员学校的读书坊相对独立。并用大家接纳认可的"采文读书坊"命名,打开一个读书阅读学习的窗口,然后用阅读行动展开描述性的实证判断。采文读书坊,墨香采微,由此有口皆碑。

## 四、读书坊的"量变与质变"

读书坊从量变到质变升华,主要表现为以下三部分。

**其一,如何读出热情与温度,传播文明进步。**

真正的读书,投入的读书,获得理解和成长的读书,是需要持久的热情和活力的。读书访坚持推荐符合青年特点的、前沿发展的、经典红色的文明书籍。通过启动读书会,开展主题性演讲活动,进入图书馆、书店选书购书,开办读书会,约访教育人物,接受电台、电视、网络等媒体介入指导与推广,推出微信公众号 CWreading 等各类活动,管理、推送、分享,迸发阅读活力,传递阅读温度,传播影响力,获得认可并持续推进读书成长计划。具体通过组织青年教师打卡钟书阁、"言几又 今日阅读"等有创意设计的书店购书、举行读书会;走访吴迅中学视点读书社、澧溪中学长廊书吧等有特色的读书点并举行读书会,组织"森林研习"群组团队专访浦东教育系统优秀卓越的教育家、皮划艇运动教练等;设计开展"共享阅读人生 献礼伟大祖国"主题演讲活动;组建"育人行读书青年"研习如何扫码评分评价教师演讲;引荐校际青年诗歌朗诵赛一等奖获得者跨校展示红色主题诗朗诵艺术,让读书青年读出时代的热情与温度,传播中华文明精神。

**其二,如何呈现"不可替代",培育品牌特质。**

读书坊借助新媒体平台资源,设计出如何最有效地传播读书坊阅读经验、做法与成果。运用媒体传播途径与影响力连动循环计划,推送读书坊品牌特质与阅读成效。如定制设计 CW 采文读书坊品牌 logo,该标志的创意设计从图形、含义、文字、字母、色彩等元素组成又自成体系,多渠道呈现文化阅读理念;创建读书坊微信公众号 CWreading,利用公微平台推送读书坊各类专题阅读活动信息;征询启动"5+1>6"相关学校社团成员参与专题片视频《寻找生命的黄金屋》拍摄制片,从成片时长 9 分 36 秒,最终剪辑成时长 6 分 29 秒,这是读书坊老师尝试完成从文字到镜头的语言转换的综合训练,定制的专题片在后续阅读推进计划中,利用各种契机展示循环播放,传播读书坊镜头前一群爱阅读者的精气神,一组由有生命力、想象力、阅读力等赋能青年的读书欢歌与华美故事;读书坊"不可替代"的品牌特质还通过浦东电台电视融媒体中心、上海教育电视台、上海教育新闻网专栏、浦东教育辑刊"专题聚焦"等媒体借力传播,辐射影响读书的价值与力量。

**其三,如何融入全民阅读时代,提升文明素养。**

读书坊坚持带领读书青年思考践行以下问题:一是如何读出"术有专攻"的专业素养;二是如何研习教育目标的全学科阅读素养;三是如何接轨时代公民的文明阅读修养。设计系列阅读行动,让青年教师走出学校层级融合文化图书视野,发展心智,读书启悟,交流思想。读书坊团队辐射校内校外,走街串巷,走进钟书阁书店、上海书城、苏州河八面玲珑文化面点、张江戏剧谷、浦东图书馆等地,用脚步丈量优秀文化地标,开展浸润式读书学习,进行全学科大阅读,读课程、读学校、读社会。从青年个体说,阅读的量多了,经典作品深阅读了,气质就变了。在读书社的团队里,青年教师历练多了,交往能力变强了,阅读视野变宽了。整个读书坊团队的凝聚力自然增强了,影响力有跨度了,特色品质凸显了,不可替代的价值呈现出来了。

哲学的一般原理告诉我们:"量变是质变的前提和必要准备,质变是量变的必然结果,质变体现和巩固量变的成果,并为新的量变开拓道路。"当你迈出量变的第一步时,因为相信和坚持的力量,质变是必然的结果!这也是一场关于阅读的美的历程。拥抱书籍宝典,对话文学、历史、哲学、科学,唤醒一批又一批阅读爱好者的阅读认知。

期待,我们每一个人内心丰盈而有面对世界已知和未知的力量。

# 为你，等一夏花开
## ——记浦东新区教育工会书香盈耳诵读会
### 上海市浦东新区金桥中心小学　苏爱英

书香盈耳，如一缕清风，吹走浮尘；书卷掩心，似一泓清泉，洗尽铅华。携一缕书香，染一程芳华。

——题记

一身书卷气，满目诗书香，是读书人的最好写照。读书能让人心灵宁静，让人有一种从容自信的气质，也让人变得更加睿智与优雅。2017年6月，天地沐暖，书香盈耳诵读会如初荷，"田田初出水，菡萏念娇蕊"，向着美好和夏天撞个绚烂满怀。2023年6月，走过了六个春夏的诵读会依然"风含翠篠娟娟净，雨裛红蕖冉冉香"。

## 为欢喜而读

喜爱读书，就等于把生活中寂寞无聊的时光换成巨大享受的时刻。

——孟德斯鸠

书香盈耳诵读会是上海市浦东新区教育工会读书社团之一，成立后的第一年，全区有150位教师加入，更有722位大小诵友先后加入了诵读活动。如今，诵读会的成员遍布100多所学校，总人数近千人。我们有着共同的爱好——朗读，于是"兴在趣方逸，欢余情未终"。每每闲暇，我们带着满心的欢喜，轻拍清心的调子，读一段，闲情一隅，享受一番，甚好。让一颗快乐的种子在心间生根、发芽、开花……甚好。

2018年的"小打卡"活动是诵读会组织的线上诵读活动，一经推出，就深受诵友的喜爱。我们用坚持分享文字的美妙和感动；我们用声音诠释美文的风华和魅力；我们用真诚鼓励彼此。书香盈耳诵读会的每一天都是口齿噙香,初心芬芳。

你听——

稚于最初&安于情长：发现新大陆,这里的成员朗读得超赞,我要坚持打卡,学习更多优美的朗读方式。

康清山：听了三年前的音频,我那时的朗诵很不自然,现在的听上去感觉舒服多啦!

吃叶子的小妖怪：读这段话时想到了爷爷和外公,可在我渐渐懂得"孝顺"的含义时,他们都离开了;当我有能力孝顺他们时,他们都不在了。现在我明白了,珍惜现在的每一分每一秒,少跟妈妈斗嘴。

群主蒋老师：【停连建议】在山石组成的路上//浮起/一片小花。

群主蒋老师：即将离去的蜘蛛,用尽气力说出肺腑之言。这样的情境伤感而动人。蜘蛛说话节奏以徐缓为主,不过在表达观点时也是可以缓中有急的。

一年多时间,我们共同营造了"阅读—品味—揣摩—反思—沉淀"的诵读氛围。专属管理员发布了 300 多个日记主题。过关最快的将近 300 关,坚持打卡天数最多的有 408 天。诵读会的成员每天都在线上平台用心打卡。打卡满百时,很多成员感触颇多。

你听——

## "书香盈耳"的神奇
### ——小打卡 100 天纪念
**浦东教育发展研究院　史国忠**

从打第一卡到今天,居然坚持了 100 天! 其间的收获,细细盘点还真不少呢。

每天,仔细阅读推送的短文,古今中外,名家名作,虽是节选,但也可以品出其中的精华。我与作者相约在清晨,相互探讨,或赞成,或补充,或质疑,感觉自己的见识有新增长,灵魂有新丰盈。日子虽是平常,但有着不一样的温度和新鲜度。

每天，我翻查字典，矫正吃不准的读音，一遍遍地训练着。妻子见我如此自觉，笑嗔："像要考大学一样。"

每天，注意培植自己的声音。蒋伟伟老师是我的同事，也是群主，她说我的声音有"气泡音"，这是专业人士追求的目标，这是天上掉的馅饼。我还"呆萌"般地想："气泡音"在什么时候安营扎寨于我的喉咙的呢？根据群内朋友的建议，我开始讲究"辨识度""匹配度"；开始研究气息、共鸣、归韵。有一天，女儿告诉我："老爸的声音变了。""变了？"我疑惑，女儿说我声音很好听了。这倒是真的。

每天，认真写好自己的读后感。先是写对朗读的预设，重音放在哪儿，感情基调的定位等，就像是老师的备课、职员的文案。后来我渐渐转向对文化意义上的思考，从历史、文学、时政等角度，审视自己的推断。我感到了从未有过的快乐，将阅读、思考、写作打成一个"包"，能量聚集，将情感、语调、练声编制成一套"操"，组合健身。

…………

"书香"扑鼻，美声"盈耳"，看似矛盾，实则是有着奇妙的领悟呀！

100天小打卡算是完成了，我的长性也还算有所坚持。有了这次经历，我似乎有点信心了。想再来个小打卡，打上100天，看看自己还能坚持多久。

愿书香飘洒，愿美声盈耳，愿小打卡的群友永远幸福快乐！

2018年5月31日

不知不觉中，诵读会走过了六年的时光。六年里，我们读闲岁月，读闲你我，跨越时间和空间的距离，在欢喜的小舟里波澜万里山川；在夏的碧池间与光阴诉说相欢，"惟有绿荷红菡萏，卷舒开合任天真"。这一方小小的世界，给予了我们无数清芬与喜悦。

## 为赋能而读

不登高山，不知天之高也；不临深溪，不知地之厚也。

——《荀子》

在诵读会的每一天，我们一起品味文字的魂、音、韵，感受诵读的奇妙无穷，也有着更多的期待与憧憬。诵读会还为我们开启了另一个小世界,提供了更多学习、交流、展示的机会。我们在不断提升中重新认识自我、懂得自我、绽放自我。六年来的活动数不胜数,我们的收获亦是不胜枚举。

2018年:

4月16日,这是诵读会又一次线下聚会,活动邀请了上海广播电台著名节目主持人梁辉老师,他为诵读会成员进行了朗诵指导,大家受益匪浅。

5月,参加"五月抒怀"上海朗诵爱好者诵读展演。

10月,老师们自由组合、自创诗歌,排练并拍摄诵读视频,参加"改革开放我诵赞"职工诵读比赛。

2019年:

2月4日至8日,依托小打卡平台,举办了"数一数二贺新春"配音专题活动。从大年夜起连续五天,共征集到30多个视频。创作者认真揣摩角色所处的语境,仔细模仿角色的语言节奏和习惯,以达到形神兼备、"声"临其境的效果。活动让亲历者知道了"配音是创造",领悟到了语言表演艺术的真谛。

3月,参加三八妇女节散文诗歌诵读活动。

4月12日,蒋伟伟老师发起有声书《世界上最奇怪的动物》的创作活动,并带领大家开启了文本研读。诵友们从旁白语言说和读的关系,到插叙部分读信怎么读,甚至录音时空间大小引起背景声的不同,都进行了精益求精的探讨和修改。

6月5日至9月1日,《世界上最奇怪的动物》分十四集在书香盈耳公众号播出,帮助孩子理解生命的意义,告诉孩子每一个人都是不一样的存在。

10月,参加"我有祖国　祖国有我"主题朗诵活动,六灶中学孟奎、澧溪中学康伟炜、澧溪小学薛范圆老师的跨校组合朗诵让大家热血沸腾。

12月20日,在周浦文化中心举办了"悦读心时光"——2019玄序书香盈耳诵读会之约。

2020年:

4月18日,参加"品·读浦东——纪念浦东开发开放三十周年线上朗读活动"。

4月29日,陈妮妮、张伟、杨莉等九位老师参加了"青春之歌·致敬浦东"庆祝浦东开发开放三十周年青春诗会，分别演绎了《年代交响曲》《青春足迹》等5首诗朗诵。

7月18日，在蒋伟伟老师的悉心安排和组织下，诵读会部分成员相聚绿地缤纷城钟书阁中，大家各抒己见，分享诵读心得，也为解除朗读中遇到的困惑提供了切实指导。

11月12日，15位书香盈耳诵读会老师下班后直奔罗山路边，为《我的中国梦》同心同德全情投入，带来了现场的热情朗诵。

2021年：

5月7日，诵读会代表浦东教育工会组队参加"和颂百年 筑梦未来"首届浦东新区全民诵读主题活动。在排练场上，蒋伟伟老师、青少年活动中心汤敏宏老师与大家精益求精，细抠词句节奏音调："紧密处须流畅，瞩目处必清晰，习惯性语音错误一定得改，步伐表情不能忘记，眼神要到位……"

7月前夕，诵读会参与了浦东新区洋泾街道社区学校主办的"红星闪闪照我心——同心向党，经典诵读""领读洋泾"活动评审工作。陆宇雯、仲晓菁、张丽萌等7位老师对全部朗诵作品进行了认真细致的评审。暑假期间，蒋伟伟、裘佳、刘君章3位老师还专门以线上直播的方式，为本次朗诵活动做了点评与解读。

10月16日，诵读会与浦东图书馆、上实教育集团家长诵读会合作主办了"秋韵秋实——建党百年主题朗诵活动"，25位老师在这场诵读盛宴中呈现了精彩的诵读作品，向师者致敬、向祖国致敬、向伟大的中国共产党致敬。

12月，吴卫、张宇昊、陈妮妮、张伟等老师代表书香盈耳诵读会，组队参加了由上海市教育工会主办的"为人、为师、为学"2021年上海教工诵读大赛。

2022年：

4月至5月，诵读会公众号连续八期发布朗读指导的推文和示范音频。

7月至8月，诵读会协助洋泾社区学校举办"传承中华文化 厚植家国情怀——领读洋泾·经典诵读"活动，负责评审和点评工作。

同期，诵读会还参加了"强国复兴有我，绽放巾帼风采"2022年"巾声有约"声音作品志愿征集活动。有15个入围作品在喜马拉雅"巾声有约"进行线上展播。

8月26日，特邀上海人民广播电台长三角之声首席品牌官、主任播音员晨光老师带来一场朗诵技巧专题讲座。

2023年：

2月25日，石蕾和王旭颖的朗诵作品入选"巾声有约"声音志愿者作品展演，张灏楠老师担任展演活动的媒体支持。

············

表1为近几年来诵读会活动开展情况。

**表1 书香盈耳诵读会历年活动开展情况及成果汇总表**

| 时间 | 获奖者 | 活动名称 | 荣誉 |
| --- | --- | --- | --- |
| 2018.05 | 陈金凤 | "五月抒怀"上海朗诵爱好者诵读展演 | 宝丽杯 |
| 2018.10 | 马莹、单恩媛、史国忠 | "改革开放我诵赞"职工诵读比赛 | 双百强奖 |
| 2019.10 | 葛君阳 | 世界儿童呼唤和平演讲大会 | 和平小使者 |
| 2019.12 | 保妍娜、范素娟 | "书香校园"区级主题征文 | 二、三等奖 |
| 2020.05 | 陆倩倩 | 我为浦东读首诗——庆祝浦东开发开放30周年诗歌朗诵征集 | 二等奖 |
| 2020.06 | 孟奎、康伟炜、薛范圆 | 品·读浦东——纪念浦东开发开放30周年线上朗读活动 | 一等奖 |
| 2021.03 | 范素娟 | 区教育工会"书香校园"主题征文 | 二等奖 |
| 2021.05—06 | 王星、赵静迪、康伟炜、石蕾、陆倩倩、伍旭梅、张伟、朱海鸥、薛范圆 | "和颂百年 筑梦未来"首届浦东新区全民诵读主题活动 | 区教育工会一等奖，决赛优秀诵读达人团队奖 |
| 2021.10 | 王劲 | 第三届经典诵读大赛上海赛区教师组 | 三等奖 |
| | 刘君章 | 论文《课堂诵读指导散见》 | 发表于《语言文字周报》 |
| 2021.11 | 蒋伟伟 | 论文《小学低年级语文课堂朗读指导》 | |
| | 范素娟 | 论文《朗读贵在坚持》 | |

续 表

| 时 间 | 获 奖 者 | 活 动 名 称 | 荣 誉 |
| --- | --- | --- | --- |
| 2021.12 | 张慧燕 | "书香校园"区级主题征文学前组 | 三等奖 |
| | 吴卫、张宇昊 张伟、陈妮妮 | "为人、为师、为学"2021年上海教工诵读大赛 | 特等奖 |
| 2022.04 | 康伟炜、张海滨 王星、王洁、孟晓丽 | 浦东新区教育系统"同心抗疫,同行守护,以诵寄情" | 一、三等奖 |
| 2022.06 | 蒋伟伟 | 课题"低年级小学生课文朗读的难点突破"被列入上海市语言文字工作者协会2022年度"城市语言文字工作策略研究"学术活动项目 | |
| 2022.07 | 陈琳 | 区职业技能大赛——红色经典配音评选 | 三等奖 |
| 2022.09 | 诵读会 | "强国复兴有我,绽放巾帼风采""巾声有约"声音作品志愿者宣讲活动 | 优秀组织奖 |
| 2022.12 | 王劲、仲晓菁、朱海鸥、郑俊丽、康伟炜 | 第四届中华经典诵读大赛(浦东新区)教师组 | 一、二、三等奖 |
| | 周蔚 | 华师大普教研究中心第27届科研大会论文评比《叶拂花摇枝婆娑——以〈乡愁〉〈短诗五首〉为例解读现代诗韵律》 | 一等奖 |
| | 王旭颖 | 上海市"巾声有约"朗诵比赛 | 三等奖 |
| | 王洁 | "诗教中国"诗词讲解大赛区级小学组 | 一等奖 |
| 2023.01 | 刘君章 | 论文《线上"擂台赛",让古诗文背诵有难变易》 | 《浦东教育》 |
| 2023.02 | | 论文《以积极心理打破古诗文背诵困境》 | 《教学管理与教育研究》 |
| 2023.04 | 11位教师 | "书香校园"区级教师读书活动"温暖的教育"主题征文 | 二、三等奖 |

## 为 公 益 而 读

对人来说,最大的欢乐、最大的幸福是把自己的精神力量奉献给他人。

——苏霍姆林斯基

不论在什么时代,爱和奉献,总是让人感觉崇高、温暖、感动。书香盈耳诵读会亦是如此,坚持将爱与奉献的志愿服务精神融入公益行动中,弘扬真善美,传递正能量。一路行来,我们用声音遇见更多美好,我们珍惜流年中的每一份付出。

我们曾经参加过塘桥社区的大型公益活动"塘桥一家亲暨园林街道创建动员活动定向赛活动"的快闪演出,为 42 支徒步定向参赛队伍鼓劲,为陌生人送上诚挚的祝福。

我们曾经和施乐教育服务中心的老师一起去军营,与外高桥消防大队庆宁中队的战士们度过了一段难忘的"红门赤子的诗意时光"。

我们曾经参与协办了"长征新声说——请你来演讲红色故事"活动,旨在鼓励青少年用喜欢的短视频方式宣传"四史",引导他们把个人理想融入时代主题,汇入复兴伟业。

我们曾经征集诗歌、文章、朗诵为武汉加油,为祖国加油。

我们走进校园,走进社区,走进图书馆,走进无数人的心中……

2022 年 3 月,书香盈耳诵读会参与了"创享益声音"公益项目,携手共建助学计划,用悦读者的声音点亮边区留守儿童的梦想,进一步推动中华优秀传统文化、革命文化和社会主义文化的建设与传播,通过教育振兴帮扶边区实现共同富裕。近 50 位老师参与录制了 100 个故事,并录入助学设备"爱心小音箱",在边区共建"梦享爱心声音教室",为边区留守儿童创造良好优质的"沉浸式"学习环境。短短三个月时间里,我们挑选文章、找寻配乐、打磨声音,第一张好声音专辑《好故事　金道理》在喜马拉雅播出了,专业的诵读为边区留守儿童传递爱和温暖,为学校的语文老师提供教学示范,播放量很快就破万了。与此同时,"爱心小音箱"也到达了边区学校。

"哪个孩子不爱听故事呢?如果有专门为孩子们录制的故事作品,我一定会通过学校的大喇叭,每天播放给学生们听!"这是青海省玉树市曲麻莱县约改镇寄宿制小学校长的心声,也是无数边区学校老师和孩子们的心声……如今,他们的愿望实现了。

  2022年7月至8月，书香盈耳诵读会推出40课时的在线培训课程，参与一心公益主办的《爱诵读》公益项目。蒋伟伟、王旭颖、保妍娜、张灏楠等老师通过钉钉直播线上授课，她们以专业系统的课程教学和专项培训，让云南大理州乡村教师诵读的教学理念、教学方法、教学技能得到显著提高。

  2022年12月5日"国际志愿者日"至2023年3月5日"学雷锋日"期间，诵读会开展了"我的声音你的眼"阅读面对面助读服务，为赋能成长营的视障伙伴分享领读活动。诵读会的老师们积极申报，前期20位老师两两组合，完成了10场不同风格的助读，让视障伙伴近距离感受到了声音的魅力，觉察了世界的绚烂。

  如今，诵读会的第二专辑《诗在远方，路在脚下》也已经启动，正在喜马拉雅热播中。

  我们一起播下每一颗爱的种子，一起实现每一份善的循环。

  今时今日，书香盈耳与光阴同在，与爱同在。即使春华会落尽，但心上山水依旧情义悠长，一池花开正艳的菡萏花语，将心念绮愿的醇美，温婉承转。6月，与时光轻语。我们，心有温柔相牵，笃定行走的方向。书香盈耳，如这一夏的花开，只为等你，美哉。

**后记：**

  文中多次提及的蒋伟伟老师，是书香盈耳诵读会的创始人、浦东教育发展研究院教研员、上海市朗诵协会理事、上海语言文字工作者协会理事、上海市演讲与口语传播研究会副会长、国家级普通话水平测试员。正是在蒋老师的引领下，书香盈耳的会员们追寻同样的梦想，让光充满自己，也让自己发出亮光。

  感谢蒋老师为书香盈耳所做的一切，也感谢书香盈耳诵读会的每一位诵友。

# 书香常伴的成长故事

## 上海市浦东新区华高小学　张琪娜

回顾走过的几十年,从求学到就职,书香一直常伴左右,是我生命故事的源泉、专业成长的阶梯、专业共同体联结的纽带。

## 一、生命故事的源泉

### 1. 口口相传的童年故事

兴趣是最好的老师,读书习惯的养成应以兴趣培养为先。我出生在黄河岸边、中原腹地的一个小村落,离国务院认定的轩辕故里十里之遥。与村子隔河相望的是一座像小山一样高的土台,名曰望京楼,传说是郑国公主被贬至此,常常站在高台上眺望十里之外的都城而得名。我从小就喜欢听村里的老人讲各种各样神奇的传闻逸事,这些传闻逸事虽然没有形成文字,但在一代代口口相传的过程中,传承了中华五千年的文明,也在我的心里播下一颗好奇、求知的种子。

### 2. 以书为伴的求学路

图书浩瀚,良莠不齐,应择优而选,使之成为助力而非阻碍。小时候,我最喜欢读小人书,巴掌大的一本小书,图文并貌,内容丰富多样。每个小伙伴家里都有好多本,大家交换着看,别提多有趣了。随着年龄增长,认识的字多了,书也读得更多更厚了。20 世纪 80 年代女生最爱读琼瑶的爱情小说,男生痴迷于金庸的武侠小说。经常有同学忍受不住诱惑,在课堂上偷偷看小说,周围的同学还要负责打掩护。这种猫捉老鼠的游戏成了枯燥学习的调剂品,现在想来还觉得好玩有趣。

我因为胆小怕老师批评,虽然喜欢看小说,但也克制自己不会在课堂上看,没有因沉迷小说而影响学习。那些沉迷小说的同学,经常课堂不听、作业不写,慢慢发展到逃课、逃学,初中没毕业就回家务农了。这么看来,喜欢读书是好事,但学会选择读合适、有益的书也很重要。

## 二、专业成长的阶梯

从轩辕故里到一线魔都,从懵懂少年到专职教师,一路走来,书籍是我成长的阶梯。

**1. 突破职业发展的瓶颈**

我是一名非心理专业的专职心理教师,工作中虽然取得了一定的成绩,但想要再努力上一个台阶又觉得太难。因为半路转行做心理教师,理论基础薄弱,真的是前路漫漫,找不到奋斗的目标,到了个人职业发展的瓶颈期。恰好在 2016 年区教育工会和浦东教育发展研究院携手推动教师读书社团建设,深入推进"书香校园"教师读书活动。我在读书社团活动中受益匪浅,社团导师们认真治学的态度令我敬佩不已,社团每个学期都会给我们布置读书的任务,小伙伴之间的交流也让我们相互学习,兼取所长,不断成长。从导师和小伙伴身上我学会了阅读,这也拓展了我的眼界和思维,帮助我突破个人职业发展的瓶颈。

**2. 阅读助力专业成长**

阅读的本质在于通达,专业书籍虽不能产生立竿见影的改变,但绝对会影响阅读者看待问题的视野与角度,启发阅读者的思考模式。读书社团的学习让我养成了阅读的习惯,以书为媒,自我成长。我习惯结合工作需求,围绕问题或困惑搜集书目进行集中阅读,年初给自己制订了读书计划,年终回顾计划完成情况,并对来年的读书计划做出调整。到目前为止,我读了近百本专业书籍,弥补了理论不足的缺憾。近些年来,我主持市、区级课题研究 5 项,参与国家、市、区级课题研究 6 项,主编、副主编出版图书 6 本,在期刊上发表论文 16 篇,多次获市科研成果评比一、二等奖。这些成绩的获得,与读书学习息息相关、密不可分。

## 三、专业共同体联结的纽带

**1. 以书为媒,建立专业共同体**

职场的学习不同于在校学习,没有老师指导和引领,靠的是自己的自觉和主动。一个人的力量终究是有限的,要想获得更好的成长发展,必须融入组织和团队,借助合作、分享的力量引领自己前行。自 2016 年始,我担任浦东新区兼职心理教研员已连续 8 年,教研员的工作让我跳出学校教师的局限,能够从全局考虑,整合更多的资源,做更多的事情。在浦东新区小学心理教师队伍中,非专业心理教师居多,大多数教师都会遇到跟我相同的职业发展瓶颈。我以书为媒,利用读书会的形式招募志同道合的教师参与进来,大家共读一本书,形成了学习共同体,借此帮助了更多的教师。自 2019 年至今,我们的读书社团按照两周一次的频率,已经读完 15 本专业书,为教师个人的专业发展打下了扎实的理论基础。

2. **教学相长,构建专业共同体**

学习共同体是教师专业成长的一种重要资源,对教师的成长起着不容忽视的支持作用。在学习共同体中,教师之间基于一定的问题或情境展开交流、沟通、协作,教师可以与他人分享自己的实践知识,从而达到共同发展、进步的目的。作为"龚小集团心理工作室"和"高行学区心理工作坊"的主持人,我带教来自 22 所学校的 28 位教师,其中一个非常重要的学习活动就是两周一次的读书会,两年来读完了 4 本心理专业书,参与者从每次读书会后的交流、反馈中获得了新的启示和启发。

现在多数学校只有一位专职或兼职心理教师,无法像其他学科那样进行学科组教研。为了更好地促进区内心理教师的交流与合作,提升大家的专业水平,我在带教读书会的同时,以课题研究为导向,结合学校心理工作和老师们专业成长的需求开展专题研讨,组建学校之间、区域协作的教师专业发展团队,形成相互促进专业成长的合作方式,相互支持,彼此成就,从而减少了心理教师的无助和困惑。2023 年 6 月召开的区级研讨活动,把研究团队近几年来打磨的小学生专注力训练课程分享给全区的心理教师,得到了专家、领导的认可和好评。

回顾我的个人成长经历,从语文教师到专职心理教师,从普通教师到工作室导师,从科研小白到发表论文、出版专著,一路走来,实实在在地验证了"阅读是教师最好的修行"。

# 中学校园教师阅读活动的开展逻辑与实施路径
## ——以上海中学东校为例

上海中学东校 周鲁泉

上海中学东校位于临港新片区,矗立在美丽的东海之滨、滴水湖畔。学校传承上海中学的办学理念和管理模式,在上海中学雄厚的师资力量支持下,通过确立教师发展愿景、激发教师阅读兴趣、培养教师阅读习惯、组建教师共研团队、营造浓郁阅读氛围等方式,探索出教师阅读活动开展的整体思路。

## 一、中学校园教师阅读活动的开展逻辑

教师阅读活动的开展是一项系统性、综合性、层次性的工程。基于国内外相关研究,学校围绕精神、行为和物质三大维度,建构了教师阅读活动开展的多层次架构体系(见图1)。其中,精神维度侧重于教师阅读的价值审视,围绕国家发展战略、区域发展机会和学校发展蓝图展开。行为维度侧重于教师阅读的路径选择,围绕读书组织、读书活动和读书交流展开。物质维度则侧重于教师阅读的力量支撑,围绕校内场馆、区域共建和网络资源展开。

## 二、中学校园教师阅读活动的实施路径

### (一)精神维度:树立教育信念,激活教师阅读的内驱力

#### 1. 国家发展战略:坚定理想信念,勇担时代使命

阅读是一件关乎国民素质提升和民族未来发展的大事。当代世界文明国家无不

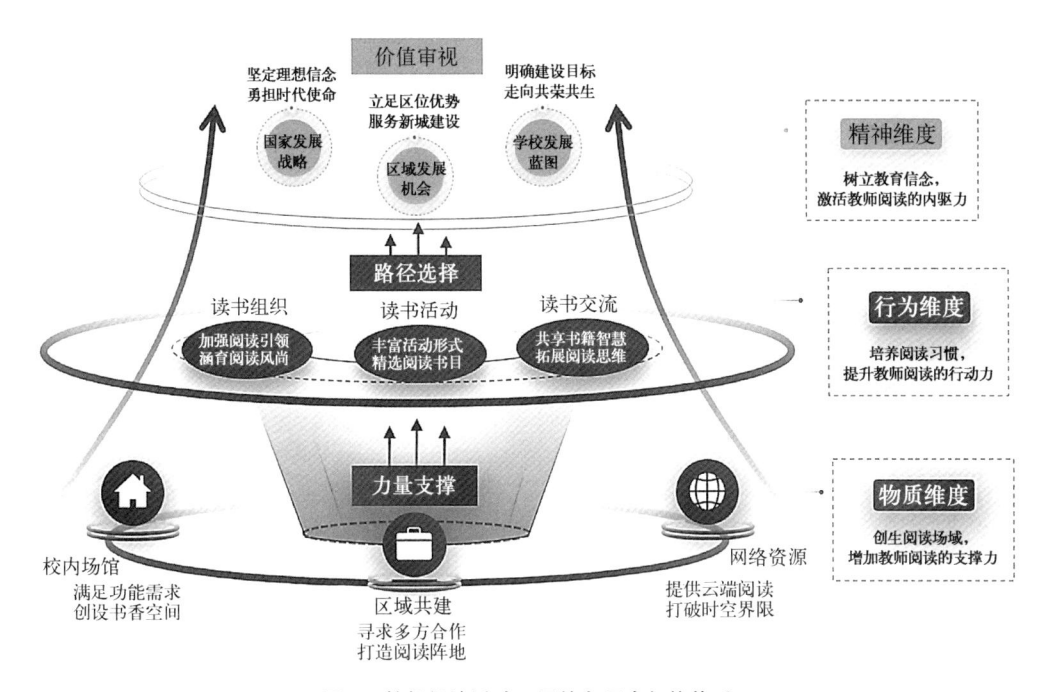

**图 1　教师阅读活动开展的多层次架构体系**

把阅读作为提升国民素质、创造美好风尚的基础工程和战略工程。而教师又肩负着开启民智、传承文明的崇高使命,其作用愈加重要。在此背景下,学校通过党的二十大精神的理论宣讲,积极引导广大教育从业者在新时代、新历程中充分认识到国家人才强国战略的紧迫需求,有助于进一步巩固教师的必胜信仰、激发昂扬的奋斗精神以及强化前进的动力,从而掀起教师的阅读热潮。

### 2. 区域发展机会:立足区位优势,服务新城建设

教师是地区发展的灵魂、良知与智库,是新时代服务乡村振兴的中坚力量。因此,投身新城建设是新时代赋予临港教师的重要使命和价值旨归。正如上海市委常委、临港新片区党工委书记、管委会主任陈金山指出的那样,"临港也立志成为教育优质发展的示范区"。对此,学校积极组织教师观看临港新片区教师节庆祝大会暨首届"临港教育奖"颁奖典礼,引导学校教师强化在现代化建设中的责任与担当,积极立足于新片区的教育资源,做新城经济发展的建设者,共筑新城教育美好蓝图,以此不断激发教师阅读产出的内在动力。

### 3. 学校发展蓝图：明确建设目标，走向共荣共生

学校的五年发展规划明确地将创建书香校园作为校园建设的目标之一。在这一目标的实现过程中，学校将校园建设与教师的专业成长、职业幸福感提升以及促进教师全员科研等方面紧密结合，以确保学校的整体发展与教师的个人成长融为一体。这一举措对于唤起教师的阅读意识、激发教师对阅读的热情方面发挥了至关重要的作用。

## （二）行为维度：培养阅读习惯，提升教师阅读的行动力

### 1. 读书组织：加强阅读引领，涵育阅读风尚

阅读引领是学校组织教师开展读书活动的首要环节。2020年，学校成立了校级层面的上海中学东校教师书社——湖畔书社。自成立以来，湖畔书社每月都举行读书分享活动，充分发挥了教师读书社在教师阅读中的领跑作用。值得关注的是，学校的高层领导，包括校长和书记，都高度重视并积极参与读书社的活动。他们的参与表明了学校对于教师阅读的认可和支持。学校领导对教师读书社的重视，既激励了教师读书社成员的读书热情，也在全校营造了重视教师阅读的良好氛围。

### 2. 读书活动：丰富活动形式，精选阅读书目

学校组织多样化的读书活动是开展读书活动的关键环节。一方面，从形式上看，读书活动以不同的形式进行呈现，如专家讲座、学科研修、读书笔记、圆桌讨论、教学比赛等，旨在满足教师的多元化学习需求和兴趣。其中，专家讲座不仅可以传播阅读理念，还可以树立阅读典范，以此来点亮教师的专业成长之路。学科研修活动则有助于构建一种相互助益的学习共同体，促进知识的分享和交流。此外，学校通过鼓励教师撰写读书笔记、组织圆桌讨论和参与教学比赛等方式，以促进更多的阅读产出。

另一方面，从内容上来看，学校采用横纵交织的思路，针对不同教师的不同需求，构建起教师阅读体系的立体图样。从纵向发展角度来看，学校通过调研问卷，了解不同教师的实际情况，进而形成三大特色层级板块（基础性板块关照共性发展需求、发展性板块关心进阶发展需求、个性化板块关注个体发展需求），关照全体教师发展需求，从而推行"阶梯阅读"。从横向分类角度来看，学校根据不同教师的专业背景精选对应阅读书目。阅读书目的选择采用教师推荐、学科研讨、学校把关三步路径方式，引导全体教师共读共进，从而推行"分类阅读"。

### 3. 读书交流：共享书籍智慧，拓展阅读思维

读书交流是学校组织教师开展读书活动的产出环节。学校积极倡导并实施多样化的读书交流机制，其中包括读书嘉年华、班主任论坛、论文交流会等举措，旨在鼓励教师积极参与并分享他们的阅读体验和写作经验，进而促进广泛的学术和教育知识交流与分享。例如，2022 年 9 月 23 日，学校召开"爱是教育的灵魂"首届班主任论坛，教师们有机会将自己的育人理念以论文形式进行分享。另外，各类区级以上奖项也是评估教师阅读成果的重要指标。据统计，2021—2023 年教师荣获各类区级以上奖项 288 项，其中包含指导学生获奖 86 项，发表论文或获奖累计 57 篇，公开课获奖 45 项，举办讲座 34 场，申报课题 18 项等。

## （三）物质维度：创生阅读场域，增加教师阅读的支撑力

### 1. 校内场馆：满足功能需求，创设书香空间

学校图书馆是教师开展阅读活动的重要场所，是促进教师专业成长的重要平台。为此，学校不断加强图书馆的建设和管理，提供丰富的阅读资源和服务，现已基本形成"藏、借、阅、研、休"一体化格局，为教师量身打造适合阅读的生态环境。此外，学校还专门设置咖啡吧等阅读场所，为教师提供舒适的阅读环境。教师可在这些场所中挑选一本自己喜爱的书，品味一杯香浓的咖啡，并深入阅读最新的党报党刊、教育杂志等，进行学术研讨和思想交流，实现知识碰撞和深度探讨，尽情沉浸在书籍世界之中，获得心灵上的放松和书籍的滋养。

### 2. 区域共建：寻求多方合作，打造阅读阵地

学校积极寻求与当地图书馆、文化机构等的密切合作，以促进资源和信息的共享，进一步丰富教师的阅读体验、拓宽教师的知识获取渠道。具体而言，学校为每位教师发放了"朵云书院"阅读卡，让"低头看书、抬头看湖"的美好愿景得以实现。通过与朵云书院等当地文化资源场馆的深度合作，不仅可以更全面地满足教师多层次的阅读需求，同时也可以促进跨区域的学术交流。

### 3. 网络资源：提供云端阅读，打破时空界限

当下随着互联网技术的发展，阅读形式更加丰富，电子书、有声书以及数字平台的阅读等一系列阅读新业态不断涌现。为此，学校积极拓展图书馆云端服务功能，建设智慧校园平台，购买中国知网等电子资源，努力搭建覆盖"全时空"的智能移动阅读。此举通过提供大量的学术文献和研究成果，旨在不断满足教师的移动阅读需求，

有助于不断提高教师的信息获取和学术素养,推进阅读数字化建设。

  读书使人沉静,潜移默化,润物无声。中学教师阅读活动的开展是一个与时俱进的过程,为此要坚定教育初心,深入理解教育的价值与意义;找准建设路径,不断提升阅读的质量和效果;面向未来教育,紧跟数字时代的发展与变革。今后,上海中学东校将继续推动教师阅读活动建设,培育教师阅读的新风尚,进而深化全民阅读活动,为建设"书香中国"做出积极的贡献。

# 第三编

## 七彩征文硕果累累

## 读书与成长

2017年"书香校园"读书活动的主题是"读书与成长"。

"读"是一种播种,"书"是一片原野,"成"是一种收获,"长"是一种修炼。正应了一句老话"三四月做的事,八九月自有答案"。

浦东,是一本耐人寻味的书。阅读浦东,就是阅读世界;阅读世界,就是阅读未来;阅读未来,就是阅读我们自己。在文字的世界里,我们获得了前所未有的自信与自由。一切的不可能,都变成了可能。一切思维的火花,绽放绚丽与精彩。我们就是这精彩中的精彩、绚丽中的绚丽。握住了文字,就握住了夜色中最亮的灯塔。当我们的手指慢慢触动希望的按钮,那些直立行走的文字,就会温暖地牵住我们求索的双手。被困顿裹住的脚步,终于不再迟疑,不再停顿,向前!向前!

向着光明,我们把自己燃成一盏明灯。在浦东,我们寻找自己的文脉,浸润着浦东教育的文化基因,擦亮了教室中黑板上透亮的底色。用教育教学、教育研究的日日追求,诠释"以学生发展为本"的宗旨,教师们书写着"教"和"育"的优美诗行。学习内容的变革和学习方式的变革,目的都是培养和提升学生的核心素养。

我们,在浦东阅读世界,未来因为阅读而更加饱满。我们一起用"读书"点亮共同的心灵,用"成长"迈向更加美好的前程。阅读——是视觉的力量;月读——是时限的力量;悦读——是心情的力量;越读——是坚持的力量。"阅"是一个字,"读"是一辈子……

# 翻转透镜：直面教师内心幽微处
——《教学勇气》读书报告

上海市建平实验中学  王奕敏

## 一、本书概述

美国作家帕克·J.帕尔默的《教学勇气》是一部帮助教师探究自己内心世界的好书。这是一个非常新颖的角度，它不同于流于琐碎的教学技巧指导，也不同于条条框框的教学理论，但初为人师的我，还是能从作者平和理性的叙述中获取力量。

这本书仿佛在回应生活中的一个常见场景：当我们无助、脆弱或受挫时，是倾向于听一段大道理，还是希冀一个温暖的怀抱？

在这本书中，作者帕尔默确实给了我们温暖的怀抱，让辛苦迷茫还时常感到委屈的职初教师暂时停止哭泣、找到依靠。他还作为一个理性的长者为我们指路，给予我们继续前行的持久勇气。

"重新认识自我，面对恐惧，并以悖论式的思考全面、完整地认识世界。"

这在全书中是一句提纲挈领的话。具体说来，帕尔默认为，要成为一名好老师必然会常常思考："我该教学生什么？""用什么样的方法手段教会更好？""我为什么要教这些知识？"但是，这些还不够！好老师应该继续叩问自己的内心："我是谁？"因为，在帕尔默的课堂调查研究中，他发现好老师都具备一种较为完善的自我认识（identity）和自我完整（integrity），深切地了解我们内心中的骄傲和恐惧，同时也能将环境中适应于我们的因素内化于己。重新认识自我的过程，一定无法回避自己脆弱的、恐惧的一面（它和我们的骄傲一样，就是真实自己的不同侧面），并且进一步接纳自己，勇敢地、完整地直面挑战。

他在这句具有概括性的话中还提到了一个短语——"悖论式的思考"，他在这里借用了诺贝尔物理学奖得主博尔（Bohr N.）的观点："与真命题相反的是假命题，但是与一个深刻真理相对立的,可能是另一个深刻的真理。世界上存在着太多悖论,它们并不试图撕裂我们,而是我们需要尝试着去完整地拥抱它们,从而获得一个更广阔的世界。在这种悖论式思维的指导下,我们就不必纠结于一些看似"二元对立"的问题,就像语文课堂教学是为了要考试成绩,还是要人文熏陶?为了更从容地站稳讲台,我们是该深研学科本体知识,还是去积累更多的教学技巧?……要给出中庸全面的回答自然也容易,但它们之所以能成为问题被反反复复讨论,目的可能只在于提醒我们:记得世界还有另一个侧面。

## 二、逻辑框架和理论依据

### (一)逻辑框架

笔者认为该书的逻辑框架如图1所示,该书主要分成三个部分。第一部分,主要在理念层面上探讨"自我认同和自我完整",第一章到第三章分别是从"是什么""为什么""怎么样"三个问题阐述的,即真正的教学勇气来自自我认同和自我完整,好老师的个人性情、气质、遭遇能和他(她)所讲授的内容、他(她)所面对的学生形成一个和谐的整体,而不被学生喜欢的老师,他们说出来的话就像"飘浮在空中"一样,因此学生无法真正投入情境去学习。其解决办法是形成"共同体",这里的"共同体"包括两层含义,一是教师自身的性情气质与教师身份的融合,二是教师与教学材料、教学环境、教学对象之间共同形成的场域。当然,第二点是建立在第一点的基础上的。

| 理念 | 实践 | 改革 |
|---|---|---|
| **自我认同和自我完整** | **教学共同体** | **教学改革** |
| 第一章 是什么? | 第四章 认知层面 | 第七章 教育改革 |
| 第二章 为什么? | 第五章 教学层面 | |
| 第三章 怎么样? | 第六章 学习层面 | |

图1 《教学勇气》的逻辑框架

如果说该书的第一部分是一个温暖的拥抱，让很多在职教师感到无比安慰，那么从该书的第二部分开始我们具体指路——它是在实践层面上具体讨论"教学共同体"，第四章到第六章分别在认知、教学和学习层面上展开论述，在这一部分，帕尔默引用了很多教学案例佐证自己的观点。

第三部分只有一章，帕尔默在此为我们点明了更远大、更激动人心的前景——教育改革。他认为，教育改革的第一步需要个体教师直面心灵的勇气，然后谨慎努力地寻找志同道合的伙伴，形成共同体，接着走向公众，并开诚布公地接受各种赞誉和批评，最后在"选择性激励系统"的帮助下，正式广泛地推行实施。

这三部分内容是层层递进的，就像教学改革的过程必然要踏踏实实，审时度势，如果太过于急功近利，那么我们总有一天会为之付出代价。

### （二）理论依据

**1. 米尔斯(Mills C.W.)的"透镜理论"(《社会学的想象力》)**

"仅仅环顾四周，我们不能看到'外部世界'是怎样的。我们观察世界的每一件事物都依赖于我们观察世界的透镜。如果选择了新的透镜，我们就会看到先前看不到的东西。"

在本书第一章"铸造我们的学科"一节中，帕尔默毫不避讳地指出了他的理论是受到了社会学家米尔斯"透镜"观点的影响，生活中我们可能会不自觉地戴着固有的透镜(如成见等)看待问题，这会造成我们对于事物的偏见和误解，但这并不可怕，如果我们能够常常更换、翻转透镜，那么就能认识世界的更多侧面。在这里，帕尔默着重强调的是，通过透镜审视教师自身的多个侧面，不仅仅要看到讲台上光鲜的、自信的自己("前台")，同时也要看到讲台背后焦虑、笨拙的自己("后台")。这样较为全面的审视，能帮助我们从内心获取力量，从而成为一个更自信、更有底气的老师。否则，我们很容易忽略自己的内心，用很多教学技巧掩盖了心灵深处的不安，错失了很多与自己对话的机会，难以达到"自我认同和自我完整"，即难以做一个真正的好老师。

值得注意的是，帕尔默采用的是一个社会学上的理论依据。这也就意味着，教师在"后台"的焦灼是在统计学上得到证实的普遍状态，这一点有助于我们更好地认识教学恐惧——我们不是一个人在战斗，我们的困扰可以通过大家互相鼓舞、群策群力，一起勇敢面对。

## 2. 本尼迪克特(R. Benedict)的"人本主义教育学"

人本主义教育学是一种强调人的自我实现的理论,从这一点上与帕尔默在其书中体现的思想暗合。更重要的是,人本主义教育学在建立之初,是为了矫正20世纪教育学界中"主知"和"主情"论争上的偏颇,"着眼于研究人的理智和情感、高级需求和低级需求、本能冲动和价值理想之间的整合和协调问题,通过挖掘人的内在潜能,来确立人的价值和尊严"。而帕尔默在《教学勇气》中也在试图找到一个平衡点,对于"自我认同和自我完整"的强调是试图纠正如今教育"技术之上"的偏颇,对"主观契合"的重申是为了扭转学术界只重视"客观知识"的执拗……他的观点和人本主义教育学的契合之处,就在于不迷信技术,而是切实地将教育落实在"人"的身上。

## 3. 博尔(Bohr N.)的"悖论观"

这一理论基础,笔者已经在上一节中有所阐述。这是帕尔默"共同体"思想的重要基础,因为他在对"共同体"的描述中,人身上总是存在着看似相互矛盾、排斥的东西,但是他们就这么客观地共存于我们的性格中。放眼于课堂也同样如此,学生身上看似矛盾的缺点、师生之间看似不可调和的身份差距……不管我们是否关注,它们就是这样真实地存在着。可能很多时候事物不一定都能被一种"非此即彼"的思维所规训,矛盾事物的存在时时提醒着我们世界还很大,还有很多知识和观点等待我们去认识、发现并与原有的知识相互整合。

# 三、我的评价

帕尔默的研究成果为他本人赢得了四个博士学位,以及非常广泛的声誉。在我读本科时,我的导师就多次推荐我们去阅读这本《教学勇气》,并称:"要在有了工作经历之后读,你会找到很多共鸣。"事实确实如此。我读完这本书后,也多次向身边的同学推荐,因为帕尔默凭借着自己的勇敢和洞彻直面最尖锐的问题,而不是选择悬置那些棘手的问题去谈一些高蹈的理论,而是一针见血、直指人心。

好的哲学最终都需要回归自身,解决自身的问题。

这不仅有利于我们做一个好老师,同时也让我们明晰地认识到自己的生命状态,不至于在日益匆忙的工作中麻木了神经。

## （一）理论的现实可行性

叶澜教授说过："一个教师写一辈子教案，不一定成为名师，如果一个教师写三年的反思，有可能成为名师。"

这是叶澜教授的一句广为流传的话。细想来，这和帕尔默在《教学勇气》中的观点暗合。如果一个教师每天考虑的只是"教什么""怎么教""为什么教"的问题，那么他应该是一个合格的老师。在这个思维过程中，我们始终将教学当作一种"对象"去审视、发现：教师自身、教学内容、学生三个对象是处于相互割裂的状态。此时，学生能否在课堂中获得有效的成长可能取决于教师的教学设计，如果教学设计有效可行，那么学生会学得牢固扎实，但是这时候学生和老师之间并不发生直接的情感关联。这也就是为什么在帕尔默的课堂调查中，学生普遍不喜欢那种"说出来的话像飘浮在空中的"老师，他们普遍缺乏一种"自我认同和自我完整"。

而一个经常做教学反思的老师，他应该对自己的教学状态、生命状态保持一种敏感的自觉，他不会认为我已经教书教了很多年了，什么学生都见过，什么问题都能应付。这样的人可以每天保持一种进步的状态。从萨特（J.P. Sartre）的存在主义的角度说，人只有在写作时才是存在的。当然这种写作一定关乎自我生命的反思，而不是指我们为了应付公务而写的那些"言不由衷"的文章。好的教学反思是一种元认知，回顾审视自己的教学目标是否达成、教学活动设计是否丰富适切、各项评价指标是否真正促进了学习、在学生疑难处是否提供足够的思考支架和资源……这些问题若是空想，则容易流于琐碎，但是文字可以帮助我们有效地整理思路，促使我们面对真实的自己，梳理总结点滴收获、想清楚最真实的困惑，是一个和自己心灵对话的有效过程。

当然，在帕尔默的观念里，要达成"自我认同和自我完整"有很多种方式，除了写作，还有静坐、林中散步……不管是哪一种方式，他都强调我们需要和自己的心灵对话，认清楚自己内心的幽微处，哪怕我们面对的不只是骄傲的、光明的一面，还有焦灼、无助的自己。

这样看来，帕尔默的要求并不高，每天不需要花太多时间就能达到一种心灵的自觉。但如果真的坚持做也很困难，在千千万万的中国教师中，有多少人能在繁忙的工作中做到"不忘初心"？这需要强大而严格的自律精神，这样的人不管在什么行业都是最优秀的一批吧。

### （二）由理论想到的现实案例

在读《教学勇气》时，我的脑海中常常浮现出我的导师郑桂华老师的形象。在我看来，她是一位具有"自我认同和自我完整"的人，如今她到上海师范大学做教授，也是上海中学语文界无人不知的实干型专家。

我师从她三年，听她讲过很多关于自己的故事和经历，她从不避讳自己出身于安徽农村的一个普通家庭。她回忆说，小时候每一次进城都要走很长很长的路，但这也好，从小的锻炼让她比别人拥有更充沛的体力，以至于她现在每周要跑三四个省市听课、评课、上课都还能应付。从外表看，她并没有因为无比繁忙的工作而变得憔悴，相反她在同龄人中显得格外年轻。

同时，她也不避讳自己的性格其实并不适合做老师，从小"不善言辞，为人拘谨，还常常为自己的略显俗气的名字感到自卑"。"自卑"是她经常提到的词。或许也正因为"自卑"，在华东师大二附中教书的十六年里，她更是咬定青山不放松，踏踏实实地研究教学目标的设定、研究教学内容的选择、投身于一项项"很有可能打水漂"的研究中，对自己的教学过程保持自觉的反思。这样日复一日的进步，让她渐渐地从一个普通的中学任课教师，成长为破格高级教师，现在成了能带着硕士研究生做研究的大学教授。试想，如果她无法真正接纳自己的出身和性格，那么她可能至多是一个用高超的教学技巧掩盖自己本真的老师，无法做到如今这样的直率、表里如一又亲切可人。

还记得大三时，我们随郑桂华老师去一所中学，旁听她做的定期教研指导。她的准备工作之丰富细致让我们叹为观止，听课时她极其投入，还不忘关注学生的状态，讲座指导时直指要害又言辞委婉。那所学校的领导老师自然给了她很高的礼遇，对待随行的我们竟也很客气。走出校门后，郑老师教导我们说："别人对待你的态度，不代表你的真实所是，人要始终认清自己是谁、想清楚当下真正要做的事，真的是很不容易的。"

虽说她的成长过程中也有很多机遇，可以说是不可复制的经历，但是这种始终坦诚面对自己、勤奋务实、不断攀登的状态始终激励着我。直至今日，即使在疲惫时想起，我也仍能获取力量，起码能撇掉当下的些许虚浮心气，警醒自己在正确的道路上努力走一步，再走一步。

我知道实践起来有千难万难，哪怕是回答"什么是正确的方向"，这仍需要翻转我们看待世界的透镜,好好地审视自己的内心,想清楚自己真正想要的是什么。

## 四、结　　论

从帕尔默的观点和我所知道的实证案例来看,"教学勇气"的失落是当下教师普遍存在的困扰,很多时候我们自己并未察觉。因为长时间的工作让我们在课堂上不自觉地带上了"专业"的面具,越来越娴熟的专业技巧掩盖了我们内心的真实面目,久而久之我们可能就真的忘记了"我是谁"——渐渐地把教学只是当作一种谋生的工具,而不是当作能认清自我、完善自我的关于生命的事业。

当我们翻转观察世界的透镜,认真地审视内心的隐秘幽微处,直面自己的脆弱、焦灼时,或许能缓解恐惧,让我们更勇敢——因为一切恐惧归根结底是来源于未知,那么我们就努力正视它、解决它。

最后,我想用《哈利波特》中邓布利多(A. P. W. B. Dumbledore)的一句话作为结语:

"恐惧依然在,但它已经不成为我的困扰。"

"When we in the face of darkness and death, we fear that is unknown, in addition, no other."

# 数学经典共读中的个体角色与成长脉络

——一位初中数学教师四年共读的体悟

上海市南汇第二中学　张丽芝

## 一、工作重心转移与阅读焦点转向：从教育经典走向数学经典

### （一）37 岁起开始真读书

虽然从小就喜欢读书，但我一直以为，我的读书生涯是从 37 岁开始的。那年我参加了南汇黄建初教育科研名师工作室，在名师引领下、在团队中的阅读是完全不同于个人随性阅读的，这是一种系统化的阅读，特别是对专业的成长起到更积极的作用。因为来工作室的大多是各校的科研工作者，因而除了个人的阅读外，还有一个重要的话题就是"如何带动身边的老师分享阅读"。身边的老师不爱阅读怎么办呢？我就找所有可能的机会激发他们阅读的兴趣。几年下来，推进阅读成为一种习惯。

### （二）一次教育经典共读形成我的阅读信念

2012 年年初，我开始加入浦东王丽琴老师发起的杜威共读小组，有机会与更专业的博士们和来自上海以外的名师们一起共读。作为非师范理科出身的我，近距离地感受到了文科博士的风采，学习到了文科的阅读、研讨方式，并且很快在阅读中与大家形成有相似价值观和专业态度的"共同体"。在第一个半年的阅读中，我陪伴木工课小潘老师经历"做中学"的实践改进，一篇《走近杜威的"做中学"》获 2012 年长三角一等奖。2014 年 2 月，经过两年打磨的共同成果《偷师杜威——开启教育智慧的 12 把钥匙》出版。

### （三）为什么转向数学经典

2013 年 9 月，我工作调动到一所新的学校，工作重心也由基础教育科研转向数学

学科教学，如何将杜威的更为上位的教育哲学思想落实于初中数学的课堂教学中，成为我的新困扰，深感仍需深入数学的学科特征、思维特征。于是我将20世纪的两大数学教育家之一、荷兰数学家弗赖登塔尔的著作《作为教育任务的数学》作为阅读新目标。

## 二、共读 vs 自读：数学经典共读不能隐没个体

### （一）个体自读的经验：从问题到专题

开始时我没有找到共读的伙伴，于是就开始了一个人的阅读。一万个人眼中有一万个哈姆雷特，阅读的起点应该都是个性化的吧。

对《作为教育任务的数学》的阅读，开头就遇到难题：我数学史的功底不足，对作者所处时代的背景也不了解。我想读懂它的唯一方法就是像读杜威那样刨根究底，从每一个不懂的问题入手，深究下去。比如，读过《作为教育任务的数学》第一章后，我梳理出一百多个不懂的问题。对于这些问题，我最先采用的方法是网上查阅，解决了不少的问题，也加深了对很多问题的理解。为了弥补网络权威性的不足，我又购买、借阅了不同版本的中外数学史的著作进行比对研究。

这些问题不只是指向数学家们在怎样的背景下有了这些数学创造，更多的是在历史的长河中分析其价值以及对后世的影响。于是，无意之中我走上了数学史研究之路。有些结论真的是令人震撼的，比如弗赖登塔尔对欧几里得《几何原本》的评价是伟大的作品，首次建立的公理体系，数千年来被诸多领域知名学者模仿，成为一本通用2 000年的几何教科书；然而正是这种辉煌同时也意味着其对数学发展的限制，意味着2 000年来对数学史发展的窒息。一个典型的例子就是，2 000年来一统江山的局面造成了非欧几何的曲折发展，就连高斯这种号称"数学王子"的知名大数学家，在非欧几何方向上也表现出保守与妥协。而两位挺身而出的学者都惨遭非议，被排挤，不被认可。然而站在历史的长河中，弗赖登塔尔又说"被委屈的数学家是不存在的"，很快爱因斯坦的相对论使得非欧几何彰显出其强大力量。将这种窒息的罪过归结于欧几里得是不公平的，作者本人肯定无法走出时代的局限。研究数学史的意义不只是放大成果的意义，也让我们站上数学史的至高点回望，以俯视的姿态认清那些曲折迂回。我们在学习前人著作的同时，更要以清醒的理智避免让权威成为一种迷

信,阻断我们继续前行的路。我们教给学生的数学不应该是简单沿袭的数学史,而是这种站上至高点的审视与回望。

我对数学史的研读也是如此。弗赖登塔尔的书碰巧成为我研究的问题链,而我决不愿意迷信弗赖登塔尔,我会同时对比阅读 M.克莱茵、罗素、波利亚以及国内的张奠宙、章建跃、郑毓信;同时因数学的发展常与科技、哲学相伴,我还会读一些科技史、哲学史等。

### (二) 四年来的三次共读:"领读制"及其效果审视

我读弗赖登塔尔的举动得到区数学教研员黄家礼老师的支持,他建议我将读后感分成千字左右的小文章,陆续发布于"初中数学教育"的公微平台。这是一个在初中数学教师中有一定影响力的公微平台,这组文章受到老师们的关注,也引发了一些数学教师一起读书的愿望。

2014 年下半年,杜威共读伙伴潘清首先与身边的老师们建起第一个数学共读群来声援我的阅读,共读杜威的发起人王丽琴博士也参与其中,潘清首创"领读制",几位青年教师在领读中脱颖而出。

当年杜威共读采取接力制,每天一人摘录一句书中观点,写 200 字左右的感想,基本上做到了每人每周接力一次,其他成员参与互动。这种接力的优势是可以利用每天的闲散时间,但对于中学数学教师而言,每天参与是不可能的,如果没有互动又不可能形成一种"共同体"的共读文化。相对而言,每周约定一天,大家一齐上线,一人领读、其他人参与研讨的"领读制"优势更明显。

12 月,我的以"再创造"为题的市级课题开题,市教科院的杨玉东博士关于"数学化"的点评给我们新的思考。我感觉弗赖登塔尔的《数学教育再探》似乎可以绕开数学史阅读的难点,更聚焦于围绕弗赖登塔尔"再创造"与"数学化"的概念展开,似乎更适合作为我的课题组的起点阅读。寒假中,我拉起课题组成员建立了《数学教育再探》共读群,沿用潘清的"领读制"。但是困扰在于,虽有王丽琴博士在旁助阵,共读组内专业的研讨并不热烈,青年教师对这种专业性强的书籍存在明显的阅读障碍,只有几位有领读任务的核心成员能够真正地投入其中,共读中对话的展开还是无法形成。此时我开始向外寻找更强助力。

2015 年 3 月,在一位出版编辑的推动下,我与王丽琴博士与全国生命化教育专家张文质老师、秘书陈文芳老师在虹桥机场小聚,文芳曾带领一群小学数学教师共读过弗赖登塔尔,有一支优秀的核心团队。我们聚合文芳、潘清两大团队优势,成立了一个核心的共读团队,由潘清和我一同制定新的团队规划。我受各位老师之托进行组队的过程中,存在一点私心——把我的课题组四位核心成员带入了这个团队中。所谓的私心在于:若论阅读与写作的实力,课题组的老师未必有实力加入其中,但我希望他们能在这个团队中体验共读的氛围,并能够把这种研讨的氛围带回到学校教研中、带回到课题研讨中。

我选择领读第一章,作为亮相。这一章我梳理的专题已经历了个人阅读、公微发布、潘清团队共读三次大的充实与修改,以这次领读为契机,我对它进行了第四次的完善。第一次的共读也确实达到了令人震撼的效果,文芳团队的老师们都表示被震惊了。青云是我杜威共读数学小分队的队长,他最初并没有兴趣参与我们的共读,后来以他发起的一次网络教研为契机加入进来。这次共读完全激活了他的热情。他虽是最后一个进群的老师,却勇敢地挑起了领读第二章的任务,并且以图文并茂的形式呈现给我们一次精彩的领读。之后潘清成功领读了第三章。其实在潘清的团队共读中,潘清领读的是第一章、我领读的是第二章,这回之所以有这个轮换,我是希望能看到同一章各种不同风格的领读,能够彰显阅读中更多个人风采。

这个团队的持续共读大约半年时间,很多教师积极地参与了共读,积累了大量的共读资料。特别值得一提的是,文芳推荐的几位老师,虽然之前都写过各章的读后感,但参与本群研讨之后并没有直接拿出原有的读后感,而是改写甚至重写了读后感。缺憾在于我的课题组的成员虽然按时提交了读后感,但对共读的研讨参与并不热心,原因之一大约是我们大多在一个办公室里,平时的教学研讨非常方便,他们没有这种网络教研的习惯。另一方面的原因大约在于,初中数学教师更注重解题、编题的活动,而对读书的意义认识不足。也有的教师无法坚持下来而中途退出。

**(三)成果梳理的考验:个体智慧的涌现与打磨**

通读之后进入成果梳理阶段,我希望大家能像我们当初杜威共读一样共同梳理出一些关于弗赖登塔尔的关键词,每人能选定一个方向进行纵向的梳理。然而大家对此都感觉非常困难,虽然有我自己的示范,也给出了一个关键词的讨论稿,但是几乎没有人来响应。作为领队人,我对此也一直在深深反思。我现在知道,当初的杜威共读有几位博士在,关键词梳理这种理论性强的工作有人能够承担;同时,王丽琴博士作为共读的第一责任人做了许多辛勤的工作,如把每一次共读的资料按关键词打包,提供给认领该关键词的教师。对我和潘清而言,我们对自己梳理出的关键词是否具有权威性并没有信心,也没有时间去细致梳理每一次的共读。于是,第一次关于共读成果的梳理也就基本搁浅了。

2016年秋冬,因王丽琴老师领衔的课例研究课程化工坊团队汇报、全国生命化教育研讨会的交流展示等契机,我们又开始了成果的梳理尝试,每次的梳理均得到了专家、与会者、编辑的好评。虽然这些梳理主要以我为主力,毕竟每次都能调动起渐趋沉寂的共读群的人气。这期间,我又利用"督学"的身份,"卧底"到赵明艳老师和郑新华博士配合开展的一个6人共读活动中,学习他们团队引领的秘诀。我发现,我一直在自己组建的数学经典共读团队中试图打造一块学术的高地,希望以此引领后来者不断突破,用心良苦,自己也确实付出了许多,但这种理念未必符合每一位共读参与者的立场,当我们的共读遇到的是一本特别难读的专业书时,或许我和另外一些先行者的"领读""先读",也或多或少影响了一部分后来者的热情。我在领导共读的过程中,无意中把自己摆上"弗赖登塔尔"的权威位置,也许,等我走下"权威"的神坛后,才能真正带动更多中小学数学教师,一起在数学经典共读的道路上远行。

这时,已经是2017年元月,王丽琴老师领衔的课例工坊发起第三次读书征文活动。这次征文与以往不同,分个人提交与集体提交两类,每位教师可以选择是以共读小组名义还是以个人名义来提交这一年才有一次机会的读书成果。我当然要珍惜这样的契机,努力动员大家积极参与,要求重新梳理我们以往积累的那些共读碎片,以完整独立的读书心得方式来呈现。令我非常欣慰的是,最终上交的12篇个人成果中,只有1篇直接使用了原来的读后感(一位新加盟共读的老师),多数教师都对自己的成果进行了重新梳理。特别值得一提的是,平时讨论最不活跃的那部分教师——我的课题组成员也积极配合,交上3篇万字左右的纵向梳理稿。

2017年5月初,这个纯民间的征文比赛结果揭晓。我的数学经典共读小组一共入围3篇一等奖、6篇二等奖和1篇三等奖(不少教师提交了2篇,按规则必须淘汰1篇),可谓收获颇丰。其中,我课题组的三位教师分别获得一个一等奖和两个二等奖,特别值得一提的是:我本人梳理的第一章共读稿,获二等奖,而徒弟海燕的个人阅读梳理获一等奖,这也在学校轰动一时。看到团队成员的成长无疑于我是最可欣慰的事。

与此同时,我们的"全国弗赖登塔尔共读群"获得了优秀共读小组奖。事后王丽琴老师曾问我:"按事先给出的评选规则,你们的团队提交的成果因为没有全部进入

一、二等奖而不能参评最佳团队,你会后悔吗?"我说:"可是我们多拿一个三等奖,我也很开心啊!"其实于我而言,更有意义的事情是通过这样一个契机,让多数共读成员有动力行动起来,梳理自己这些年来的共读成果,我认为这种个人性的及时梳理与打磨,对于共读团队而言,是非常重要的,不仅有助于个人智慧的涌现,也有助于共读团队的今后发展。

2017 年年初,《中学数学教学参考》读书专栏希望我们能按章节梳理一个共读的稿件,我们梳理了第一章的共读记录压缩成一个 2 万字的分享稿,王编辑提出"是否围绕第一章内容展开""不同人的发言之间有怎样的逻辑关系"等问题,让我们站在引领更多杂志读者认识弗赖登塔尔数学观的视角来重新审视我们的共读,也希望能有更多一线教师加入共读中来,给我们的共读注入新的活力。

回望我这四年走过的共读之旅,深切的体悟是,数学经典共读不能隐没个体,每一次共读能否出彩,离不开个体的投入与精彩;而其中个体的角色,无论是"领读者",还是追随者,无论是积极投入的"话唠",还是习惯"潜水"的沉默者,我们都是阅读与实践的不可替代的主体。每个人都需要成果涌现时的那种成就感,每个个体,则都需要在经历了真正的共读之后的回归自我、回归沉静。也许,我这四年来的各种折腾,恰恰是当初走出杜威共读共同体之后的个体化尝试,我的勉力坚持数学经典共读,和邱磊的"与一对师徒死磕"、彭峰的杜威语文阅读小组、赵清风的西安"教学勇气"种子教师研习营等努力一样,是一种和而不同的教师个性化阅读实践。未来,我相信,我的数学经典共读小伙伴,也会逐渐找到共读共同体里的那个小小的自我,走向更适合自己的阅读和发展方向。

## 三、做一个勇敢的讲述者:从数学走向数学人文

### (一)领读带给我的讲述勇气

无疑,一次次的领读成为我不断梳理自己的阅读、实现突破提升的一次次动力和契机。在读弗赖登塔尔的过程中我发现数学在历史上并不是像今天这样的独立与孤立。当我们走进希腊数学的源头时发现,泰勒斯,这位最早的数学家,他将"等腰三角形"的概念从这个或那个具体的等腰三角形而抽象出一类图形,并且用了推理的方法去验证这类图形脱离开具体每一个图形的共性;他以同样执着的观察与思考,将水滋

养了植物的生长与动物的生命这样具体的事物抽象出"水本原论"这样的哲学观点,解释了世界万物生发的本源,成为史上最早的哲学家;他还是一位仰望星空的天文学家,他改进了用星图导航的方式,并预言了日食的发生,带领希腊走出迷信走向科学。我们会发现,数学、哲学与天文学完美地统一成为一个泰勒斯,在他身上无法区分哪个时刻是数学的,哪个时刻是哲学的或天文学的,它们是一个统一的整体,而这一切源于他早期"行万里路"过程中的观察、学习与思考。同样让我震撼的还有毕达哥拉斯等一大批古希腊数学家、哲学家和科学家们。事实上,直至今日,数学、物理、天文与哲学并没有因为学科划分的日益精细而分开,从日心说到相对论、量子力学,无不以数学发展为基并直接颠覆了之前的哲学。笛卡尔、牛顿,或是20世纪的胡塞尔、怀特海、弗雷格、罗素、维特根斯坦等一大批数学家都直接引领了哲学的革命,特别是胡塞尔引领的现象学以及弗雷格、罗素、维特根斯坦引领的语言学的哲学转向。科技、数学、哲学自始至终就是这样水乳交融地相互促进着、裹挟着前进!他们让我看到了人文的数学与数学的人文。

这让我想到与古希腊同时代的中国也有一个轴心时代,也出现了两位重要哲人——孔子和老子。但是希腊文明还孕育出了更多的数学家以及关注数学的哲学家,可神州大地却没有,这种文化差异的源头究竟在哪里呢?我意识到透过历史的厚重穿越进现实的迷雾,站在哲学的视角直面教育的本质、数学的起点,我们才有可能把握到真正的数学教育。

### (二)在"大地良师"平台上开始我的数学史课程

王丽琴博士组建的"大地良师"共学群邀请我来讲讲数学史,面向一群文科教师,我选择了一个从数学到文化的视角——"中西方文化差异溯源(从数学史讲起)"。这于我的确是挑战,实在是我个人的人文功底弱,虽然查阅了各种中西方文化的资料,但最终的作品恐怕依然是错误百出。好在"大地良师"强调的是积极上进的"良师"而非学有建树的"名师",也就无所谓"对"与"错",只是个人思考的一点点交流。也不敢说此专题带给老师们怎样积极的影响,事实上在准备这一系列讲座的过程中最大的受益者是自己。在准备每一讲的过程中,我都阅读了大量的中外数学家写的数学史,以及古希腊哲学、中国古典哲学的作品及评述,不断修正自己的认识、完善自己的知识框架、调整自己的讲述计划,以适合文科教师们的学科储备。课程之后,我把这些资料结合教材知识展开的顺序进行了重新梳理,作为初中生的课外阅读教材,再结合"再创造"的数学学习理论,将这些含有丰富探究素材的阅读材料改编为互动性的探究课程。

在系列微课的制作过程中,我的讲座主持人——浦东数学兼职教研员沈惠华(鱼妈)老师给了我很多鼓励和支持,成为我坚强的后盾。徒弟海燕是我的"录音师",我们形成一个固定的海(鱼妈)陆(荔枝)空(海燕)组合,在讲座的过程中共同提升。

最后特别要提一下的是,从 2012 年 1 月加入王丽琴老师的杜威共读小组至今,她始终陪伴我和我的团队的成长,哪怕是在我离开杜威走向更为专业的弗赖登塔尔的时候,这样一位文科博士义无反顾地跟随而至,她以一个后进生的名义不断提问,认真地梳理每一章的读后感,鼓励我不断挑战一个新的高度,不断超越自己,这种陪伴令人感动。

# 用实践架起读书与成长的桥梁

上海市浦东新区新港小学　周威丽

## 一、满怀信心的开始

2017年2月份一开学,黄建初老师大力推荐了《教师的挑战:宁静的课堂革命》一书。20世纪八九十年代日本公立学校和公办教育面临着前所未有的危机,教师的尊严受到了前所未有的伤害,这种现象深深刺痛了佐藤学教授的心。作为"付诸行动的研究者",他遍访日本全国各地学校,深入课堂,与教师一同研究教学,倡导创建"学习共同体"。三十年如一日,每周至少两天深入学校,扎根中小学实地观察,重新让日本公立教育焕发生机。该书就是记录了佐藤学教授观察到的教师们的以学习为中心的教学实践的挑战,以及建立"学习共同体"教学的要点。

我被书中所描写的那种宁静但又让学习真实发生的课堂深深吸引,于是我兴致勃勃地开始了我的学习共同体的实践与反思。

## 二、迂回曲折的探索

### (一)什么是协同合作学习?

践行之初,我以为"协同合作学习"就是"小组合作学习":在教学过程中,我设计一两个需要小组讨论的环节,然后小组长安排组内成员各自完成一部分任务,等到全班交流的时候,小组内的每个人都能起来说一句。

但是,我很快发现了问题。比如,在让每个小组自主选择他们喜欢的一部分进行讨论时,小组内可能有不同意见,大部分是组长决定,没有组内协商;有的组协商了,但是耗时比较长,后面交流的时间就不够了。在交流过程中,组员按照组长所安排的任务,去完成自己的那一步,自己的事情完成了,就没有耐心去倾听别人的发言了,更无法去思考伙伴的发言哪里存在不足。小组长呢,没有发挥组织作用,不能根据每个人的表现,及时调整每个人的任务。孩子们只是"走流程"一般做了一遍,时间久了积极性也不会太高,更不用说每个人的语文能力都得到提高了。在最后的汇报环节,几乎都是负责这个句子的同学说完了事,而不是全组人一起倾听,对于他的答案中不恰当的地方进行讨论、修改,经过全组人的努力,获得更好的答案。

问题到底出在哪里呢?我再次阅读了《教师的挑战:宁静的课堂革命》,发现我对"学习共同体"的理解是错误的。书中这样一句话让我触动很深:"在合作学习的课堂里,每一个儿童与教师一道奏响着同声相应、同气相求的交响乐。""一道交响乐",也就是说,大家一起为了一个共同的目标而努力,而不是像我之前那样每个人负责一部分,最后凑在一起。"同声相应、同气相求",也就是说,伙伴之间是要密切联系的,伙伴提出观点,自己要认真听,积极思考,做出回应;自己遇到问题,也要主动向伙伴求助。这样,这首"交响乐"才能奏响,才能美妙动听。

### (二)为什么还是达不到"倾听"的效果呢?

佐藤教授在《教师的挑战:宁静的课堂革命》中提到:"'学习共同体'是对话,是同教材、同伙伴、同自己构成的一场对话。""'学习共同体'是倾听,是要仔细地听:这个人的发言和课文有哪些联系,他的发言和其他人的发言有什么联系,他这次的发言和之前的发言有什么联系,有什么不同。"

我对孩子们提了个要求,希望他们用"我们小组要说的是第×小节……""我(们)觉得……""我(们)补充……""我有不同意见……""我还有疑问……"这样的句式来作为发言的开头。

可是,问题很快再次显现出来。比如:我在听某个小组或者某个学生发言时,不经意一瞥,会发现有几个孩子没有在认真听;有时,有些观点明明已经被说过了,可还是会有孩子站起来重复;有时,某个孩子的话还没说完就被"这个说过了!""这不是!"的否定声打断了;有的孩子给出了连我都没想到的完美答案,可是最后,只有我和几个人知道……

于是,我第三次阅读了《教师的挑战:宁静的课堂革命》。书中指出:"在儿童中培育相互倾听关系的第一个要件就是教师自身悉心倾听每一个儿童的心声。要培育相互倾听的关系,除了教师自身成为倾听者之外,别无他法。"哦,原来,不是我以为的最重要的是培养学生学会倾听的习惯呀。而是,教师应该首先"以身作则"。也是,"身教"胜于"言传"嘛。

在接下来的实践里,我开始努力让自己去"倾听"孩子们的发言。当某个孩子发言的时候,我会站在他旁边俯下身倾听他说话,会注视着他的眼睛,会一边听一边面带微笑地点头,会在他发言完寻找其中的闪光点做出肯定的评价……可是,孩子们还是没有进入一种倾听的状态嘛!虽然经过一段时间的训练,那种不等别人发言完就出声打断的现象几乎没有了,但是,孩子们也不是在认真听!我经常会发现有孩子游离在课堂之外——他们不说话,却一直低着头,或摆弄桌洞里的小玩意儿,或将几个文具摆成不同的形状,或拿着笔在书上不停地涂画……

我做到"倾听"了呀!到底是哪里出问题了?这次,我把佐藤学教授的《教师的挑战:宁静的课堂革命》《教师花传书》《静悄悄的革命》一口气都读了一遍,似乎有些明白了。

佐藤学教授在书中提到:

"'倾听'儿童的发言意味着在以下三个关系之中接纳发言。一是,认识该发言是文中的哪些话语所触发的;二是,认识该发言是其他儿童的哪些发言所触发的;三是,认识该发言同该儿童自身先前的发言有着怎样的关联。

"教师最为适切的位置——完完全全接受学生的发言,了解、倾听发言的学生们的感受,建立起发言的学生与倾听的学生之间的联系(甚至要接受每一个儿童背后的家庭和社会问题)。

"倾听,其实并不仅仅是听懂学生的发言内容,那样还是在为了一个'正确答案'而听;而应该站在欣赏、体味学生发言的立场上,倾听他们这样说的缘由、心情和想法。与他们心心相印,从而产生'啊,真不简单''原来如此''真有趣呀'等共感共鸣。"

从佐藤学教授的描述中,从"接纳""完完全全接受""欣赏、体味"这些字眼中,我明白了:我不仅要听明白学生说话的内容,更要能够听懂他们没有说出来的意思——他们为什么会这么想?他说出这个想法时的心情是怎样的?忐忑的?自信的?他期待我怎样的回应?……

于是,再次倾听孩子的发言时,我就会把自己也当成一个要从发言的孩子身上学习的学生,我努力从他的发言中学到东西,并为此表扬他、赞同他。渐渐地,我收获的惊喜越来越多。让我印象最深刻的一次是教《饭前》一课。我让孩子们说一说阿凡提是个怎样的人。离下课还有两分钟的时候,基本没有孩子举手了,我自己也觉得讨论得很充分了。但还是顺口问了一句:"谁还有其他想法要说?"没想到琳琳举手了。她是这学期新转来的一个女生,很文静,也太文静了,课上几乎听不到她的声音,所以,她举手时我真的很吃惊。为了鼓励她,我请她站了起来。不过,说实话,我当时心里并不觉得她能说出什么精彩的观点。琳琳说:"我也觉得阿凡提是一个乐于助人的人……"之前孩子们已经交流过这个观点了,所以她的说法并不新颖。我就微笑着看着她,鼓励她说下去。我想,哪怕她重复别人说的,也说明她在认真听,她肯站起来发言就是一大进步!琳琳的声音似乎大了一点,她接着说:"请大家看第一小节'有一个穷人来找阿凡提,恳求说……',说明穷人一遇到困难,就来找阿凡提。"

我听懂了她的意思,真的是太惊喜了!是啊,穷人一遇到困难,第一个想到的就是阿凡提,说明阿凡提平时经常帮助他们。而之前这个句子,我们只关注到了"恳求""请您"这些字眼,体会到了穷人有礼貌。那一刻,我真的体会到了"教学相长"的惊喜和乐趣!而这一切,就是因为我决定倾听、虚心倾听!之后,越来越多次地,我感受到孩子们真是太厉害了,你真的不能小看他们!

我原以为,这样坚持下去,我的课堂就会形成"倾听"的课堂。可是没想到,像之前那种惊喜却只是偶尔"昙花一现",没有形成常态。

还差什么呢?这次,我从《静悄悄的革命》一书中受到了启发:"课堂上,老师为什么总要对学生的发言一一附和、帮腔,一一评价,一一概括其意思呢?大概是为了不冷场。觉得教室如果沉默的话,蛮可怕的。

"课堂上,老师对学生的发言一个劲地回应,包括板书的时候,其实内心一直在想:下一步怎么办?

"上课时,老师虽然在'嗯嗯'地点头,热心地倾听孩子们的发言,但是,发言的孩子却不觉得老师已经把自己的话听进心里去了。与其说老师在专心听学生发言,还不如说,在学生发言之前,对怎样理解孩子的发言,老师就已经胸有成见了。"

确实,回想我这一阶段的实践,我在听学生发言的时候,内心一直很焦虑:孩子万一说偏了,我怎么往"正确"的答案上引?万一说的很不像话,我怎么从中发觉"闪光点"来肯定他?每个孩子发完言都要一一评价。我总是在想着"下一步"。哪怕孩子回答得很出色,我也总是会重复一下——生怕其他孩子没有听清、听懂……这可能也是导致一些孩子游离在课堂之外的原因——反正听不听的,老师等下还会重复一遍,开会儿小差没关系。

所以,当再次进行课堂实践的时候,我就努力控制自己不去一一概括孩子的发言,不去想着怎么"引导"他……换成了:"你们听懂他的意思了吗?"还别说,孩子们还真的认真了许多——想来,他们没有我这个"复读机"的重复播放,没有依赖了,只能自己认真听了!

### (三) 怎样设定挑战学习的主题?

佐藤学教授在《教师的挑战:宁静的课堂革命》中指出:"学习是同新世界的'相遇'与'对话',是师生基于对话的'冲刺'与'挑战'。"他在讲座中也多次提到"挑战性学习"。

最初实践的时候,我只是在传统语文课"研读关键部分""拓展仿写"两个环节加上一个可以小组协作学习的问题。可是,实践下来,我发现,这只是"新瓶装旧酒",根本没有达到书中出现的那种"灵动""美丽"的画面。

可是,书中提到"挑战性学习"时不够详尽,"所谓'冲刺与挑战'的学习,常以遇到新鲜事物时,所引发的'哎?'的惊叹声来表现。"我理解起来,觉得是要教师尽量以学生不懂的问题为中心,那些已经懂了的就少讲甚至不讲。可是,操作起来,我却完全没有头绪。比如,已经会的不教,那么我还要不要按照"揭示课题—整体感知"来开始教学?直接上来过渡到挑战性的问题,孩子们是否能接受?在孩子们自己品读词句的过程中,会不会变成分析课文?还有,挑战性问题如何设定?一个单元一个主题?那几篇课文都设置同样的主题,对孩子的能力又有哪些提高呢?这同一个问题讲几篇课文,孩子们又是否一直买账呢?……

就在我越来越纠结、越来越迷茫的时候,我在东方小学听了一堂美术课。课堂上,老师按照"让孩子们发现问题,自己去解决问题"的模式进行教学:第一次孩子们在扎染的时候,老师并不过多去提示、去束缚。他们失败了,第二次就会仔细观察老师的做法和自己有哪些不一样,有什么窍门。我就发现,大多数孩子第一次的作品不成样子,可是第二次的作品大都比较成功。多么神奇!尤其让我觉得赞叹的环节是——当大部分同学成功后,老师请同学们自己总结扎染受哪些因素影响。孩子们通过自己的体验,你一言我一语地总结出了答案:染的面积、染的时间、染的颜色。我相信,这个结论孩子们会牢记在心,下次染的时候,他们肯定会注意这些因素。

这堂课,仿佛一道亮光破开了我眼前的迷雾。我似乎抓住了设计"挑战学习"主题的方法——这个主题不是我之前理解的有固定答案的问题。它是开放的,是可以有多样性的答案的。在这个过程中,最最关键的是,所有的知识或结论不是靠老师讲的,而是靠学生们在活动中发现问题,然后,小组协作努力解决问题。在交流的过程中,通过倾听、不断反思,大家一起总结出一个相对完善的结论。这样一来,再看书中说的"它(学习)是作为一种'活动''合作''反思'所构成的'活动性、合作性、反思性实践'而实现的"一句,我就有了更深的体会了。

在之后的实践中,我就慢慢有点思路了。比如,在《少年王勃》一课上,我设计的主题是:"王勃是个怎样的人?"在《葡萄是酸的》一课上,我设计的主题是:"这篇课文和我们学的其他课文有什么异同? 三个故事之间又有哪些相同和不同之处?"在《看月食》一课上,我设计的主题是:"月食(日食)究竟是怎么发生的?"……

但也还是有纠结的地方,比如《看月食》这一课,虽然孩子们自己主动制作了三大星球,在投影仪上边演示边解说清楚了这个问题。但是,我一度纠结:这还是语文课吗?虽然运用了课文的语言,锻炼了表达能力,但其实更像一节自然课!可是,看着学生们兴趣更浓,越说越好,我又觉得这才是设置挑战性主题最根本的目的。

## 三、读书—实践的成长

在实践学习共同体的这段时间,我在读书—实践—反思的相互交替中,不断成长。主要收获有以下几点:

第一,从书上看懂的知识并不一定是真懂了。只有实践了,才会知道,原来这个没有看起来那么简单。实践会加深对阅读的理解,理解得越深,会发现不懂的越多。比如说,我对学习共同体课堂的理解,最初觉得很简单——不就是"分小组,讨论的时候,一个人发言,其他人安静听"嘛。可是,实践下来,您看,存在多少问题,而且还有更多没解决的问题。

第二,书不是读一遍就可以完全读懂的。比如《教师的挑战:宁静的课堂革命》这本书,我在实践的过程中反复读了多次,每读一次,就会发现很多原来没注意到的语句,也是经典之言!即使是那些之前已经注意到的语言,在实践之后再去读,体会又不一样。

第三,读书有读到最后一页的时候,但是真正的边读书边实践是永远没有终点的。同样,在这"边读边实践"的过程中,也会一直成长的!

总之,我只希望自己能在不断的读书与实践中,成长为创建"润泽的教室,孩子们都在宽松地、充实地学习,处处洋溢着那份美好产生的感动,在里面的任何一个人都心情舒畅"的学习环境的老师。

# 借助阅读，走出"洞穴"
## ——阅读对于为师的助益

上海市上南中学　黄艳嬿

## 为什么要阅读？

一千个人心中有几千个答案。我心中最美的答案是：为了走出洞穴。

柏拉图在《理想国》中有个经典的哲学比喻——"洞穴之喻"。一个地穴中有一批囚徒，他们自小待在那里，被锁链束缚，不能转头，只能看面前洞壁上的影子。在他们后上方有一堆火，有一条横贯洞穴的小道；沿小道筑有一堵矮墙，如同木偶戏的屏风。人们扛着各种器具走过墙后的小道，而火光则把透出墙的器具投影到囚徒面前的洞壁上。囚徒自然地认为影子是唯一真实的事物。如果他们中的一个碰巧获释，转过头来看到了火光与物体，他最初会感到困惑，他的眼睛会感到痛苦，他甚至会认为影子比它们的原物更真实。如果有人进一步拉他走出洞穴，到阳光下的世界，他会更加眩目，甚至会发火；起初他只能看事物在水中的倒影，然后才能看阳光中的事物，最后甚至能看太阳自身。

柏拉图认为，囚徒的状态就是人的状态，囚徒被拉出洞穴的过程就是获得教育受到启蒙的过程。这个经典的哲学比喻折射了每个人的状态，无论是受教与否，无论哪个年代。

教师的状态，从某种意义上来说也是囚徒的状态。身上被捆绑了诸多无形的枷锁，我们看着眼前的影子，会把它认作是真实，可是往往真实在别处。阅读，能够帮助我们解开无形的枷锁，认清眼前的虚幻，回到阳光下的世界，回归教育真正的奥义。

## 在阅读中探索育人之道

正是通过阅读，让我认清身上的枷锁，追求的实乃育人的影子而非育人的真谛。

美国明星教师克拉克先生的《教育的55个细节》，让我意识到作为班主任的"目光短浅"。

曾经我认为，一个成功的班主任就是能够培养出学习自觉、踏实负责的学生。因此，在带班的时候非常强调班规的制定，强调学习与纪律，强调通过奖惩提高管理班级的效率。

克拉克先生的班规非常"美国范"，班规的内容涉及的领域极广。克拉克先生的班规中围绕学习的只有第16条"每天都要做完作业"；关于纪律的是第17条"换科目的时候，动作要快、要安静，要守秩序"；第20条"别的老师来代课，也要守班规"；第21条"课堂上发言，或起身，应该讲规矩"；第22条"不可以上课上一半，起身去倒水"。其他的50条规矩中，30条关于文明礼仪，7条关于人际交往，4条关于社会道德，9条关于自我发展。

克拉克先生的班规不仅领域广，而且更细致。我的班规中的"尊敬师长，团结同学"，在克拉克先生的班规是这样表述的：与大人应对，要有礼貌，有分寸；与人互动，眼睛要看着对方的眼睛；别人送你任何东西，都要说谢谢；见到每位老师，都要说某某老师好；同学受罚的时候，不要看着他。

班规的差别折射出在德育观念上的巨大差异。从班规来看，克拉克先生认为"好学生"主要是尊重他人、完善自己的人。因为在他的班规里有关文明礼仪的内容最多最细，不仅适用于学校还适用于社会；此外，还特别制定了关于自我发展的班规，班规的最后7条是：49. 自己的理想自己要坚持；50. 要乐观，要享受人生；51. 想做一件事情，只管去做，不要留有遗憾；52. 从错误中学习，继续向前迈进；53. 不管如何，一定要诚实；54. 把握现在，不要浪费生命；55. 在你的能力范围内，做最好的人。

克拉克先生说道："我决心要给我的学生不用以往的生活，一种更好的生活。"克拉克先生把自己看作学生生活的引领者，希望能引领学生走向幸福快乐的人生之路。一个成功的班主任不能仅仅把目光聚焦在三年的学生生活上，更应关照到学生人生之路的奠定。

《正面管教》让我开始找到适合自己的带班之道。

曾经自己非常羡慕"严厉型"的班主任，学生最喜欢老师骂人，而且一骂就改，老师越骂学生越爱。我则是一个不会"骂人"的班主任，生气时往往口不择言，学生不记恨已经算是万幸了。我又是一个脾气非常急躁的人，不是一个温柔的班主任。不会

"骂声促进学生成长",也不能"春风化雨",适合我的育人之道到底在哪?我无数次这样问自己。

通过一次培训,我学习到了正面管教。对我来说,犹如进入了一个全新的世界。我开始阅读相关的书籍,如《正面管教》《教室里的正面管教》等。正面管教是一种既不惩罚也不娇纵的管教方法。父母师长通过营造和善而坚定的气氛,培养孩子自律、负责、合作以及自己解决问题的能力。其目的在于人格上的培养,通过"一起来制定对双方有利的规则",遇到问题时能够提出对大家都有益的解决方案。

阿尔弗雷德·阿德勒的心理学著作是正面管教的学理基础,对我也有很大的启发。

阿德勒在《儿童的人格形成及其培养》中指出,问题儿童表现出来的不良行为,只是表象,这些表象的背后就是由于这些孩子在追求完善、追求优越的过程中迷失了正确、有用的方向,他们因而选择了无用的、错误的发展。

因此,我的班主任工作中重点转移到了学生之所以犯错违规的原因,这样不仅减少了自己无谓的愤怒,也更能够抓住问题的根本。在一次接待式家长会上,一个家长向我抱怨女儿脾气暴躁,软硬兼施都没有用。通过分析之后,我和家长找出了问题的根源在于孩子本身对于学习的焦虑,对于学习挫败的自我厌弃,这个时候孩子需要的是转移焦点以及家长给予关心,帮助孩子建立学习的自信。

阅读帮助我渐渐找到了班主任工作的真正意义。

阅读的作用远非如此。广泛地阅读,能够让人渐渐深入思考一些原本想不明白的的教育问题。"爱生如子""没有爱就没有教育"这些教育箴言如何看待呢?史蒂芬·科维在《第3选择》中说,爱一个人你就必须把他当作上帝来看待,而不是用我们希望的来要求他。陶行知先生当初在提出"爱生如子"的时候,前面还有一句"爱满天下",这样联系起来,我们对于教育之爱的理解就不会失之偏狭。作为阐释学派的代表人物,伽达默尔认为"偏见"是每个人都很难避免的,而相互理解的过程正是两个人的视域不断融合、偏见渐渐消弭的过程。这一直在提醒我,自己的每一个判断和主张都是一种"偏见",在论断之前必须多方征询意见,在交流之时需要不断克服偏见,以此实现真正的理解和包容。

雅斯贝尔斯说,教育就是一个灵魂唤醒另外一个灵魂。通过阅读,与古今智慧哲人对话,增加自己生命的厚度和广度,也许就能唤醒更多美好的灵魂。

## 在阅读中探索教学之道

工作开始的五年,我喜欢阅读可实际操作的教案汇编、名家解读,当时我翻阅最多的就是孙绍振的《名作细读:微观分析个案研究》和《语文学习》杂志等。我认为有价值的专业书籍就体现在实际操作性强,可以直接为我所用。而现在,我认为阅读越广越好,越杂越好,哲学、艺术、心理、医学等各个方面都需涉猎。阅读的广泛能够帮助我建立更广的教学背景。

在阅读的过程中,我渐渐开启了自我教学的探索之道,从对前辈的亦步亦趋走向自我探索。

佐藤学先生的《学习共同体》让我真正明白了小组合作学习的含义。

佐藤学先生提出:所谓学习,是同客观世界对话(文化性实践)、同他人对话(社会性实践)、同自我对话(反思性实践)三位一体的活动。我们通过同他人的合作,同多样的思想的碰撞,实现同客体(教材)的新的相遇与对话,从而产生并雕琢自己的思想。从这个意义上说,学习原本就是合作性的,原本就是基于同他人合作的"冲刺与挑战的学习"。业已懂得、理解的东西即便滚瓜烂熟,也不能称为"学习"。学习是从既知世界出发,探索未知世界之旅;是超越既有经验与能力,形成新的经验与能力的一种挑战。

为什么需要"合作学习"呢?对于这个问题,我的答案有两个:其一,不组织"合作学习",每一个人的学习就不能成立;其二,要提高每一个人的学习能力,"合作学习"是不可或缺的。

于是,小组合作学习成了我上课的主要方式。设计活动的时候,我总是围绕小组合作来进行。我和学生一起讨论过《边城》如果改名可以改成什么,《胡同文化》题目之前如果加一个叹词可以加什么……

美国教育专家 Jackie Acree Walsh 和 Beht Dankert Sattes 的《优质提问教学法》让我开始注意上课提问质量,更开始注重培养学生的提问质量。

学生的提问能力是需要培养的,只有少数学生是天生的提问者,具有相应的技能、好奇心和信心来猜想、形成以及提出自己的问题,大多数学生面对提问时有着较大的障碍。学生不知道应该怎么提问;学生不知道提问的规范是什么;学生不知道什么是好问题……

学生的提问能力是需要培养的，这简直是醍醐灌顶。在语文课堂上，我一直关注学生提问，一直苦于学生不会提问。现在，我开始关注如何提高学生的提问能力。

联合国教科文组织于2015年颁发的《2030年教育：迈向全纳、公平、有质量的教育和全民终身学习》明确提出，未来的教育需要有"批判性思维"。因此，我走入了批判性思维和批判性教育的世界。《思考的艺术》《学会学习》这两本书是批判性思维的入门书目。教师首先需要有批判性思维，才能引导学生有此思维。拥有批判性思维，即成为一个有效的思考者。

一个有效的思考者，就意味着要在平时注意养成良好的思维习惯。比如，在阅读、倾听过程中要刻意避免自己的一些坏习惯，不要让自己的一些不良习惯阻碍了思维能力的提升。毕竟，习惯养成才是最重要的，比如在沟通的过程中，总是无聊问"为什么呢"，或者由于面子等问题贸然地做出一些判断、陈述等，这些只会让个人的不良思维习惯更加不良。

作者说，批判性思维可以运用在两个地方，即自我防卫和自我纠正。我们都倾向于自己认为自己是对的。能够思想足够开放，对了解和自己根深蒂固的观念相左的意见或者见解，是非常难得的，这也是最高级的批判性思维者最重要的特征。

我的理想课堂是始于提问，终于质疑。教学的起点在于学生的困惑之处，教学的终点并不是简简单单地解决问题，而是能够更深入提出自己的疑问。目前，自己的课堂并没有达成这样的理想，我将继续沿着这个方向努力。

现在的社会不仅信息爆炸更是知识迭代，世界正迅速扁平化、一体化和个性化，"知识"的定义不断被更新，如果仅仅沿用大工业时代的教育思维，就可能问题丛生。要获得真正的专业能力和专业思维，没有捷径，必须依靠不断地阅读，不断地思考，不断地实践。如果离开了阅读，我们其实就离开了诸多先贤和哲人的洞见，我们就看不到身上的无形枷锁，我们也就无法认知眼前的影子并不是真实。

阅读，走出洞穴，走向阳光。

# 读书伴我成长

**上海市浦东新区上南五村小学　戴思佳**

最庸俗的人是不读书的人,最吝啬的人是不买书的人,最可怜的人是与书无缘的人。自己再累也要读书,工作再忙也要读书,交情再浅也要赠书。处于小学教师角色的我不会寻找各种理由,让自己的双眼蒙蔽。最近我看了一本《习惯决定孩子命运》的书,这本书一共有12讲,这12讲里面分别讲了:教育孩子的核心是培养健康人格;良好习惯是健康人格之基;多元智能与人人成功;教育孩子的前提是了解孩子;爱学是万善之源;如何教孩子学会交往;心理健康教育的内容与方法;科学为安、强壮为康;指导孩子用好媒介;学会消费是孩子的必修课;两代人互相学习共同成长;提高父母的教育素质刻不容缓。其中让我最受益的是第二讲,里面讲到了"什么是习惯、习惯的重要性、习惯培养的重点与指标、怎样培养良好的习惯、怎样矫正不良的习惯、在快乐的实验中养成良好的习惯、继承中华民族重视习惯养成的优良传统"。对呀,习惯不同,就是素质不同,用父母的好习惯影响孩子!养成爱读书的习惯终身受益!提高父母的教育素质刻不容缓。教师就更加不用说了,家庭教育的核心是培养孩子的习惯,父母的最大优势也是培养孩子的习惯。若不去培养孩子的习惯,实际上你也影响了孩子的习惯,因为你有什么习惯就很容易传给孩子什么习惯。从小慢慢培养孩子对于媒介的抵抗和诱惑,你只能引导孩子掌握一些科学的知识,慢慢地他就有了一种抵抗力。只有增强他的抵抗力和他的这种成功感、幸福感,才是最重要的。

孩子在小学阶段养成爱读书的习惯,那可叫终身受益。一个人养成了爱读书的习惯,他才会一生都不感到寂寞,他还会是一个不断提升自己、不断成长的人!反之,他就是一个很容易寂寞、很容易烦躁的人,是一个眼界不宽的人。如果你正打算给孩子去买一些书来读,那么你一定要给孩子选择好书,小学一、二年级的学生可以以图为主,标有拼音的,小学三、四年级的学生,可以读一些深刻的童话,有情趣的科学故事、伟人故事、儿童报刊等。小学五、六年级的学生可以读一些漫画、寓言、儿童小说,儿童报告文学，科幻小说，探险故事，少儿的百科全书等等。选择好了书，那么怎么读书呢？书中讲到有六种方法：第一是循序渐进，有序而不可乱也，要有计划，不要急于求成；第二是熟读精思；第三是反复品味；第四是切己体察，身体力行；第五是着紧用力，潜心攻读；第六是持之以恒。另外，孩子在小学时候特别适合什么读书方法呢？就是让孩子朗读，这对孩子是一个极好的训练。"不要把孩子的特点当缺点！要了解孩子的特点，不要冤枉孩子，每个孩子的成长都不是一帆风顺的，需要我们帮助他们解除心理上的压抑，恢复他们正常的思维能力。给他们建议，分享他们的快乐！"

书中说得对：教育的真谛是发现儿童和解放儿童！让孩子身心快乐自由地成长！在这里还要说明一点，一定要给孩子一些自由支配的时间，和孩子好的关系胜过许多教育，我提醒自己工作中，不要光抱怨调皮孩子多么麻烦，多让人伤神！小学教师应该帮助和引导孩子们养成许多良好的习惯！习惯决定孩子的一生，这句话真是说得很对！因此，防治儿童的不良行为习惯，越早越好！从儿童时期，就需要引起家长和老师的注意和高度重视。这本书对我的工作帮助也是很大的。自己是一名小学教师，应该帮助和引导孩子们养成许多良好的习惯。因此，提高自己的教育素质更是刻不容缓的。这就需要时刻为自己补充能量，不能总是说："想读书学习但没有时间。""没空读书，忙啊！"这是事实，由于工作本身的特殊性，教师们一般每天早晨要在学生到校之前到校，放学要等到学生离校之后再走，尤其是小学教师，真可谓"眼睛一睁，忙到熄灯"，即使是双休日、寒暑假，也不能有真正意义上的休息，但我们绝不能以此作为不读书不学习的借口。鲁迅先生曾说，他是把别人喝咖啡的时间用来读书写作的。作为一线教师，我们的读书学习，只好靠忙里偷闲，见缝插针。当我们被烦琐事务缠身时，一定要给自己留一点读书与思考的空间；当我们低头拉车之际，一定要抬头看路，仰望一下天空。

古希腊有句格言："闲暇出智慧。"如果一个人总是处在忙忙乱乱的生活中，又要想着工作，又要想着挣钱，还要想着上网或看电视，安静不下来，没有足够的空间去读书、学习和反思，那肯定就不会产生创新的灵感和智慧的火花。

从古到今，人们对书的理解不尽相同，阅读的目的也不尽相同。而我，只把阅读经典名著看作我人生的追求：追求静谧的精神家园，追求纯净的唯美世界，追求正义的前进动力。

如果人生的丰富可以用色彩来比喻，那么书就是透射五光十色的水滴；如果世界的广阔可以用无垠来形容，那么书就是普照大地万物的阳光。教育就是一本书，它用有声的文字印证了文明的进程,以不断生成的理念彰显着精神的升华;教师就是一支笔,只有具备丰厚的文化底蕴,才能描画出知识的浩瀚,只有拥有深厚的人文积淀,才会勾勒出事物复杂的关系。因此,教育是知识的教育,教育是创造的教育,教育是教师与书籍共同谱写的教育!

"阅读是为了活着",福楼拜如是说。何作庥说,阅读是为了追求真理。余秋雨说,生命的质量需要用阅读来锻造。巴丹说,阅读可以改变人生……不管谁怎么说,都是在强调阅读对人一生的重要性和必要性的。作为靠知识"吃饭"的教书人,首先更应该是个读书人。我谈不上是个合格的读书人,但我努力在朝读书人的方向前行着,因为我感觉到了自身的浅薄,也体会到了读书的快乐。在向读书人成长的路上,我也在努力和我身边的人相互搀扶前行。

利用课余时间,我还会读一些教育专著,很有感触。刘铁芳教授的《守望教育》使我有一种豁然开朗的感觉,作者从"关注我们时代的伦理觉悟""走向人对人的理解""道德教育""从尊重日常生活的德性品格开始"等篇目阐述了自己对道德教育沉重的忧思和对教育问题复杂性的思考,这实实在在是作者以一个学者的思想在为我们解惑;李镇西老师的《爱心与教育》使我的心灵受到激荡,"随意或许是一种美丽,而执着却是一片更灿烂的云彩",让我重新反思自己的"随意"与"从容",突然间我觉得以前的"随意"是一种逃避,以前的"从容"包含着惰性;博士肖川的《教育的理想与信念》运用感性的文字表达了理性的思考,用诗意的语言描绘多彩的教育世界,以真挚的情感讴歌人类之爱,以满腔的热情高扬教育的理想与信念……他们凝练、隽永的文字和独到的教育阐释给了我深深的启迪,也改变了我的生活观和教育观。

我坚信一位有思想的教师必定是酷爱读书的人。读书是我们拥有思想的最佳途径。著名教育家朱永新指出:"人类的精神高峰是没有办法跨越的,只有通过阅读才能跨过去。每一代人都要重新开始精神成长,因为上一代的精神是没有办法被我们这一代人复制的。只有阅读,人类的智慧保留在阅读的经典当中,人的物质财富是可以保留在这个国家的,就像我们中国的长城、埃及的金字塔,永远保留在那里,但是精神文化遗产需要每一代人的对话、学习,才能不断获得,这是永无止境的精神长城。"一个有思想、有精神的民族必然是酷爱读书的民族。全世界读书最多的是犹太人,犹太民族诞生了马克思、爱因斯坦等许多杰出的思想家、科学家,这就是最有力的证明。

书中的世界是美好的,没有书的世界是不可思议的,古时的人们就早已认识到了这点:"书中自有黄金屋,书中自有颜如玉,书中自有千钟粟,书中车马多簇簇。"现在,虽然我们不敢确认这些,但书籍带给我们的无穷神益,却是毋庸置疑的。这幽幽的书香,凝聚的是中华民族几千年的文化,拥有深厚的底蕴和撼人心魄的力量,令人无法不为之臣服、为之陶醉。

作为一名小学教师,我爱读书,喜欢与书相伴,在文字中享受温暖的阳光,在阳光中收获人生的真谛。回首几年来的从教之路,读书使我单调孤寂的生活变得丰富生动了。在书中,我找到了工作的自信、教书的底气。读名师的书,看他们成长的足迹、奋斗的艰辛、追求的快乐,可以激励自己奋发有为。读教育学、心理学方面的书,可以让自己始终注意从学生实际出发,遵循教育规律,始终牢记,教育的根本在于人格的塑造。读书促我自省,让我时时扪心自问:今天上的课有哪些新气象?今天的学习有什么新的收获?今天处理问题时是否有了新的方式?读《论语》,我懂得了处人事、求学问的原则。读《简爱》,我感受到了善良、质朴和坚韧的品格。读《窗边的小豆豆》,我被小林校长的耐心、智慧所感动。在平常的教学中,我会学着他那样微笑着倾听孩子们的心声,和他们一起欢笑、一起惊奇。

读书,让我深刻体会到了为师之道,在不断学习、自我完善的过程中,我从一个刚走上讲台、缩手缩脚的新教师成长为一个有教学自信、乐于与学生一起分享成长快乐的教师。虽然不能说,读书学习是我生活中唯一的快乐,但我可以说,读书改变了我的生活,带给了我成长的喜悦!

读书让我认识到,要做一个有激情的人。生活需要激情,教学更需要激情。唯有对教学、对学生满怀热爱,才能保持一以贯之的激情,让自己的课堂充满生机、充满活力。

读书让我认识到,要做一个有思想的人。教师要教书,更要育人。全国特级教师窦桂梅老师说,教育的真谛在于将知识转化为智慧,将文化积淀为人格。她还说,教师因读书铸就备课灵魂,便成就了教育的永恒爱心、理想信念、社会良知、社会责任心,这才是一个真正的教师不可或缺的精神底子。

回首走过的岁月,是书籍伴我度过了一个又一个春华秋实的美好岁月;是书籍给我带来了智慧和力量,在我成长的路上不断为我"加油"。一树春风千万枝,书香阵阵拂面来。让所有的朋友携一缕书香,共一份月光,心手相挽走在读书的路上。相信岁月的琴弦,在书香相伴的每个日子里,都会有美好的弹唱!

虽然我们教师的舞台是狭小和平凡的,但教育工作具有独特的创新性,我们绝不能让思想和精神被限制和固定,我们要保持思想、精神的独立与创新,温暖、滋润学生的心灵,引领他们健康快乐成长。"路漫漫其修远兮,吾将上下而求索。"读书、思考、践行,在教育改革与发展的征途中始终保持积极向上、不断攀登、开拓进取的精神,为我国的教育事业贡献自己的力量。

现代人类的生活离不开读书,衣着能赋予你外在的美,读书能给你气质的美。人不能事事靠直接经验来感知世界,读书获得的间接经验能使你大大加快走向世界、了解世界、融入世界的进程。读书能使人心灵得到净化与升华,能使人的心灵摆脱市俗的纷扰,飞升到一个绚丽神奇的世界,只有在这个世界里,你才能超越时间的限制,去感知、探求人类的一切。唯有读书能够让我们在物质和精神生活的两极保持宁静与平衡。

在成长的岁月里,我一直享受着读书所带来的快乐。翻开书本,我默默地成长,合上书本,我看见了百变的人生。

## 我的教育观

2018年"书香校园"读书活动的主题是"我的教育观"。

世界观、人生观、价值观,这被大多数人所认知的"三观"是辩证统一的。读书是一种书籍与教师的相聚,文字与双眼的相处,思考与智慧的相拥,妙笔与教育的相融……什么是文化?就是文而化之;什么是教育?就是教而育之;什么是读书?就是读而书之!教育的本原是什么?就是让每个人都能获得最大可能发展的坚信,让每个人都能获得最大持续发展的动力。

一个人最重要的不是拥有多少财富和拥有多大的房子,而是拥有深厚的学识和崇高的思想道德。原来,读书是一片原野,经过辛勤的耕耘,老师们收获了丰硕的经典感悟,绽放了最美的思维花朵,阐述了充满活力的"我的教育观"。这无疑是浦东教育一次思想的大丰收。

读书立德——润泽生命,精心精诚;读书明智——启迪智慧,精湛精睿;读书促学——求新求变,精深精研;读书育人——明志修身,精彩精粹。

读书,让我们学而有思、思而有悟,让知识"量化存储";读书,让我们悟而有得、得而有效,让智慧"保值增值"。

学习无止境,读书无终点。过去读书的岁月,滋润我们,一往情深;未来读书的岁月,召唤我们,一如既往……因为,我们是好书者,我们是好学者。在成长与成就之间耕耘,在超越与卓越之间奋进!我们继续努力。读书——原来如此美好!

# "夹衫乍著心情好"
## ——我带学生做探究

### 上海市石笋中学　舒　君

都说当老师，工作十年会面临一个倦怠期，屈指一算，我觉得到时候了。

十年的时间，不多不少，却也在我的教学生涯中刻出了一道深深的印记。关于课文，几轮教下来，早已烂熟于心；关于教学，也逐渐形成了自己的一套方法，虽然还需要不时修补完善，但是那些正规的教学步骤，一步步下来，总不会出什么大错；关于学生，各种类型的也算都领教了一二，遇到棘手的问题，也不会像刚工作时候一样乱了阵脚；但是——与此同时，确实也渐渐地觉得倦怠了，好像教学中的一切过于顺理成章以后，生活中少了惊吓，却也少了惊喜，那些让自己回想起来，会因为偶得的收获而得意偷笑、兴致盎然的时刻，似乎越来越少了。

也许是命运觉得我太清闲，于是让学校送给了我一个"大礼包"。

"舒老师，这学期我们学校要搞探究型课程，你也去准备一个课题吧！"

探究型课程？那是带着学生做研究啦？这和正常的上课可大不一样！这届学生，只接受过正常的课堂教学，没有做过研究的经验，得一步步地教。我其实也没有带学生参与这类课题研究的经验，我也得一步步去学，其中的麻烦可想而知；不过，转念一想，这不也正是我转换角度，带领学生用另一种方式去学习，并且收获惊喜的好机会吗？

我满怀期待地接下了这个任务，准备带着学生大展拳脚，不想难题也接踵而至。

## 一、课题选择——看兴趣，还是重意义？

好的开始是成功的一半，做探究，找个合适的课题最重要。既然是探究课，学生作为主体，当然应该找学生最感兴趣的内容做课题，我就顺理成章地把这个任务交给了学生,让他们自己讨论一下,分组交流,讨论出最感兴趣的话题,我们将从中挑选一个出来,作为我们小课题的正式题目。

没过两天,讨论的结果交上来了,内容却让我啼笑皆非,有的学生想研究明星八卦,有的学生想研究外星人,甚至有学生想研究鬼故事……这时候,我才发现,我对学生的估计是太过于乐观了。

我问学生们:"你们想研究这些东西的目的是什么呢?想通过自己的研究,得到哪些方面的知识,或者得出怎样的结果?"

学生们都不好意思地笑了,纷纷表示只是觉得这些事情比较好玩有趣,没有想过它是否有意义。我笑着说:"中世纪的欧洲神学家们常常展开辩论,辩论的内容是一个针尖上能站几个天使,这样的辩论,你们觉得有研究的意义吗?"

学生们纷纷摇头,认为煞有介事地讨论并不存在的东西,不但浪费时间和精力,甚至有点可笑了。

我进而告诉他们,为什么要做研究,因为研究本身,就是一件有意义的事。有的研究是为了解决社会现实生活中遇到的问题,或者为社会生活当中的某个现象寻找答案,有实用价值。比如,研究校园里学生用手机的现象,研究学生课余时间的安排情况等;还有的研究是为了向人们提供一种思考问题的角度,一种对问题的看法,比如研究《红楼梦》等文学作品和莎士比亚等文学家,可以帮助我们丰富精神生活。我们要做课题,也要找一个有要、有研究价值的课题来做。

"不过,"我接着补充道,"虽然意义很重要,但是你们的兴趣点也很重要,老师还是希望你们能多观察自己身边的生活,或者多联系课本上的内容,找出有意义又有兴趣的内容作为课题。"

第二天,几个课题小组的组长过来找我:"老师,同学们都很喜欢看动漫,也喜欢和二次元有关的东西,我们想研究二次元在当代初中生之中的流行情况,可以吗?"

我点点头:"这个可以,有一定的实用价值,研究的也是生活中存在的真实情况。但是,作为80后的一代,老师也是看着漫画动画长大的,说起二次元,范围可就太大了,动画漫画音乐同人还有cosplay,范围这么大,想研究得有深度可就困难了,你们研究的目标应该更精确集中一点,范围更小一点。"

最后,经过学生的研究讨论后,他们高兴地告诉我,因为看到很多中国动漫里都有华丽的古代服装,漂亮的服饰引起了他们的兴趣,同时汉服正在逐渐成为一种新的时尚,并且在初中生群体中也受到了广泛的欢迎;他们想以汉服的产生和发展作为研究的题目。我高兴地补充道:"还有一点,这和我们的《语文》课本内容也有关,我们这学期的'宋词集萃'单元,就涉及一些服饰,我们可以把范围再缩小点,专门研究宋代女性的服饰。"

经过几天的研究讨论后,我们最终选定了以"宋词中的女性服饰"作为小课题的标题,目的是以宋词为渠道,查找资料,进行比较分析,了解宋代女性服饰的特色,并且联系当今的生活,考虑宋代的审美对现代社会的影响。我们还选用了李清照的一句宋词作为课题的正式标题——"夹衫乍着心情好"。

第一轮战斗结束!我从学生们的眼中看到了对接下来研究的期待。

原来,带着学生们做研究可真的不简单,单是找到研究的课题,就已经花费了一番功夫。在这一轮学习中,学生们既关注到自己的兴趣,又通过实践明白了做研究的意义,还知道了选择研究课题的一些小窍门,这波不亏!

## 二、课题研究——一团乱麻,从何入手?

仅仅选定课题,当然远远不够,接下来的研究才是正式挑战的重点。作为老师,我当然可以直接把研究的步骤一步步告诉学生,让他们老老实实照做,这样快捷又有效率,但是,难得有让学生主动研究的机会,我还是想好好把握一下。

"接下来要准备正式的研究了,大家觉得如何入手,才能让我们有条不紊地达到目的呢?"

学生经过讨论给出的答案比较简单:"我们可以去查找宋词集,然后摘抄与服饰有关的诗句,还要摘抄相关的注释。"

我进而告诉他们,不仅书下的注释我们需要关注,对于有些注释不是很详尽的地方,我们还需要通过网络、图书馆等渠道,进一步查找,得出比较翔实的依据。

"除此之外,我们还需要做什么呢?"看着学生困惑的眼神,我提醒他们,"宋代词人那么多,宋词的数目也不少,如果大家一窝蜂,没有范围地去找,会找到很多重复的内容,岂不是大大浪费了人力?"

他们恍然大悟:"我们应该有目的地找有代表性的抒写女性生活的词人作品,并且应该分小组查找,每个小组查找一位诗人的作品,最后综合起来交流。"

"我们还应该做出相关的摘抄卡片,以免查完就忘记,这样也更规范。"

"或者我们可以通过 Word 的格式来做记录,这样还可以收集一些相关的图片,这样看起来更加直观。"

看他们的讨论越来越细致,越来越具有可行性,我觉得挺满意,进一步引导:"联系我们研究的目的,我们除了查找资料以外,还需要做什么?"

"我们还可以分类归纳,比如将首饰作为一类,然后衣服又是一类。"

"归纳以后,从同类的事物中找出共同点,这样就可以了解宋代服饰的特色了,然后再联系现代生活……"

"我们还可以查找与宋代服饰有关的书,来印证我们的想法是否正确。"

……………

最终我们经过商讨,确定了研究资料查找的相关范围,拟定了研究的具体步骤:

1. 分小组,查找李清照、晏几道、柳永、朱淑真、周邦彦、秦观等宋代词人作品中出现的女性服饰因素,并做摘抄;

2. 查找网络、书本上与服饰相关的注释,了解这些服饰的相关知识,如材质、来源、作用、艺术效果等,并做摘抄;

3. 在对资料有所了解的基础上,对资料进行归纳分类,归纳出宋代服饰的共同特点,并思考交流,讨论宋代服饰的审美对当今社会的影响。

没有计划,不成行动。这计划如何制订,其实也是门学问,不仅要结合当前的人力物力,更要围绕研究目标,有步骤、有条理地规划。这次的研究计划,我基本上交给学生来做,自己只起到指导的作用。这不仅让他们切实体会到计划的重要性,也培养了他们做计划的能力。如果学生们在以后遇到其他问题,大脑一片空白,感觉无从下手时,能够想起这次的经历,冷静下来,根据实际情况,围绕最终目标,着手做一个有条理有步骤的计划,再付诸行动,那是最让我这个老师感到欣慰的事情了。

## 三、查找资料——真假难辨,孰是孰非?

本以为有了可实施的计划,研究就可以一帆风顺地进行下去。没多久,到了交流查找成果的环节,我才发现,这里存在的问题也不少。

我看到学生交上来的资料摘记卡,他们查找到的资料分成两个极端——要么特别粗略,只有一个关于该服饰的简单解释;要么特别详细,但来源并不清晰,有很多是网友们的言论,甚至有的把网上简单的漫画图片保存下来作为研究的依据。

透过现象,我明白了自己在指导学生方面的疏忽,作为对研究毫无经验的学生而言,老师只布置任务还不够,教给他们一定的方法是必需的。

于是,我们展开了探究课的第三个学习内容——学习资料查找的有效性。

我请学生们说说在查找资料的时候遇到的困难,学生们迫不及待地发言:

"老师,我网上搜索这些和服饰有关的东西,发现搜索出来的内容很简单,比如'泪湿春衫袖'里的春衫,大都解释为'年少时穿的衣服'。你说的那些材质啊、作用啊、效果啊,根本就找不到。"

"老师,我是相反,我找到的资料太多了,全部抄的话根本抄不过来,累死我了!"

"老师,我找到的资料太杂了,论坛里大家你一言我一语的,有时候还互相攻击,我都不知道应该相信谁的。"

果然,学生们缺少的还是查找资料的方法。

我告诉他们,网络的搜索引擎是以关键字为渠道查找的,所以确定查找的关键词是很重要的一步。我们这次的课题内容是"宋代女性服饰",所以应把"宋代"或者"服饰"甚至"古代服饰"这样的字词也作为关键词,再结合诗词中出现的字词,才能搜到比较满意的答案,比如"春衫"一词,可能搜索出来的资料有限,但是,如果改成"宋代""衫"就能查到比较多的资料了。

资料一多,还需要我们在摘抄的时候有所删减,至于怎么删减,还是要围绕我们研究的内容来进行。我们这次课题研究的重点是宋代服饰的特点,以及对现代审美的影响,我们可以就抓"特点"这个内容,其他无关的传说、制作流程、历史等方面的内容则可以适当删减甚至忽略不计。

"至于不知道自己找到的资料是不是正确的……"我苦笑了,"这是网络信息爆炸时代的弊端了,我们应该怎样去查找,让自己的信息更有效呢?"

这次轮到学生们开始说了:"我们应该去查找比较有权威性的网站,最好是一些论文相关的网站,或者查看一些在线的书籍,避免摘抄论坛上没有出处、不可考的内容,这样才能保证查到的资料是有效的。"

"没错!"我补充道,"我们还要记得,把查找到的资料出处也记录下来,这样才能证明我们的研究材料是有证据可考的。老师还想提醒大家,虽然网络查找方便又快捷,但是也有很多不真实的消息在里面,作为一个研究者,我们必须有严谨的态度,在浩瀚的信息海洋中寻找真实可靠的资料,只有建立在有效资料上的研究,才是有意义的研究。另外,别忘了,我们还有一条重要的渠道,那就是——"

"书籍!"几个学生异口同声回答,"书上的内容和网络相比,更加权威可靠!"

我们还一起根据网络搜索的结果,罗列了一系列书单,让学生根据自己的能力去借阅参考,定要在第二次的资料查找中打个翻身仗!

## 四、比较分析——独立思考,方法先行

经过了一个多星期的查找,学生们手上已经积累了一定数量的资料。这些资料中,不仅有和宋代服饰有关的宋词,也有关于宋代服饰的文本和图片介绍,并且都已经根据服装、发式、饰品、妆容分为四类,井井有条。

准备工作基本完成,接下来我们进入了对资料进行比较分析的阶段。

这个阶段,也是需要学生自己动手动脑归纳的阶段,但是吸取前面查找资料放手太过而造成返工的情况,我决定把方法的指导放在前面,让学生做的时候有法可循。

我告诉学生,分析资料,首先要明确我们分析的目的是什么。比如,我们这次的课题内容是"宋词中的女性服饰",自然应该分析宋词中出现的女性服饰特点,这就需要我们在本身的资料上加以归纳概括,概括出资料中的共同点,予以整理。我还举了一个例子来引导他们思考:"比如,将晏殊的词中'兰佩紫,菊簪黄'和欧阳修的'呵手试梅妆'比较看看,你们会发现这里有什么共同点?"

学生回答:"这些都和植物有关。"

"那么还有类似的句子吗?"

"还有,比如李清照的'睡起觉微寒,梅花鬓上残'等,这些句子都可以看得出来,宋代女子常以天然的花草来作为自己的装饰。"

我表示肯定,并督促大家记下思考的结论,"记下来,好记性不如烂笔头,把你们分析的文字记录下来,整理研究成果的时候,就方便多啦。"

接下来又有学生提出来:"老师,我在你说的这两个句子中,还注意到了颜色的搭配,兰佩是紫的,菊花是黄的,搭配在一起,有一种非常清新优雅的感觉,和之前唐代的华丽感觉大不一样。"

"说得好!"我夸奖道,"你不仅从新的角度观察到了服饰的特点,而且还把宋代的服饰和之前的唐代作比较,这样它的特点就更加明显了,不过,只有一个依据还是比较单薄,我们的宋词中还有体现配色的句子吗?"

学生很快找到了:"秦观的《南歌子》中,也提到'揉蓝衫子杏黄裙',也是非常淡雅的色彩。"

"还有柳永也写过'淡黄衫子郁金裙',都是淡黄色系的,非常清雅。"

我总结道:"原来,我们归纳服饰的特点,不仅可以从材质入手,也可以从颜色入手,不仅观察宋代这一个朝代,还可以和前后的朝代,甚至和我们现代作比较,那我们再想想看,还有哪些地方可以成为我们研究的切入点呢?"

"还可以看款式!""还可以看它体现的文化内涵!""还可以看和人物身份是否有关!""还可以看运用的场合……"

看着他们的思路已经打开,并且建立了有条理的思维模式,我放心了,让他们依照这个思路继续研究下去,并且把结果记录下来。

经过了一段时间的讨论,学生们通过自己的分析,概括总结出宋代服饰的一系列特点:宋代的女性服装色彩搭配比较淡雅,喜欢以天然的花草作为装饰;衣料材质以轻薄的丝罗为主;裁剪更倾向于细窄、修长这样的版型;有时候,宋代的服饰还很有文化色彩,把文字也做成有修饰意味的图案("心字罗衣");那个时候裹脚已经出现;宋代词中常以慵懒、病弱的妆容形态为美;宫廷妆容依旧是时尚的代表,等等。

我们进一步把结论进行筛选、归纳、总结,决定把清新淡雅和充满文艺感作为我们研究出的宋代女性服饰的总特点,并分别概括出宋代女性服饰在审美上的四大特点,即与自然结合,审美清新化;形制轻窄色彩清淡,审美高雅化;重头饰妆容,审美精致化;喜慵懒病弱,审美弱势化等。

最后,我们还将宋代的审美特点与现代社会服饰的很多观念潮流进行比较,学生们惊喜地发现,两者竟有很多相似之处,如"坠髻慵梳,愁蛾懒",虽然描摹的是女子慵懒发愁的形态,但发髻歪歪地堕着,和现在讲究随意自然的波西米亚风格竟有点相似;我们现在很多服饰有收腰的设计,也和讲究细窄、修长的宋代服饰裁剪的审美不谋而合;虽然保护自然的观念深入人心,人们不再以鲜花作簪子,但很多服饰依旧以鲜花为式样,以求借得自然的一丝美感;以至于有学生哀叹,现在的服饰绣花简单,难以看到"心字罗衣"这样既高雅又精致的图案装饰了。我惊讶地发现,经过了这几次的磨炼,学生在不知不觉中,初步了解了研究的方法、思考问题的时候更加活跃有条理了,阐述观点的时候,学会了用书中可靠的理论作为自己的依据。本以为这是个苦差事,大家可能兴致不高,结果一轮研究下来,学生对宋代服饰的兴趣竟然又提高了不少。大家在了解宋代服饰特点的同时,更被我们国家源远流长的文化所吸引和震撼,通过对小小的服饰的研究,增添了对伟大祖国的热爱之情。

研究已经进入了最后的论文撰写阶段,也许在这个阶段,还会有一些意外的难题产生,但是我相信,在慢慢的摸索中,我会和学生们一起克服它们,让这次研究越做越好。

有的时候会想,作为语文老师,最重要的应该教给学生什么呢?学会识词断句吗?应对考试要求吗?培养文学气质吗?这些可能都是,但是好像还不够。这次课堂之下的研究,让我切身感受到,教育是具有综合性的,作为老师,不仅要教学生知识,更要教学生方法;不仅要教学生技能,也要培养其认真踏实的态度;不仅要引起学生的兴趣,还要培养学生正确的"三观"。那些难以用分数来测量的形而上的东西,甚至更加重要,因为我们的学生将来要面对的,绝不仅仅是试卷上那些有标准答案的默写分析,而是终其一生的成长。

对于教师而言,我在这次探究课活动中,也是受益良多;所谓教学相长,表面上看是我在指导学生进行探究,从另一个方面看,他们也在用自己的行动,给予我及时的反馈,使得我一步步规范自己的行为,进而逐步掌握带领学生做研究的方法,他们又何尝不是我的老师呢?

春日里暖风熏熏带来的倦怠之情,早已一扫而光,原来,只要多尝试,多观察,多思考,多总结,处处都有学习和成长的机会呀。正值五月,阳光明媚,换上轻薄的夏衫,我的心情,也跟着好了起来。

# 让学生由学习一篇课文爱上阅读

## ——兼谈我的语文教学观

### 上海市川沙中学南校　王　珍

语文课程改革致力于每个学生语文素养的形成与发展。其中"语文素养"是课标中比较引人注目的核心概念。所谓"语文素养",是指中小学生具有比较稳定的、最基本的、适应时代发展要求的听说读写能力以及在语文方面表现出来的文学、文章等学识修养和文风、情趣等人格修养。如何培养学生的学识修养和文风情趣等人格修养?唯有阅读。

我们总是说,语文教学要让学生爱上读书。我们如何通过教一篇篇课文,让学生爱上读书?对于大多数语文老师来讲,是一个困扰已久的问题。事实上,我们的课堂语文教学枯燥、单调、无趣,语文教学被一个个零碎的问题肢解,语文课堂被一个个"为什么"问得失去了应有的味道。孩子们被困在狭隘的课堂教学的牢笼里,他们对语文渐渐丧失兴趣。

因此,语文课要用课文来教语文,语文教学要返朴归真、回归阅读。陶行知曾有过一个比喻,说明了生活与教育的关系:"生活即教育。"教育极其广阔自由,如一只鸟放在林子里面,如何创造一片"林子"让鸟儿自由飞翔? 如何让我们的孩子恢复对语文的兴趣,如何使学生真正领悟到语文的博大精深和它无处不在的魅力呢? 曹文轩老师的讲座《我的语文观》生动细腻,他所提出的语文观足以让我们每一个语文老师反思,他说天堂是一座图书馆;他说阅读是一种宗教,读书是一种信仰;他还说阅读从根本上讲是人道主义行为;他说每一位语文老师心中要有一张书单,这张书单上要有50本书,而且是亲自读过的书。

因此,我们的职责在于让学生爱上阅读,提升学生的语文核心素养,这也是我们上每一节课的目的。需要我们每个语文老师从实际出发,不是教一篇篇文章,而是用一篇篇文章来教语文,使语文教学扎根。我认为,语文教学不是学习一篇篇课文,而是让学生由一篇文章爱上一本书,爱上阅读。

## 我的实践一:由学习一篇课文爱上一本书

沪教版《语文》课本六年级第二学期第八单元主题为"读一本名著",有三篇文章:《花果山拥立美猴王》《孙悟空棒打白骨精》《火焰山宝扇灭火焰》。《孙悟空棒打白骨精》是《西游记》中脍炙人口的名篇,选自《西游记》第 27 回:"尸魔三戏唐三藏 圣僧恨逐美猴王",几个人物的表现很有意思,特别是孙悟空,该篇重点描写了他内心的矛盾与挣扎,将一个重情重义的美猴王描绘得淋漓尽致,几组矛盾冲突值得注意。如何学习一篇小说,这个问题值得探索。

### (一)课文细读与教学价值的发掘

就一篇文章而言,一堂课,不可能包罗全部,同为小说,不同的文本有其特殊的个体性质,及时掌握那些主题、人物、情节一类的概念,也是普遍性的抽象知识,对学生学习具体某一篇小说、认识具体某一篇小说毫无价值意义。

《孙悟空棒打白骨精》作为文言的古典小说,要让学生学什么?大多数教师会在课堂上分析人物性格,通过分析人物的语言、动作、心理描写来概括人物性格。但我以为,这仅仅是教一篇文章而已,如何通过学习一篇文章而使学生爱上一本名著,这值得我们深入思考。这篇文章放在预备年级学习,首先在于让学生爱上这篇小说,从而激发学生阅读名著的兴趣。如何激发学生的阅读兴趣,先要从人物形象入手。

这篇文章中,孙悟空的形象值得琢磨。一直以来,在学生心目中,悟空武艺高强、机智勇敢、敢作敢当、降妖除魔、除恶务尽。但在这篇文章中,孙悟空展现出他内心极脆弱的一面、极矛盾的一面。在唐僧听信八戒的詀言詀语后,认为悟空"在这荒郊野外,一连打死三人,还是无人检举,没有对头",犯了佛家之大戒,同时认为悟空已经是到了无可救药的地步,并发下重誓:"猴头!执此为照!再不要你做徒弟了!如再与你相见,我就堕了阿鼻地狱!"可见师父已经想和悟空恩断义绝、一刀两断了。

但是孙悟空是如何表现的呢?这非常值得玩味。面对师傅的冷言冷语、恩断义绝,几次三番的驱逐,悟空屡次哀求,希望可以留在师父身边,软硬兼施,用尽办法:"苦啊!你那时节,到两界山,救我出来,投拜你为师,我曾穿古洞,入深林,擒魔捉怪,收八戒,得沙僧,吃尽千辛万苦;今日昧着惺惺使糊涂,只教我回去:这才是'鸟尽弓藏,兔死狗烹!'——罢!罢!罢!但只是多了那《紧箍儿咒》。"又说道:"这个难说:若到那毒魔苦难处不得脱身,八戒、沙僧救不得你,那时节,想起我来,忍不住又念诵起来,就是十万里路,我的头也是疼的;假如再来见你,不如不作此意。"回顾以往的艰苦岁月,希望唐僧顾念旧情。但办法用尽,师父仍铁石心肠之后,悟空将书摺了,留在袖中,却又软款对唐僧道:"师父,我也是跟你一场,又蒙菩萨指教,今日半途而废,不曾成得功果,你请坐,受我一拜,我也去得放心。"真是一个令人称赞的美猴王,他受了委屈不迁怒他人,宽容大度,从不计较,对师父忠心耿耿,如同对待自己的父亲一样。在语言的品味中,我们对美猴王肃然起敬。一个硕大的"善"闪耀在悟空的身上,而唐僧,我们也会发现,他正是秉承着"善",才一味驱逐悟空出师门。所以,这篇文章是唱响了一曲"善"的颂歌!学生在这样的语言品读中,领会到名著的无穷魅力。

### (二)用一线串珠法,围绕教学目标感悟文章主题

这篇文章内容理解起来并不难,难在如何让学生体会孙悟空内心的矛盾与挣扎,如何理解唐僧一定要驱逐悟空的行为,从而才可以理解本篇文章,乃至整部小说的主题:唱响一曲行善、向善的颂歌。因此,我将教学目标定为通过体会文中的语言(对话)描写,把握人物不同的个性特征,感受孙悟空除恶务尽、忠心耿耿的精神品格;引导学生理解心理描写和衬托手法在刻画孙悟空性格特点上的作用。

这篇文章的主题是"善",但如何通过一线串珠的方法,凸显主题呢?从几组矛盾入手,白骨精和师徒四人是一组矛盾,唐僧和悟空是一组矛盾;悟空和八戒是一组矛盾。在这些矛盾冲突中,白骨精的存在是矛盾的诱发因素,在这个诱发因素的刺激下,师徒四人中每个人都展现出了"变"与"不变"的一面,所以从"变"与"不变"入手,我们可以将全文串起来了。学生们也在对"变"与"不变"的探寻中,感悟到了人物的"人性"和"神性"撞击的奇妙,从而激发了学生的兴趣,课堂的气氛也达到了高潮。

### (三)激发兴趣,爱一篇文章到爱一本书

如何从一篇文章入手,进而站在全局的角度,让学生由爱一篇文章到爱上一部小说,是这节课我最后设计问题的目的。在学习完课文后,我特意设计了几个问题:大部分同学都看过电视剧《西游记》或者读过《西游记》这本名著,那么你们有多少人记得师徒四人取的经书叫什么名字?这本经书共多少卷?你们还记得小说中提到的王母娘娘的蟠桃园里的蟠桃成熟期限是什么?人参果的成熟期限是什么?文章中提到

的"哭丧棒"重量几何？学生们兴趣再次大涨，七嘴八舌地回答问题，却也笑料百出。那么，这些数字背后有什么秘密没有呢？又该如何发现数字奥秘？唯一的路是读整本名著，学生们异口同声地讲要再读《西游记》，从而激发学生阅读整部小说的兴趣。课后，几个学生还特意要讲自己对于这些数字的想法，我告诉他们，一个学期的时间，写篇关于《西游记》数字背后的奥秘的文章给我，很多学生愉快地接受了任务。

教完一篇文章之后，还应该放眼整个单元，组织相应的读书活动，使学生对名著的"爱"落在实处。所以，我接下来组织开展了关于阅读《西游记》的系列活动，让学生们由一篇文章爱上一本名著。

## 我的实践二：由一篇文章爱上阅读

顾之川认为，语文核心素养应包含以下四个方面内容：一是必要的语文知识，包括语言文字、文学审美、人文素养等知识；二是具有较强的识字写字、阅读与表达（包括口语与书面语）能力；三是语文学习的正确方法和习惯；四是独立思考能力、强烈的好奇心、丰富的想象力与强烈的创新欲望。因此，让学生由一篇文章爱上一本书，并不是语文教师的主要目的。我们可以通过教一篇篇课文，让学生爱上阅读，修身养性，进而提升学生的语文核心素养，才是语文教学的主要目的。

《美容新术》出现在沪教版《语文》六年级第一学期第七单元"读书有味"，该单元有《忆读书》《美容新术》《窃读记》《为学》《孙权劝学》五篇文章，《美容新术》是一篇阅读文章，和当下的考试内容联系不是很紧密，因此往往成为许多教师忽略的一篇。

我深入阅读文本。在《美容新术》一文中，张秀亚谈及读书的作用时，用了四个名称，依次是"新美容术""良方""最简易可行的美容术""古老的良方"。联系语境，品读这四个名词的内涵，我们就可以把握作者的行文思路。学习这篇文章不难，难在怎么体现这一单元的主题"读书有味"，让学生爱上读书。经过仔细的阅读，我发现，作者写这篇文章的目的非常简单直接，那就是"读书可以使人变美"。对于六年级的孩子来说，通过学习这样一篇文章，他们可以爱上读书，那是多么美好的事情。因此，在教学设计时，我的目的很明确，抓住主线，让学生自己得出"读书可以使人变美"的结论，并通过语言诵读去感染他们，在他们的心灵上播下热爱阅读的种子。

于是，我深思熟虑，制定了以下教学目标：整体阅读课文，把握作者的写作意图，理解读书的意义；理解读书美容的道理，培养学生好读书、读好书的兴趣。同时，教学

重点与难点定为理解读书美容的道理,把握文章观点;理解"美容"在文章中的特殊含义。我把教学过程分为四个步骤:

一是初读课文,解决"术"的问题。我板书"美容术"三个字,并提出问题:同学们所知道的美容术有哪些?学生们兴趣高涨,大谈当下的美容术。我指出,爱美之心,人皆有之,特别是当今社会,"颜值"越发被人们重视。如何提高"颜值",有一种新的美容术,今天老师带大家一起来学习《美容新术》,就这样,学生们带着极大的兴趣,阅读文章。

二是研读文本,解决"美"的问题。品读关键词语"真的美","发于中而形于外","内心充实然后流露于外"的精神世界之美,是"发于中而形于外"的美。"中"即内心,外指"外表",这种美是内在美、心灵美、气质美,由内散发到外的美。和寻常的、纯外表的美是不同的,是一种真美,和假、伪相对。同时,大家仔细研读第5段和第8段的关键词语,进一步理解这种"美"。抓住关键词,如风度高雅、气质高贵、眉目清朗、有书卷气进行品读赏析,理解这种美"发于中而形于外"。重点理解"有书卷气"是"发于中",而风度高雅、气质高贵、眉目清朗是"形于外",再一次佐证了第5自然段的"那是一种发于中而形于外的一种真的美"。此时我引导学生依据自身积累,举例说明丑者变美之例。学生们纷纷举例,比如苏轼,"腹有诗书气自华";孔子人称"七丑",长相丑陋,但我们却称他为"圣人"。学生们自然得出了结论:读书让人变美了。

三是细读文本,解决"效"的问题。为什么读书能产生"美"这种效果呢?文中指出,这是一种"最简单易行的美容术",这些"最精粹的语言"会美化心灵,从而美化容颜,也呼应了"发于中而形于外"的真正的美。"发于中而形于外",认识到读书美颜是可行的。学生通过"好"字的变式品读,理解"第一流的天才""最精粹的语言""随时随地"等,从不同角度诠释"最简单易行的美容术"。进一步品读交流,"良"即"好",读书乃是使美者更美、丑者化美的良方。学生纷纷举例,自己看过了哪些书,品味到了怎样精粹的语言,并当场背诵了"世上第一流天才最精粹的语言",如诗歌《静夜思》《山居秋暝》《声声慢》等,课堂气氛达到了高潮。

四是归纳总结,解决"新"的问题。作者写这篇文章的目的是什么?如果仅仅是为了让我们勤于读书,为何题目不叫《勤于读书》呢?"古老的良方"和"美容新术"矛盾吗?美容新术到底新不新?通过写作背景进一步理解作者写作的目的。明确作者写此文批评当时社会的不良现象,提醒青少年要勤于读书,切中时弊,并归纳总结美容新术其实是美容"真"术。到此时,我再问孩子们,本文的主要内容和观点可以用一句话加以概括,是什么?这些可爱的孩子们异口同声地答出:读书使人变美!

## 读书使人美

下课了,每个学生脸上都洋溢着笑容,我问孩子们想不想让自己变得更美更帅?孩子们大声回答:想啊!怎么办呢?读书!大家都笑了起来。此后,学生们的读书兴趣大涨,通过这样的课堂,学生们爱上了阅读。我想,每一位语文教师的每一节课,都是在感染学生,去阅读吧,阅读,让学生在未来走得更远,这也是每一位语文教师的使命。

顾之川在《论语文核心素养》中提到,要学生多读书,掌握阅读方法,养成读书习惯,扩大阅读视野,通过阅读,发现汉语之美、文章之美、人性之美、大自然之美。他说,在语文的天地里,有对秦砖汉瓦的向往,有对唐诗宋词的热爱,有对《红楼梦》的痴情,有对《西游记》的迷恋;有大江东去的气势,有怒发冲冠的豪情,有大漠孤烟的雄浑,有小桥流水的清纯。语文是中华民族历史的缩影,是五千年古老文明的积淀,是国人审美情趣的凝聚,是我们赖以生存的精神家园。语文课的任务,就是要引领学生说铿锵有力的中国话,书端正工整的中国字,读文采飞扬的中国书,写挥洒自如的中国文,做顶天立地的中国人。我还想说,语文课的任务,就是要让学生爱上阅读,爱上那让人心神俱醉的中国文学。

# 为孩子们的"悦"读撑起一片天

上海市浦东新区上南五村小学　彭晓璐

近年来,媒体上频频出现诸如《朗读者》《晓说》《开卷八分钟》《罗辑思维》《读书人》等与阅读相关的热门节目,正是因为这些节目能带领人们品味经典文化内涵、传承优秀传统文化、让人不断思考、重拾读书的乐趣与意义,所以多年来类似的节目层出不穷。这也让我们意识到,随着精神文明的提高,阅读对于我们来说仍然是不可或缺的一部分,成人依然渴望从阅读中认识世界、认识自我,而对于充满求知欲的孩子们来说,阅读更是为他们打开了沟通世界的大门。在新课标的要求和指导下,当代小学语文课程教学应将培养学生语文素养,养成良好的学习习惯作为教学的重点。腹有诗书气自华,读书万卷始通神,我们要让学生从阅读走向"悦"读,用快乐扎根阅读。

## 一、语文课是培养"悦"读兴趣的摇篮

作为一名语文教师,在语文课教学的过程中我发现,我们的《语文》课本中选入了许多古今中外的名家作品,也涉及了历史、人文、科学等许多的领域,每当新学期刚开始,学生们一拿到新书,最迫不及待阅读的就是《语文》书,所以对于孩子们来说,《语文》书应是一个充满吸引力的宝盒。我们语文老师要做的,就是想办法留住学生们对课本的好奇,让他们通过课本,寻找阅读的魅力。

在我们的语文课上,经常有这样一个预习作业:查找作者的背景资料、了解课文的历史背景。过去,要完成这个作业我们需要去图书馆借阅相关的书籍才能完成,而对于现在的孩子们来说,只要在网上一搜,答案自然就出现在眼前,把网上的内容往预习本上写上几句,作业就完成了,何其容易!好处是显而易见的,但是我发现有时信息的便捷往往剥夺了我们获得更深入了解一篇文章、一个作者或者是一段历史的机会。

为了给孩子们更多的阅读机会，我鼓励孩子们在了解背景资料的时候多看一些相关书籍，多给他们一些时间，交流、展示自己的收获。例如，五年级的《鲁迅与时间》，这篇课文让同学们了解了鲁迅先生珍惜时间写作的故事，其中列举了不少鲁迅先生的作品。在学习课文的前两周，我就鼓励同学们多读几篇鲁迅先生的文章或者小说，并写写自己的感想。到了上这篇课文的时候，我选了两位学生展示，他们主动把《呐喊》《狂人日记》等书带到了学校，在课前谈了阅读的感想，推荐了好书，阅读给了他们展示自己的舞台。再比如，在学到类似《关羽刮骨疗毒》《一曲胡笳救孤城》等与历史人物有关的课文时，我让学生提前了解时代的背景，读一读历史书，例如《上下五千年》《史记》《三国志》等书，当讲到一些如"四面楚歌""草船借箭"等典故时，给他们讲故事的机会，对学生来说是很好的展示与锻炼的机会。当然，不仅是课前的预习，课后的衍生阅读也值得扩展出去。据我所知，有许多老师利用 2 分钟预备铃的时间，给学生演讲、推荐书籍，这正是一个非常好的舞台，既让学生展示了自己，又给其他学生做了榜样，还让他们增加了书单。

　　语文课不应仅仅着眼于课本，通过课本，学生打开了了解世界的窗户，我们应该鼓励他们，给他们展示的机会，让阅读变成主动的"悦"读。

## 二、教师是最好的"悦"读榜样

　　王崧舟老师在《诗意语文——王崧舟语文教育七讲》一书中写道："一个语文老师，要不断成长、不断发展、不断超越，他的底蕴、他的境界、他的淡定和他的信念是最为根本的东西。夫子说，君子务本，本立则道生。他老人家讲的本是'孝和悌'，是做人之本、仁之本。而我说，这个本，就是能让你在自己的专业里面真正立起来的东西，那个东西就是你自身的底蕴、你对专业的那份淡定和信念、你的远大的职业境界。"只有当教师有了底蕴，上课才会有底气。

　　在教学的过程中，我常常会反思，这堂课有没有上到位？是不是还有内容可以补充给学生？今天的课对学生有没有吸引力？能不能让学生记住更多的知识点？追根究底，我发现存在这些问题都是因为自己的"底蕴"还不够。只有当我有了足够的底蕴，才能从更多的角度去分析问题；我才能在课堂中给学生举出更多生动的事例；我才能把学生的注意力牢牢地吸引在这堂课里。如何丰富自己的底蕴？就是靠书堆积起来。

季羡林先生曾对年轻人说过:"你们做学问,要达到三个贯通。第一个是中西贯通,第二个是古今贯通,第三个是文理贯通。你们做到了这三个贯通,那你的文化底蕴的基座就像金字塔的底座那样,会非常地宽厚,非常地坚实。在这样的基础上,你的金字塔才会做得高。"教师的阅读量决定了我们的文化底蕴,要打好金字塔的基座,一定要多读书,读各方面的书。尤其是作为一名语文老师,只有博览全书,做好学生的榜样,才能做到为他们讲书、荐书,带领学生一起"悦"读。

那么如何带领学生一起"悦"读呢? 史金霞老师在《不拘一格教语文》一书中提到了几种方法值得我去学习。第一,"给读",给学生提供素材。第二,"带读",带领学生一起收集素材。第三,"教读",教会学生享受阅读的过程(在书上写自己的点评,老师翻阅后一起点评交流)。第四,"赏读",师生共赏,以读代写,以写促读。这里史金霞老师提出了更高的要求,即把阅读、写作与鉴赏相结合。第五,"共读",在读学生的点评时,教师要有意地提出问题:反问、追问,促使其思考、探寻。史金霞老师不仅仅让学生读,并且提出了更高的要求即边读边思边评。这让我想到了我们的摘抄作业,通常我让学生对喜欢的文字进行摘抄,仅仅把好词好句摘录下来,这样的阅读是缺少思考的,读书的目的是拓宽视野,开阔思维,光把文字抄写下来是不够的。鲁迅曾说:"读书应自己思索,自己做主。"摘抄本不应该只是抄写文字,所以我们可以丰富摘抄本的内涵,让学生写下当时的感想、评价,乃至赏析,才是更有意义的"悦"读。

我们教师应该以身作则、有意识地利用多种阅读手段、多样化的文本,多方位地启发、引导、激励学生,促使学生的阅读视野逐渐开阔,将古今中外,尽收眼底;要引导学生进行个性化阅读,帮助学生养成在阅读过程中与作者对话、交流的习惯,并且逐步具备在阅读过程中思考、追问的阅读品质,让阅读变成自主的"悦"读。

## 三、让"悦"读多元化

普希金说过,读书是最好的学习。追随伟大人物的思想,是最富有趣味的一门科学。让孩子加强课外阅读,是我们共同的愿望,《义务教育语文课程标准》(以下简称《课标》)对孩子的阅读也有明确的要求,即一到九年级课外阅读总量达到400万字以上,对具体的书目也有特别点到:

童话:《安徒生童话》、《格林童话》、中外现当代童话等;

寓言：《伊索寓言》、《克雷洛夫寓言》、中国古今寓言等；

故事：成语故事、神话故事、中外历史故事、中外各民族民间故事等；

诗歌散文作品，如鲁迅的《朝花夕拾》、冰心的《繁星·春水》等；

长篇文学名著，如吴承恩的《西游记》、施耐庵的《水浒》、老舍的《骆驼祥子》、笛福的《鲁滨逊漂流记》、斯威夫特的《格列佛游记》、罗曼·罗兰的《名人传》、高尔基的《童年》、奥斯特洛夫斯基的《钢铁是怎样炼成的》等经典名著。

书目内容也包含了古今中外，可谓用心良苦。

在我的班级里有一个图书角，学生在课余时间可以借阅图书，每周学校图书管理员也会根据学生的需求到图书馆补充书籍。经过观察，我发现随着年龄的增长，学生的喜好会从绘本过渡到文字。男女也有不同的喜好，女生中最受欢迎的是小说类书籍，男生中最受欢迎的往往是科普或者历史类书籍。再反观《课标》推荐的书目，对于孩子们来说这些文学类的经典作品的确能提高他们的人文素养，提高了人文素质，但是结构有些单一，没有顾及不同年龄、不同性别的不同需求，《课标》仅在最末补充了一句"科普科幻读物和政治、历史、文化各类读物可由语文教师和各有关学科教师商议推荐"，而实际在书籍的选择上往往这类书籍更受学生们的欢迎。从科普科幻读物和政治、历史这类读物中，学生也能学到许多课本上学不到的自然科学常识，多维度地了解历史知识，更能培养学生的理性思维能力。除此以外，包括人物传记、哲学、经济、生活等不同领域的书籍都应该让学生根据喜好选择阅读，孩子对于知识的渴求往往会出乎我们的意料。

在一个电视节目中，我看到了一场有关儿童阅读书籍类别的辩论，辩论的双方分别是3名小学生和3名专家，小学生们希望大人能允许他们多看一些"玄幻""武侠"类的小说，而专家们觉得孩子们的分辨力还不足以区分这类书的好坏，担心他们吸取太多网络文学的"糟粕"。不可否认，"玄幻""武侠"小说中不乏许多经典作品，从J.K.罗琳的《哈利波特》到金庸、古龙的武侠小说集，一代又一代的孩子沉迷其中，甚至许多成年人至今仍痴迷不已，显然禁止孩子看这类书籍是不恰当的。有许多学生正是因为读了这些充满想象的书而热爱上了阅读，更有甚者走上了自己创作小说的道路。当然我们也发现，现在有一些网络小说平台的门槛较低，任何人都能上传自己的作品，而成人要做的应该是为他们筛选书目，而不是一刀切地禁止。如果有时间，我们还可以和学生一起悦读、一起评价，就像上文提到的，教师是很好的"悦"读榜样。

思想家孟德斯鸠曾说："喜爱读书，就等于把生活中寂寞无聊的时光换成巨大享受的时刻。"对学生来说,"悦"读的对象不应仅仅是《语文》书或者某一类的书,"悦"读是没有边界的,教师应该做的,不是禁锢学生的思维,打消他们的阅读兴趣,而是应该打破语文课堂的藩篱,多开几扇门,多造几页窗,给学生拓宽阅读的领域,为学生的思想插上翅膀,这样才能让阅读转变为"悦"读。

要让孩子从阅读到"悦"读,还需要一些持续的激励措施,让学生在"悦"读中体验到满足感,这样更能够激发学生的兴趣,使他们把"悦"读的习惯保留下来。以下是我在教学中实践过,以及从其他老师的教学中借鉴的几种方法。

### (一)多方位提供展示平台

苏霍姆林斯基说:"成功的欢乐是一种巨大的力量,它可以促进儿童好好学习的愿望。"那么在学生阅读之后,教师就要提供机会,让学生享受到成功的喜悦,让孩子今后的阅读之火越烧越旺。在实践中,我就选择了不同的方法,让学生得以展示自己的阅读成果:如定期召开班级读书会,让学生介绍自己最近读的好书;争做故事大王,比赛讲故事;利用两分钟预备铃的时间,让学生找一本书、找一个故事、一个新闻发表演讲。我让给学生丰富的展示平台,教师和学生积极地参与投入,感受到"悦"读带给自己的快乐和成功的喜悦。

### (二)用奖励肯定阅读成绩

德国教育家第多惠斯说:"教育艺术的本质不在传授本领,而在于激励、唤醒、鼓舞。"在指导学生进行课外阅读评价的时候,教师要善于运用多种激励手段,强化学生成功的欢乐,对他们的努力给予充分的肯定:①设立各种荣誉称号,如"阅读之星""小高尔基""读书大王"等;②给予一些特殊待遇,比如在国旗下讲话、做班级的图书管理员、额外增加借书的次数和数量等;③奖给一些物质性的小东西,如一本有趣的书、一支钢笔、一本漂亮的本子等。这些方法其实就是一种隐性的评价手段,它们代表了教师对这些爱好读书的孩子们的肯定和赞扬,会在学生群体中起到一种良性的榜样激励作用。

### (三)教师、学生、家长合作,激发阅读热情

在对学生阅读实施评价时,既要重视教师的评价的作用,也要关注同学之间的相互评价;既要重视家长对孩子的评价,更要关注孩子对自己的评价。增加评价的交互

性,使其成为在教师的组织下,教师、学生、家长共同积极参与的评价活动。只有这样的评价,才能更加全面、科学、客观,才能更有利于促进学生今后的持续"悦"读激情,增加学生的满足感。

朱熹曾说过:"立身以立学为先,立学以读书为本。"让学生从阅读到"悦"读的转变并不容易,这不是一朝一夕就能达到的,学生们的好奇心和求知欲又是那么强,我们要悉心守护好他们渴望知识的火苗,循循善诱,让学生从小打好金字塔的底座,爱上读书,爱上"悦"读。作为教师,我们要充实自己、丰富我们的底蕴,教会学生读书的方法,养成良好的"悦"读习惯;为他们撑起一片五彩斑斓的天空,让孩子们在书本的海洋中无拘无束地遨游。

# 跳出数学"做数学"

## 上海市浦东新区惠南小学　徐一蕾

说到数学课,估计很多人跟我之前的印象是一样的,死记硬背,题海战术,太枯燥,太抽象。而那些所谓数学高分的学生,也只是高分低能的学习机器,不会学以致用。

为此,新一轮的《义务教育数学课程标准》强调:让学生初步学会运用数学的思维方式去观察、分析现实社会,去解决日常生活中和其他学科学习中的问题,增强应用数学的意识。即让数学问题生活化,让生活问题数学化。前一句我们绝大部分老师都能做到,但大都忽视了去利用生活这片广阔的天地去设计数学练习。

## 缘　　起

记得两年前,我第一次接到了上一节区公开课"周期问题"的任务。我欣喜若狂,有些兴奋,但好事多磨。回顾这一次磨课的历程,从信心满满到一筹莫展,从内心挣扎到幡然醒悟,这一幕幕像钉子一样一颗一颗地钉进了我的记忆里。不畏涅槃,只为重生。

【第一次试教片段】

1. 选一选

ABBABBABBA……共61个字母,得到$61 \div 3 = 20$(组)……1(个),字母B共有(　　)个。

A. 40　　　　　　B. 41　　　　　　C. 21　　　　　　D.20

2. 算一算

有〇△△★共143张卡片,按以下顺序排列:

〇△△★〇△△★〇△△★〇△△★……

从左边起第101张是哪种卡片？一共有△卡片多少张？

这几道练习，我是要求学生独立在练习纸上完成的。在学生练习的过程中，我巡视了一下，有些学生大概是觉得题目有些枯燥不感兴趣，有做小动作、说话的现象；也有一些学生大概是还没掌握解题方法，有些无从下手。第一次试教，出现了不少我意想不到的问题，突然满满的信心一下子泄了气。课后，我师傅倪老师给我提出了一些问题，建议练习的形式要多样，要注意提高学生的兴趣。

**【第二次试教片段】**

我在前面两个练习的基础上又增加了以下练习：

画一画：学做小小设计师

师：小巧正在准备一份礼物送给小亚，瞧，珠子的排列顺序是怎样的？周期是几？你能画下去吗？请在练习纸上画一画。

我自认为，这增加的练习的效果还不错，大部分学生在"画一画"的过程中能积极参与，但有几个聪明的小男孩也不大感兴趣，他们认为太简单了。怎么解决呢？到底要怎样修改才能提高学生的兴趣呢？这些问题困扰着我，令我一筹莫展。

过了两天，正好到了我去参加"基于新课程背景下的小学数学教学设计"区级培训班的时间，那天主讲老师讲的就是"如何设计练习"这个专题。这真是一场及时雨。丁老师先给我们观看了小学数学特级教师刘德武老师执教的《轴对称图形》，刘老师设计的一些练习我现在还记忆犹新。课中，刘德武老师采用唤醒乌龟的方法，分别让乌龟的头、尾巴、四肢等出现，通过乌龟的摇头晃脑和摆动尾巴等动作，让学生判断是不是轴对称图形。然后刘老师乘胜追击，又设计了一组练习：残花是轴对称图形吗？对称轴在哪里？这个练习，刘老师巧妙地依托一朵六瓣花，在"风"的作用下花瓣不停被吹落，一个花瓣、两个花瓣……一直到六个花瓣，引导学生辨析，把课堂再次推向高潮。

原来数学练习还可以这样设计，我这个井底之蛙大开眼界，豁然开朗。这真是山穷水尽疑无路，柳暗花明又一村。我也可以尝试尝试呀。之后，我在澧溪小学借班级上这节区级公开课，课中我精心设计了一串生活情境的练习，把学生带入一个音乐场、活动场、劳动场……伴着音乐响起了耳熟能详的"生日歌"，进入了练习巩固环节。

1. 填一填。

（1）共同完成"生日歌"中的周期问题。这首"生日歌"的歌词中，第20个字是（　　）字。

（2）独立完成"玩纸牌"中的周期问题。小胖、小巧、小丁丁和小亚玩牌,从小胖起依次发牌,第 54 张牌发给了(　　　)。

2. 算一算:"俗语"中的周期问题。

3. 猜一猜:"生肖"中的周期问题。

这些练习受到了与会数学专家和老师的一致好评,他们都说这样的练习让人耳目一新,既内化了新知,提升了能力,增长了智慧,又能使学生尽情地享受学习数学的快乐与成功。

最后在畅所欲言谈收获总结环节,有的学生说今天后面的练习跟我们老师设计的不一样,我喜欢今天的练习;马上有学生呼应,说今天的练习别具一格;还有学生说原来生活中很多地方都有数学。

突然,觉得数学是那么有生活气息;

突然,觉得跳出数学"做数学"更有效。

# 探　　微

眼界决定境界,观念决定方向。这次的成功给了我信心和方向。是呀,教学是人与人之间的一种交流活动,是为丰富知识、开阔视野、认识世界、提升自我服务的一项活动。数学学习固然是一种智力活动,但人的学习同时也是一种精神生活、一种情感体验。如何让学生会用数学的眼光观察现实世界？如何引导学生会用数学的思维思考现实世界？如何培养学生会用数学的语言表达现实世界？为此,这两年来我不断地探索着、实践着。

**【课例1】**三年级第二学期"分数的初步认识——几分之一"课堂练习片段

"几分之一"是"分数的初步认识"中的一个基础内容,是数的概念的一次扩展。对于三年级的小学生来说,他们第一次接触分数。因此,我在设计练习时,为学生提供了一些熟悉的事物,引导学生用数学的眼光观察现实世界,我设计了以下一些练习。

1. 刚才我们学习的"几分之一",其实在我们生活中也随处可见,老师给你们带来了一些,请看大屏幕,你看到"几分之一"了吗？

每个学生都积极参与,有的学生说看到了囍字的 $\frac{1}{2}$、红绿灯的 $\frac{1}{3}$,有的说看到了毛里求斯国旗的$\frac{1}{4}$、五角星的$\frac{1}{5}$；说到巧克力和收纳盒，意见就不一致了。有的说看到了收纳盒的$\frac{1}{6}$，有的说看到了收纳盒的$\frac{1}{2}$，也有的说看到了收纳盒的$\frac{1}{3}$。巧克力也是如此，有说$\frac{1}{8}$的，有说$\frac{1}{2}$的，也有说$\frac{1}{4}$的。可以说学生看的角度不同，看到的几分之一也不同。

2. 下面请你们观看一段广告视频，8个小朋友在分一个蛋糕，后来又来了一个小男孩，想一想，这个小男孩分到了这个蛋糕的几分之一呢？

观看视频后，有的学生说是$\frac{1}{9}$，有的说是$\frac{1}{16}$，接着我让他们在小组中试着画一画，讨论一下最后来的这个小男孩到底分到了这个蛋糕的几分之一。

【分析】数学来源于生活，而又应用于生活。数学学习的天地很广阔，只有把数学练习的触角伸向学生生活的每一个角落，才能真实地显示出学习数学的价值和魅力，体会到数学就在身边。

【课例2】五年级第二学期"可能性"课堂练习片段

有人认为"可能性"这节课很简单，简单到即使不上这节课的学生好像也会。这种"好像也会"的背后，学生真正理解随机事件了吗？随机思想如何培养？学生能运用所学的可能性的知识解释日常生活中的一些现象吗？这节游离在难易之间的课，究竟怎样设计练习才更有效，这是我在磨课过程中不断思考的。以下是我在本节课中设计的一些练习。

1. **寓言故事中的可能性**

"守株待兔"和"水中捞月"都是学生《语文》课本中的寓言故事。课中，我请同学们从今天学习的"可能性"数学知识的角度来分析，它们属于确定事件还是不确定事件。我让同桌先互相交流一下，然后再选一选，并说说理由。学生们认为，"守株待兔"是属于不确定事件，应选B；有学生说，因为兔子自己撞到树上的概率实在是太低了。还有学生认为，从可能性角度来看，这种情况是几乎不可能发生的，那个人那天运气超级好才碰到的。那么，为什么大家要嘲笑这个农夫呢？不仅引导学生用数学的眼光来分析这个寓言故事，而且也达到了学科育人的目的。

## 2. 体育比赛中的可能性

中国队前二局以0∶2落后,经过两局的奋战,第三局第四局中国队赢了,现在两队又回到了同一个起跑线。面对2∶2的局面,你们想说什么?有学生说,中国队可能会夺冠;也有学生说,两个队都有可能夺冠;还有学生认为一切皆有可能。之后当我播放第五局战况视频时,教室里鸦雀无声,当最后一球落地,中国队教练和队员拥抱在一起时,全班学生不约而同站起来,雷鸣般的掌声响起来了。爱国主义情怀被激发起来了。有学生说,太惊心动魄了,我的手心都湿了;也有学生说:第五局我们赢了,真不容易呀!这时,我们班的一名中队长站起来说:"中国队前两局都输了,但队员们没有放弃,通过大家的努力拼搏,实现了大逆转。"说得多好!掌声再次响起,女排精神深深感染了每一位学生。

【分析】应用数学是学数学的出发点和归宿。学生能在数学化过程中抽象出数学知识、理解随机思想,就学生学习而言只是数学学习的一个方面。而把这些数学知识运用到实际生活中去,会用数学观点和方法来认识周围的事物,又是数学学习的另一个重要方面。

【课例3】三年级第二学期"速度、时间、路程"课堂练习片段

本节课的教学重点是掌握"速度、时间、路程"的数学模型,并能运用数学模型解决问题,教学难点是理解"速度"概念的内涵。而通常老师们设计的练习都是让学生用它们三者之间的数量关系来计算。但是,我认为这个对学生来说并不难,只要会套用公式,而真正难的是让学生体验速度在生活中的广泛应用,学会用数学知识解释生活问题和自然现象。因此,我在认真研读教材和学情分析的基础上设计了以下一些练习。

1. 感知生活中的速度

(1)在高速公路上,我们经常能看到这样的标志,你们知道它是什么意思吗?原来这个交通警示牌上就规定了各种车辆的最高车速和最低车速。

(2)下面一段文字中,哪些词语让你感受到了燕子的速度快?

在这个练习时,我运用了《语文》课本中的素材,使学生进一步理解速度的内涵,同时也做到了课程统整。

2. 运用速度知识解释生活现象

雷雨天,是先看到闪电,还是先听到雷声?你能用今天学习的数学知识来解释吗?

原来这种现象和速度有关。声音在空气中传播的速度为340米/秒,光在空气中的传播速度为30万千米/秒,30万千米/秒大约是340米/秒的100万倍,所以在生活中我们先看到闪电,后听到雷声。

3. 结合数学知识渗透爱国主义教育

借助"铁路提速"这一主题情境,我先让学生读一读这些铁路交通工具的速度,再让学生在小组中分工算一算,上海到北京的铁路全长大约为1 400千米,从上海至北京如果乘坐内燃机车、电力机车、和谐号各需要多少小时?这个练习既能让学生掌握速度概念的内涵,又巩固了学生运用数学模型解决问题的能力,同时有机渗透了中国铁路发展史,使学生感受中国的发展速度,提升学生的民族自豪感。

【分析】将数学知识回归生活,引导学生多留心观察生活,学会用数学眼光看待、分析周围的生活,并能解答一些简单的实际问题,感受到数学的趣味和作用,体验到数学的魅力,增强学生生活中的数学意识。同时,润物细无声,做到学科育人。

# 启　　示

教者若有心,学者必得益。经过两年多的实践探索,我对"数学问题生活化"也有了进一步的认识。所谓数学问题生活化,我认为就是让学生能积极主动地将学到的数学知识、技能和方法运用到现实生活中去,分析、解释并解决一些简单的现实问题。主要体现在:

1. 用数学的眼光去观察和认识周围事物

艺术大师罗丹说过:"世界上并不缺少美,只缺少发现美的眼睛。"同理,其实生活中处处有数学,只是缺少发现数学"影子"的眼睛。为此,教师要从学生身边的事物和生活现象中选取素材,这样可以大大丰富学生所学的知识,加深学生对数学问题的理解,让学生感受到数学就在我们生活中间,它并不神秘,同时也在不知不觉中感悟数学的真谛。

2. 用数学的知识去分析和解决实际问题

有副对联说得好:加减乘除谋算千秋伟业,点线面体描绘四化蓝图。学习数学的最终目的是应用。当一个活生生的生活问题摆在学生的面前时,能灵活地运用所学的知识解决这个问题,是我们教学之所归。

"操千曲而后晓声,观千剑而后识器。"是的,心有多宽,数学就有多宽;心有多深,数学就有多深;教学的路有多长,行走着的探索就有多长。

# 责任在心　担当在行

## ——小学生公民责任感培养新途径

### 上海市浦东新区上南二村小学　施远远

马卡连柯曾说过:"培养一种认真的责任心,是解决许多问题的教育手段。"可见,责任感是重要的个人素质的体现。学校从整合德育资源、强化"知情意行"四元素出发,沿着"责任认知—责任情感—责任意志—责任行为"的逻辑过程,构建立体式的小学生责任教育体系,寻求多元化培养小公民责任感的新途径。

## 一、寻找兴奋点——用活动唤醒责任意识

从小学生最感兴趣、最乐于参与的实践活动入手,让学生在主动参与中认知、体验、锻炼,逐步内化为情感需求,从而唤起强烈的情感共鸣,激发责任感,就会达到事半功倍的效果。

在3月22日"世界水日"主题活动中,我们让学生课后到郊外以"寻找清清小溪流"为主题,通过观察、研究、讨论,得出"我们的家乡很难找到这样的小溪流"这一结论,学生更深刻地理解了节约用水、保护环境的迫切性,唤起公众的节水意识,加强水资源保护。又如,我们在班级中开展了"了不起的平凡人"社会调查活动。学生们以小组为单位分别走访了11位家长,这11位家长分别来自不同的岗位。孩子们通过调查、走访,了解家长们在平凡的岗位上所取得的诸多业绩,真正体会到了"一分耕耘,一分收获"的深刻内涵,一种强烈的责任意识在他们心头萌生、滋长。

同时,利用学校开展的"小手签大手"安全系列教育活动,开设交通安全教育课程,邀请交警大队的民警为校外辅导员,举办交通安全书画比赛、交通安全摄影展、我是小小协管员、我是文明地铁人等活动。同学们走上街头,宣传交通安全知识,协助交警维护交通秩序,用实际行动呼唤社会公民的交通安全责任意识。

通过参加丰富多样的德育活动,孩子们可以在活动中加强责任意识,将外化的教育转化为学生内在的自我教育。教师通过开展"实景训练"活动,引导学生到实际生活中去,自觉地、主动地在实践中完善主体道德人格。让学生在一定岗位的实践中充分体验和感受,在切身的实践中接受责任感教育,从而逐渐内化为健康的责任信念和自觉的责任行动。

## 二、擎起支点——用爱催化责任情感

爱是责任,爱是奉献,爱是分享。在强化学生责任感教育过程中,我们时时用"爱"去撬动学生意识的盲区,用"情"去启迪学生成长的智慧,潜移默化地提升他们的责任情感。

为了让孩子们感受到自己是社会中的一员,有责任和义务去帮助那些弱势群体并学会分担同伴的困难,学校开展了"呼唤爱心""爱心义卖见真情"活动,让孩子们将自己多余的文具、图书、玩具等拿到校园的"义卖场"进行义卖,并将义卖所得金额捐给红领巾基金会。通过开展这些活动,学生们亲身体验到"爱心助残、爱心扶困"的乐趣,作为一种人生体验,孩子们对社会及同伴的责任感有所增强。自学校开展这类活动以来,大部分学生能更好地团结同学,懂得了什么时候应该给同伴提供帮助,学会了真诚对待同学,积极为同伴分担困难。当同学或是身边的人遇到了困难时,孩子们能够省下自己的零花钱,拿出自己的物品捐赠给他们。孩子们通过亲身的体验,达到了自我教育的目的。

比如,利用寒暑假期,让不同年龄段的学生通过各自家庭、社会实践活动去真正体验"当家"的艰辛,同时也教会学生一些基本生活技能,以便更好地为家庭服务。活动分为三个层面:① 针对低年级学生设计"才艺篇",培养他们"给自己当家"的观念和能力,要求选择一项自己最感兴趣的才艺或手艺为家人服务。② 针对中年级学生设计"理财篇",培养孩子们"给自己当家,给家人当家"的观念和能力,通过活动,考验学生们是否能合理地安排时间,合理消费,珍惜家人所付出的劳动,不浪费,认识钱的价值,并能自己做出选择与决断。③ 针对高年级学生设计"管理篇",旨在培养、提高学生做事情有明确目标,能正确权衡学与玩的关系,明白自己的家庭角色,懂得体谅家人、关心家人、感受父母的辛劳,并能积极地参与家务劳动。

这样的"实景训练"让孩子们将自己所见、所闻、所触、所感真实地记录下来。不同年龄段的学生通过参加学校、家庭、社会实践活动,真正体验当家的艰辛,使其对自己充满信心,孩子们的自主性、实践性和感悟性得到了真正的发挥,对家庭的责任也明显增强。

## 三、架起桥梁——在集体中践行责任行为

有行为就有责任,有责任就有作为。班级和家庭是离学生最近的两个集体组织,充分利用集体的力量,逐步从集体责任感发展到集体荣誉感,是培养其责任感的另一个重要策略。每个人都扮演着不同的角色,而每一种角色又承担着不同的责任。因此,教师要让学生明白自己小小的肩膀上应肩负的责任(见表1)。

表1　小肩膀　大责任

| 层　　次 | 负责的对象 | 责　任　内　容 |
| --- | --- | --- |
| 个体责任感 | 对自己负责 | 把良好的习惯当成自身责任去完成 |
| 班级责任感 | 对班集体负责 | 一言一行从自身做起 |
| 家庭责任感 | 对父母负责 | 想家人所想,急家人所急 |
| 社会责任感 | 对社会负责 | 节能环保,珍惜水资源,低碳行动 |

我们将"小肩膀　大责任"表中的学生责任感的培养细化成五个具体板块,并分别制定了各板块的培养目标。针对不同年龄段学生道德认识水平的不同,我们在培养学生的责任感时设立了不同的侧重点。低年级段主要进行"对自己负责"的教育,并渗透"对同伴负责"和"对家庭负责"的教育内容;中年级段主要进行"对同伴负责"和"对家庭负责"的教育,并渗透"对社会负责"和"对人类的生存环境负责"的教育内容;高年级段在巩固低、中年级段教育成果的基础上,集中进行"对社会负责"和"对人类的生存环境负责"的教育。这五个方面的内容在具体实施的过程中,我们做到了循序渐进、互有交叉、螺旋式上升。比如,上南二村小学的"种下一棵责任树"教育活动,在学生和家长中引起了强烈反响。让班级、家庭种下一棵"责任树",利用主题班会、家庭联谊会等形式,让学生明确自己的角色责任,在"责任树"上挂起自己的"责

任绿叶",并在树下郑重宣誓明志。一片片"班级事务管理责任绿叶"使"班级责任树"枝繁叶茂,"家务绿叶"、"尊老爱幼绿叶"、"力所能及绿叶",更是让"家庭责任树"硕果累累。在种植责任树的过程中,学生们的责任感油然而生。"责任树"的种植过程,就是学生集体责任感的培养过程。引导学生写出自己的责任目标和诺言,让老师、家长监督,学生自我管理,以学习、纪律、卫生、安全、文明礼仪等在校、在家一日常规作为评价标准,民主管理,竞聘上岗。在主动参与的教育过程中,学生享受集体权利,承担集体责任,履行集体义务,集体责任感、荣誉感逐步得以强化。实践证明,在集体管理过程中,学生参与越多,责任感就越强,集体的面貌也会越来越好。在一些重要的事情上,让孩子自己来选择决定,无论成功与否,孩子都能从中得到深刻的体验,知道"责任"两字的分量。

又如,在班级中开展互帮互助活动,让学生在活动中亲身感受合作的力量和奉献的快乐。积极开展献爱心活动,鼓励学生参与社会事务,在班级、家庭里可以实施"轮岗值日",给学生承担责任的机会,使学生在不同角色体验中形成一定的责任感。另一方面是在社会上,要不断为学生创建可以承担社会责任的平台和条件。如鼓励学生们积极参与社会事务、承担公民责任的积极性。垃圾分类的研究、盲道的设计、环保袋的设计、交通安全规则等话题都成了学生社会实践活动关注的内容。同学们通过课外实地观察、访谈调查、查阅资料等,不仅形成了对一些问题的独到见解,为社会建设做出了贡献,而且社会责任感和使命感也油然而生。在社会实践的过程中,要特别注意尊重学生的意见,启迪学生通过负责任的行为获得自尊和自我实现感。这种自尊心的满足是形成公民责任感的前提条件,也是我们教育中最应予以重视的地方。

## 四、优化环境——用大德育观提升责任能力

树立大德育观,优化责任环境,包括课堂教学、班集体活动、德育互动、学校的传统承继、制度沿革、校园文化、人际关系状态等显性和隐性的责任环境,帮助学生培养责任能力。

学生责任情感和责任行为形成的主要环境是课堂教学领域。师生关系、教学氛围的创设、学生学习习惯的养成等无不渗透着责任情感的滋润和责任行为的培养。它的最大特点就是在潜移默化中形成最稳固持久的责任情感和行为。因此,在充分利用各科课程环境的基础上,教师们群策群力,组织学生座谈,充分考虑学生的意见,

积极上网查阅资料,并融入自己的思考,整合心理健康课程和文化教育资源。创编了"我的事,我负责""让孩子记住自己对同伴的责任""小学生家庭责任感的培养""我是社会小公民""对人类的生存环境负责"等课程体系。此课程体系的开发与实施,不但坚持了主体性原则,即以学生为主体,以教师为主导,发挥二者在培养体系开发中的主动性和创造性,还坚持特色性原则,在体现学校办学特色的前提下,考虑社会对人才的需求,为学生将来适应社会打下基础。通过学校、年级、班级、小组、个人等不同活动形式,以自主式的活动管理为机制,突出活动中师生及同学之间的互动关系,营造责任环境小气候,达到情感熏陶的目的,进一步提高了学生道德践行的水平。同时,糅合心理学主导因素,开展责任心理的研究与实验,依托团队辅导等形式,记录责任心理形成过程中的心理轨迹,把握责任环境中的心理要素,也是责任感培养过程中不可忽视的重要因素。

应该说,对责任感形成产生影响的校风、学习条件、人际关系、活动方式,以及它们所围绕的群体共同认同的思想观念、价值取向和思维方式等方面,都视为责任环境。

总之,责任感的培养是一项长期而又艰巨的系统工程。在对学生的责任感培养过程中,活动与教育手段只是外在的形式,它们所承载的教育目标必须通过学生的内化才能最终转化为学生的自觉行为。为此,我们必须重视小学生责任感培养过程中内化的作用。责任在心,担当在行!

# 爱的进行曲

## ——用爱书写我的教育观

### 上海市浦东新区高行镇东沟小学　周荔荔

孩子,是一块璞玉,散发光芒,散发希望;孩子,是一棵幼苗,需要阳光,需要雨露。在我们教师的眼中,孩子,或许是一位天使,带来魅力,带来灵动。三尺讲台前,面对一双双求知若渴的眼睛和一声声崇高的赞美,我告诉自己,要用爱呵护这些洁白无暇的可爱天使,让他们更高地飞翔。谈到这里,我的眼前不禁浮现出自己在讲坛上曾上演的种种教育教学故事,而今天我要说的是我和我们班杨乐乐那说也说不完的故事。

## 一、肯　　定

那天,铃声响起,孩子们踏着轻盈而欢快的脚步排队放学,带着一张张高兴的小脸儿投入爸爸妈妈、爷爷奶奶的怀抱。送走他们,我抬头看了看天,舒了口气,心想,还好大雨还没开始下,看来孩子们可以在大雨前安全到家啦!

一阵风吹来,凉嗖嗖的,我又去教室检查了下门窗和电脑,才放心地回到办公室,终于可以休息一会儿了。没多久,我就听到外面风越刮越大,雨噼里啪啦地下起来了。我站到窗前,看前街上的几位行人匆匆四下跑去,这时候大雨如约而至,外面的行人都躲起来了,只见窗上的玻璃被雨水不停地冲刷……突然,办公室的门开了,杨乐乐的妈妈来了。

"周老师,有没有看到杨乐乐?"

我一下子愣住了,只觉得当时心突然一振,竟不知如何回答:"什么?""不是放学有一会儿了,还没接到孩子吗?"

"没有呀,没看到呀!我今天晚来了一会儿,就没接到孩子,急死人了!"

"下这么大的雨,能去哪呢?我们赶快去找找。"

乐乐妈妈听了,又着急又不好意思地说:"老师,我自己先去找吧,外面下大雨了,你还是留在办公室吧。"

"就是因为下大雨,我才更不放心,找不到孩子我也坐不住呀!别多说了,快走!"我急促地说。

于是,我拿起伞和乐乐妈妈冲出办公室,沿着学校的路开始找了起来。我们四处张望,见人就问,此时,再大的雨水都无法浇灭我心中的焦急。我在脑子里不停地在问:"孩子,你在哪?"我在心底默默地祈祷:"孩子,赶快出现吧。"我们沿着马路边走边找,大雨肆虐已经打湿了我们的裤子和衣襟,积水也毫无顾忌地漫进了鞋里。我们边走边找,可是,连孩子的影子也没看到。我一次次地拿出手机来查看,期待着有个电话打进来,却始终没有听到那句:"杨乐乐他回来了。"

"会到哪家小店里躲雨了吗?"我对乐乐妈妈说。

我们找了附近的几家小店,还是没有看见那个瘦小的身影。

正当我们一筹莫展时,乐乐妈妈的电话响了。我的心不自觉地颤抖了一下,这次会是好消息吗?果真,上天不负有心人,电话那头传来响亮的声音,是乐乐的奶奶打来的:"乐乐他自己回家了。没事了,没事了。"听到这里,心里的石头"啪"的落地了。高兴地看着乐乐的妈妈,乐乐妈妈一脸尴尬的表情,她欲言又止,眼睛停留在我浑身上下湿透的衣服上,说:"老师,我……"我打断了她:"别说了,快回家吧,咱俩都成落汤鸡了,孩子找到了就好,我这半条命又回来啦!"乐乐妈妈被我逗笑了,直跟我说抱歉到离开。

那一天,我淋了雨,湿了衣裤,就为了这么一个"胡闹"的孩子;那一天,我也生气,我也抱怨,却咬着牙坚持去寻找孩子;那一天,我没犹豫,没选择,做着自己都不知道结果的事情。是什么让我这么做,是对学生的爱,是我对学生的爱让我焦急,是这种爱驱使我前行,是这种爱让我不顾一切地勇敢,而与爱同行的,是杨乐乐全家人对我的肯定,对教师的信任。

## 二、托　付

其实,杨乐乐是个跟别人不一样的孩子,孩子外表看起来和同龄人并没两样,但情感发育比同龄的孩子略显缓慢。记得一年级刚入学不久,他就表现出这样那样的"与众不同":遇到事情经常表达不清楚,越是说不清越着急,搞到最后红着脸发脾气;课堂上根本不听课,折折书,玩玩水,还常常用书本敲敲桌子;课间休息时,他总是去搞班级的电脑,小干部管他时,他还会生气打人;周一升旗仪式上,全校整齐集合,只有他会突然乱跑大叫……

他就是这样一个孩子,曾让我感到筋疲力尽,无计可施;曾让同桌的家长投诉,没有人要和他坐同桌;曾让每门任课老师叫苦,有他在就没办法正常上课……

终于有一天,无奈的我找来了杨乐乐的爸爸。乐乐的爸爸诚恳地告诉我,孩子的确有问题,幼儿园大班了才开始和别人讲话,他们也曾到几家医院看过,医生的建议是还是要和小朋友们多接触,在正常的环境中慢慢地适应,但是这些是需要很长一段时间的,而这就意味着我们需要付出更多的爱心。乐乐的爸爸很坦诚,他的眼神和语言告诉我无论孩子是多么"与众不同",在他的眼里也都是上天赐给他的最珍贵的礼物,是最可爱的天使。他深深地希望我们老师能够给孩子多一些机会,能够给孩子多一些引导,让孩子慢慢地学会和人交流、与人沟通,能够和其他孩子交朋友,能够和其他孩子一样体会童年的成长与快乐。身为人母的我顿时明白了,每个孩子都是世界上纯洁的小天使,只是这个小天使暂时没有找到正确的方向,他需要我们的指引,需要我们的帮助和爱的呵护。那时候,我决定,我不能放弃他,因为我满载着孩子和家长的重托,这也是国家和社会对我们人民教师的重托。我也相信,只要我如师如母地将爱浸到他的心田中,他总有一天会感受到我的爱,找到正确的方向,会和其他的同学一样快乐地成长,高高地飞翔。

## 三、坚 持

陶行知先生说过:"真的教育是心心相映的活动,唯独从心里发出来的,才能打到心的深处。"所以在杨乐乐面前,我把"爱"和"真心"看作一件如意法宝,自始至终。

还记得那节英语课上,刚刚教完生词,我们一起玩"小火车"的游戏,小火车开到谁那里谁来说。到了杨乐乐同学那里,他也兴高采烈地说了出来,可由于他常常会口齿不清,他说的同学们完全听不懂,同学们一下子笑了起来。这下可坏了,听了同学们的嘲笑,他受不了了,他脸红了,不高兴了,一下子冲出了教室,蹲在教室外面,嘴里面不停地嘟囔着。无耐之下,我只能先请其他老师帮忙照顾他。下课了,我走过去蹲到他身边,试探着哄他,生怕再伤了他脆弱的自尊心。可是,他根本不理会我的"糖衣炮弹",扭着头,连看也不看我一眼。那一刻,他的执拗几乎要磨光了我的耐心,可我强忍着自己的焦急和恼怒,告诉自己我是一名教师,我必须说服我的学生继续进教室上课。我不能被他打败,否则算什么老师?

我又一次温柔地对他说:"躲在这里多不好呀,大家都看着呢。"他不作声。

"是怕老师批评你吗?还是怕同学们笑你?老师不会批评你,同学们更不会笑你,他们是在跟你开玩笑,我保证。"他还是毫无反应。

"如果你跟周老师进去,老师会帮你完成一个心愿,好不好?你想要什么?"

"我不要!"他大声地对我叫道。我近乎崩溃,似乎已经束手无策了。

就在最后这一刻,我想到了个不知是好是坏的主意,只能死马当成活马医了。"听说如果你表现好,爸爸会给你玩电脑游戏?"我接着说:"现在《开心消消乐》很流行,我好像看见你爸爸的朋友圈里也发过,一定是你玩的吧,玩得不错呀!""你看到了?周老师。"他突然好奇起来,这下子好了,话匣子打开了,我们开始滔滔不绝地聊起来了。聊了一会儿,刚才的不愉快渐渐淡了,他的"怒气"渐渐消了,我也取得了他的信任了。我趁机对他说:"一会儿还想聊吧,想聊就听周老师的话,你是不是怕进去同学看见不好意思呀,那太好办了,你躲在我身后,这样同学们就看不见你,只看见我进去喽!""OK?"我问道,他朝我做了个OK的手势。我笑了,原来这小家伙是这么要面子呀!我拉着他的小手,"躲躲藏藏"走进教室,把他送回了座位上,我的心也安稳了下来。

每个不同的个体都有不同的优点和缺点,与这种特殊孩子的相处,我称它为"斗智斗勇",这种经历让我明白了一个道理,上帝在关上一扇门的同时,一定会给我们留一个小窗,只不过如何开启这扇小窗是要我们多花些心思,多用些耐心,多付出些坚持才能找到的。一次次地和学生打交道让我深深地懂得,不要跟孩子过不去,因势利导很重要。孩子永远是可塑的精灵。作为老师,你的每一次动怒,都会让孩子对你望而却步,有了心里话,不再愿意和你分享,有了困难和苦恼,不再寻求你的帮助。而我们的耐心,我们的悉心引导对于学生来说都如阳光雨露,他们只有在明媚的阳光和清新的雨露下才能更好地成长。

作为一名老师、一名班主任,我们希望自己如母如友。在我的班级里,我们要通过自己的言传身教让每个学生都能以宽容的心态去对待他人的每一次过失,用期待的心态等待他人的每一点进步,用欣赏的目光去关注他人的每一个闪光点,用喜悦的心情去赞许他人的每一份成功。这样,无论现在还是未来,我们的学生们都会在明媚的阳光中追求真知,奉献爱心,实现自我,感受成功。

## 四、希　　望

教师节那天早上,我早早地来到了学校。正当我走进校门口时,听到了一位爸爸低着头和自己儿子的对话。

"爸爸,我要怎么跟老师说呢?"

"你就祝愿老师教师节快乐,你可以的,你已经二年级了,去吧。"

一听这声音,我太熟悉啦,这不是杨乐乐吗? 就在这时,他也看见了我,还没等我反应过来,他就一把把手里的一支肥皂花塞到我胸前,大声地说:"祝周老师节日快乐!"我笑着说谢谢,心里美滋滋的。这时,他突然又说了一句:"周老师辛苦啦!"然后在我面前鞠了一躬,跑进校园。他进去了,而我却愣在了那里,惊讶于这一句辛苦、这一个鞠躬,这不是爸爸教的,这是孩子自己想说的,源自孩子内心的声音。原来,在孩子的心里,他是那么认可我,原来他是那么地爱他的老师! 想到这,我的心突然沸腾了,无限的喜悦感涌了上来! 我开心地像个孩子,笑着跑到前面追上他,一把搂着他肩并肩走向了教室。这一年,这一天,这个教师节,作为耕耘者,我收获了好多感谢,而他给我的却是独特的无比甜美的快乐!

想一想,提到教师,最重要的究竟是什么,优美的语言、广博的知识,还是丰富的经验? 终于,我发现,这些都是一名优秀教师不可或缺的优秀品质,但更重要的是有爱心,有穿越心灵的无私的真爱。师爱,是发自内心深处的真爱,是源于各处的老师的体贴。关爱使孩子们感到舒畅、亲切,一句恰如其分的赞扬和关心远远胜过冷冰冰的指责。最终,无私的爱会换来孩子们的感谢和成长,而这,就是我们教师最想看到的、一直在追求的希望。

这就是我和杨乐乐的故事,一个未完待续的故事,一个酸甜苦辣、五味俱全的故事。人们说教师这个职业是高尚的,教师是人类灵魂的工程师,也许的确是这样的,因为我们承载的是每个家庭的希望、整个社会的希望。然而,教师的工作却是繁杂而琐碎的,偶尔家长的误会,时不时冒出来的突发状况,但对这些困难,我们从不放弃,正是因为我们对学生的爱与希望支撑着所有的教师坚定地走下去。对于我们来说,一个学生就是一首诗,一个心灵就是一个世界。我们爱学生,付出的就是对每一个学生发自内心的真爱,爱得深,爱得严,爱得迫切。我们感动着他们的感动,收获着他们的收获。我们怀揣着希望,引领学生努力实现心灵深处的美好和梦想。

教育是育人的伟业,教师用真诚、真心、真爱触动每个学生的心弦。教师的爱是熊熊的火炬,能点燃学生的梦想;教师的爱是指路的明灯,能照亮学生前进的路程;教师的爱如春风化雨,点点滴滴滋润学子心田。"捧着一颗心来,不带半根草去",教师的爱,决不是简单的说教,而是为师者赤诚的真心,是一种无私精神的体现,一种不息的师魂!

属于我们教师和学生的故事,永远都只是开始,但我们可以一直用我们的满腔热情联系每位家长,真诚沟通;用我们的无声的爱感染每位学生,积极进取;用我们的满腔赤诚献身伟大的教育事业,让我们的精神代代传承!

## 我为学校点赞

2019年书"书香校园"读书活动的主题是"我为学校点赞"。

这是赞扬的诗歌,这是赞赏的乐曲,这是赞誉的文字,这是赞美的掌声。读书,就是在"持续不断"上做文章,在"你读、我读、大家读"上下功夫。"我为学校点个赞",读书的主线无比清晰,读书的主旨熠熠生辉。一种"书香满园"的文化品牌,正在浦东教育大地上枝繁叶茂,蓬勃成长。

如果,读书是我们连接其他人智慧的桥梁,点赞则是我们在欣赏中的新发现。赞,是一种激励;赞,是一种情愫;赞,是一种凝聚;赞,是一种修炼。成长是魂,魂具形立;行动是纲,纲举目张;智慧是根,根深叶茂;教育是源,源远流长。点赞成了一种向上的力量!

一个赞就是一朵花,一朵花加一朵花,充满文化——展现的是锦绣芬芳;

一个赞就是一个音,一个音加一个音,充满人文——回响的是旋律激昂;

一个赞就是一条路,一条路加一条路,充满追求——延展的是奔向远方;

一个赞就是一个梦,一个梦加一个梦,充满行动——实现的是理想之光。

教师内涵发展,"读书"为根。"读"是一种精神耕耘,"书"是一片精彩田野。从某种程度上来说,"读书"成就了教师,"读书"发展了浦东教育。

点赞,是一种发现美;点赞,是一种互动美。日昃夜艾,孕育桃李。赞,校园之美! 赞,课改之道! 赞,育人之情! 赞,科研之术! 赞,发展之路!

# 吴迅中学赋

上海市吴迅中学　袁志敏

　　浦江之东,周浦西首;外环以南,召楼之北;临上南路,倚美林城;近澧溪古邑,绕梓潼长河。接小上海繁华之商贸,秉大周康鼎盛之文风。校舍连栋,明堂赫赫;绿树成荫,书籍林林。满园玉兰白,暗香馥郁;夹道香樟青,冠盖浓荫。门当通衢,且闹且静;设施完备,宜教宜学。民助公办,斯为吴中。
　　叹哉吴中。黉宇初成于六九,名曰周西一中。承民生之殷殷,担学子之切切。建舍于田畴之间,鸡犬嘈嘈;兴学于梓潼之畔,书声琅琅。杏坛初起,教工筚路蓝缕筑经殿;雏燕试飞,学子栉风沐雨练筋骨。穷且益坚,师者初心不坠青云志;艰难困苦,学子使命不渝玉汝心。弦诵不辍,道统绵延;九章未息,社稷鸿图。后来者,一粥一饭当思来处不易,半丝半缕恒念物力维艰。
　　感哉吴中。岁在八八,美籍华人,吴公吴迅先生,捐资捐物助学。泽被桑梓,化育八方。为表化云为雨之美德,乃更吴迅中学之校名。董公允生先生,捐建"思瑛图书馆"。吴公勉以"信心、毅力、自爱、责任"为校训。"不要小看自己,成功全靠努力",实先生之谆谆告诫;"教书育人,成才报国",乃先生之殷殷热望。教学楼、实验楼设施齐备;计算机、语音室一应俱全。岁月如流,人生不过百年;薪火相传,文脉绵延千旬。
　　七十载建国伟业,屈辱涤荡;四十年改革开放,民富国强。走进新时代,拥抱新生活。万民祈愿千般好,一脉裂变两校区。花开二朵,争相斗艳。不忘初心来时路,砥砺奋进新征程。
　　美哉吴中。上南路初中部,图新图变,老校区呈现新活力;瑞和路高中部,求强求进,新校区体现老资格。门外车流如织,楼前廊亭通幽;周遭楼宇林立,窗中云影徘徊。功能教室齐备,教学设施一流。实验室、图书馆、多功能厅,高标准配套;录播室、体育馆、营养餐厅,严要求建设。医务室、直饮水,关注学生健康;功能室、创新室,重视全面育人。百草园,师生同赏观草瑶花琪;秋实园,校企共建察春华秋实。运动场上,衣正轻,马正肥,龙腾虎跃竞矫健;棋类室中,坐如钟,立如松,纹枰论道显飒爽。自信石,透信心人生,万里归来颜愈少;有为石,达作为天地,百年求索理唯真。春赏白玉兰,夏观紫萝藤,秋品丹桂香,冬鉴梅满园。移步换景,满目如画尽锦绣;腾蛟起凤,立德树人皆信仰。已然乔木之沃土,本真学子之乐园。

伟哉吴中。勠力同心,百人一志育桃李;砥砺前行,千力一向引清流。课题引领有方向;教研一体见实效。关爱、自信,学校起步、学生进步,社会反响有起色;主动、有为,家长满意、专家中意,市区评价频授奖。校风正,德业双修,知行合一;学风淳,乐学善思,求真践行;教风实,博学厚德,敬业爱生。信息技术与课堂融合,无限放大教学广度及深度;人文关怀与生活同行,有限要求教育精度及准度。实验室多科联动,探索自然新奥秘;报告厅精彩纷呈,引领思想最前沿。美术室,红橙黄绿蓝,七色绘就壮美河山;音乐室,宫商角徵羽,五音咏唱辉煌丝路。梓潼水洌而五灶波潋;上南风清而瑞和雨润。胸怀家国情,躬行凌云志。兰台石室,园丁兀兀;囊萤映雪,学子孜孜。三寸笔,三寸舌,三尺讲台写春秋;数载风,数载雨,数十芳华育桃李。效鸿鹄而高翔,赋青春以长歌。雏鹰振翼,步蟾宫折丹桂;兰畹滋青,润桃李吐芬芳。五十届升坛试飞,雄鹰烈烈兴百业;半世纪绛帐育才,繁星点点耀神州。

新哉吴中。红瓦蓝墙,皆师生魂牵梦萦之事;绿树繁花,均家长前思后想之情。办家门口之优质学校,培新时期之有为沃土。整合老资源,融入新平台。青蓝工程,师徒结对,雏凤清于老凤声;强校工程,华二引领,正是橙红橘绿时。着眼于核心素养,致力乎终身发展。拓展课、探究课、职业规划课,布局新课程,创意创新创未来;社团课、校外课、三D实践课,着力新需求,谋事谋业谋发展。两代书、亲子报,十年坚持,书写家庭教育新模式;科艺节、体育节,数载举办,展示学子才技老舞台。育一方桃李艳春风,看万里前程舒骥足。中庭桂树,犹为诗王所植;园中新桃,自有刘郎后栽。

噫!回首来路,奋然无悔,绩效已入史册;展望征程,已然不辜,未来就在足下。嗟乎!期望吴中,继优良作风,铸锦绣华典。仰望星空,建巍巍百年上庠;脚踏实地,树森森千顷云木。德才共进,弦歌不绝,海纳百川,共筑辉煌。

# 梦田守望者
## ——为南汇一中的筑梦人点赞

上海市南汇第一中学　瞿燕屹

每个人心里一亩,一亩田;

每个人心里一个,一个梦;

一颗一颗种子,种出一亩一亩梦田。有桃,有李,有春风。而那些筑梦人,在南汇一中,这块深藏着"儒家文化"养分,洋溢着"曲水流觞"雅韵的土地上,永远不知疲倦地耕耘着。

## 润物细无声

2018年,对于南汇一中来说,是特殊的一年。这一年,南汇一中面临一场盛大的接力——唐建龙校长挥手作别南汇一中;丁建光校长担负着压力,接过了老校长的重担。于唐校长而言,他曾经带领着一批筑梦人,在南汇一中,弘扬儒家文化,传承先哲遗风,培养了无数追梦的少年,创造了无数的辉煌。丁校长上任,将带领一中,迎来怎样的新风呢?

中午的食堂,学生们熙来攘往。女孩排着队,等待着盛汤。一个,两个,三个……终于轮到她了。抬头,赫然一惊:丁校长站在汤桶旁,小心地用汤勺搅拌着。霎时,胡萝卜啊,香肠啊,这些厚厚的底料浮出水面。丁校长盛出汤,递给了女孩。女孩接过汤的时候,沉沉的,暖暖的。女孩喜滋滋的,"谢谢校长"。丁校长抿嘴一笑。

后来,这位初二的女孩,在她的练笔本中写道:"瞧!那儿!校长爸爸用汤勺探到桶里,轻轻一搅,胡萝卜啊,香肠啊,全翻了个身。又一勺,空碗装满了厚厚一沓底料和汤……我接过汤,温暖随着指尖的温度,迅速蔓延到身体的每个细胞。低头喝汤,耳边传来校长的话:'汤还暖吗?'愣住……一铁勺,一只有温度的碗,一句有温度的话,温暖了我的胃,更温暖了我的心。"

古人说,良言一句三冬暖。何况,还有那有温度的良行?后来,丁校长成了女孩眼中的"校长爸爸"。有人向校长爸爸说起这事,丁校长腼腆地笑着,连声说着"难为情,难为情"。其实,最难为,以情动人。情之难为,全在一颗诚心,一颗有温度的心。因为有温度,故暖心。

丁校长接班,借着唐校长的支持之力,行自己身体力行之事。表率,从每一个有温度的言行开始。每天一早,从高中部到初中部,从校园的每一条小路,到每一间教室。当耕耘者们在教室或谆谆教导,或指点江山之时,丁爸爸会从每一扇窗前走过。

杜甫诗中的"随风潜入夜,润物细无声",不正是这一幕幕,最生动的写照吗?

## 汲水烹新茗

前人种树,后人乘凉,此言不差。可若是不好好维护,那也难免落入"打江山容易,守江山难"的境地。如何持续?如何开拓?丁校长借"儒家文化"的底蕴,推出"周周演"的活动。

这是一个劳心劳力的工作。班主任们冲在前面,挤出时间,在教育教学之余,忙着筹备。为了演出,在班里选拔同学,排演节目,有疲累,也有怨言。可是,谁叫这些耕耘者们,是最可爱的"傻子"呢?

当孩子们站上"周周演"的舞台,展示着不一样的自己时,那曼妙的歌声,灵动的舞步,娴熟的琴艺,无一不让老师们惊叹。原来,他们除了学习,还有这样的才华!原来,我们看孩子的眼神,可以那么惊喜动人。曾有的疲累和怨言,一时竟如长烟一空,转瞬"皓月千里"。她或者是他,顽劣的或者品学兼优的,每一朵,都是"傻子们"心间的白玫瑰;每一朵,都是又见的"红玫瑰"。既有"明月光",又不乏"朱砂痣"。

后勤的老师们,毫无怨言地做着搬运工,布置舞台,搬运椅子。在演出结束后,他们默默地把一切归于原位。说来一两句,做来三五时。

每一件事情的圆满,都有无数人在竭尽全力托举。一双手,两双手,三双手……摩肩接踵,前赴后继。汲水烹新茗,前有水甘,后有茶香。你、我,都是取水的那个人。一勺一勺的水,伴着一瓣一瓣的新芽,烹煮着"南汇大一中"独一味的香茗。

## 风雪守望人

一颗一颗种子，种在南汇一中这块肥沃的土壤。浇灌，守望，修枝，成长，等待着结出梦的果实——这一步步无不需要耕耘者持之以恒的付出。

暮色渐起，她匆匆走出校门。校门口已门可罗雀。改完最后一张试卷，才如释重负。初三，是年轻的战场。心疼孩子们的披星戴月，所以她全力以赴，与孩子们同战。陪伴，指导，不惧辛劳，无悔付出。听到捷报传来——复附、交附、华二、七宝相继抛来橄榄枝，她难掩心头的欢喜。谁的青春不曾被热泪和汗水浸润？谁的青春又不是在拼搏中书写精彩？思及此，她挺直了背，不由得笑起来。一路风雨相伴，无悔！

他，颓然地推开了身边的作业。面对一堆的红叉叉，心头既怒且忧。为什么错成这样？为什么强调了多遍，还是这样？问题出在哪？"唉，真是教不动了！好累啊，腿也拖不动。"他的伙伴们笑了。"教不动，就歇着别去上课哦。"继而，办公室传来爽朗的笑声。下一节课，预备铃刚响，他便站在了教室门口。侧耳倾听，声音洪亮，又满血复活了。那个心累的他呢？也许，教室里的那群孩子，是他的毒药，抑或是灵药？！

她，或者他，是日常的你，或者我。

一年年花开，一年年叶盛。几度风华，几度春秋。你、我，都是撒下梦的种子的人；你、我，都是在梦田耕耘的人；你、我，都是看着学生快乐、进步，而忘记了自己苦与累的人。在南汇一中这块梦田，种桃、种李、种春风，不畏辛劳，无问西东，甘做无名的梦田守望者。

# 我为你点赞

上海市浦东新区小天使幼儿园　潘清华

小天使幼儿园于1997年7月开园,至今已有22年。22年的光阴让小天使幼儿园从一个默默无闻的幼儿园成长为凌兆、三林、东明地区小有名气的幼儿园——上海市一级幼儿园、浦东新区文明单位、浦东新区绿色学校、上海市"十三五"家庭教育基地、浦东新区家庭教育社区指导点、浦东新区见习教师聘任学校……荣誉的光环并未使我们自足自满,我们天使人在园长的带领下,依旧秉承着踏实、努力、勤奋、开拓的精神,继续奋勇前行着!今天我就要来赞一赞我们的幼儿园!

## 点赞一:"绿意+生机"环境美

我园的课题研究从"环保"到"生态环境启蒙教育",不论研究方向如何调整,我们的研究目标依旧是"环境教育"。为了给孩子们更好的环境体验,我们幼儿园的环境也在不断调整着、变化着,除了紧扣课题外,我们的环境也紧紧跟随时代的脚步、最大限度地发挥环境的教育作用。我们的校园花坛里种满低矮的小花,当花季到来时,花坛里的小花便竞相开放,玫红、艳黄、粉白……将花坛装扮得特别漂亮。校园里还有许多四季常青的树木、不同季节的树木,同时还有很多果树。春天,粉色的海棠花将幼儿园装扮得格外靓丽;夏季,柚子树上的柚子花散发着香甜的花香,孩子们都喜欢围绕在这里看花闻香。除了校园外环境,我们的室内环境也是充满绿意的。走廊里,植物角布局童趣,一人一份的小小绿植在孩子们的照顾下,抽发出小小的嫩芽、小小的绿叶,各种卡通人物、动物形象的加入,将孩子们的自然角变成了童话世界里的种植园。如果说走廊里的自然角是我们幼儿园动态的绿色体现,那么环保墙上的壁画就是静态的绿色展示……孩子们每天都置身在绿意盎然的环境中,感受和体验着生命的生机勃勃。

## 点赞二:"野趣+挑战"运动好

操场,是孩子们"撒欢"、运动的天堂!这里我要赞一赞我们幼儿园的运动场!我们的操场是用绿色的人造草皮铺成的,是整块平整的"钻爬跳跃"和"走跑平衡"运动区,厚厚的人造草皮能有效地减少孩子们运动中出现的摔伤和摔痛,同时绿色也能让孩子们仿佛置身于大草地上,体验在草地上奔跑运动和自然接触的快乐。而我们的草地探险区更是孩子们心中不败的挑战乐园!草地上,蜿蜒的木头小路将草地分割成四块,颜色鲜艳的轮胎楼矗立在草地的最右边,孩子们喜欢登上最高的轮胎,眺望幼儿园的操场。综合大型运动器械占据着草地的中心,圆形的攀登休憩小屋巧妙地将幼儿园最高的一棵大树涵盖其中,每每孩子们登上后,都有种进了树屋的感觉!"滑索"延伸到草地的最前方,孩子们在这里挑战自己的勇气、挑战自己的臂力!……运动器械的不断改进不仅更好地释放了孩子们"玩"的天性,同时孩子们在与器械的互动中更好地发展了自己的运动技能。

## 点赞三:"有爱+勤奋"教师佳

一个幼儿园仅有"美"的环境是不够的,还必须有"美"的老师!恰好,在我们小天使幼儿园里,我们的老师各个都很"美"!

我园老师的美体现在"有爱"。"爱心"是对每一个幼儿教师的基本要求,然而,怎样去爱孩子,却并非嘴上说说那么简单。我们的老师会耐心倾听、细致了解孩子们的日常琐事,因为老师们知道处理得当,会给孩子们带来新的希望,会平衡孩子们的心理,会让孩子们的心暖如春阳;如处理欠佳或不当,则会引发孩子们对教师的抵触情绪,影响孩子们身心和谐健康发展。我们的老师会尊重幼儿发展的个体差异,理解和尊重幼儿发展进程中的个别差异,支持和引导他们从原有水平向更高水平发展,不会用一把"尺子"衡量所有幼儿。日常带班中,我们的老师会认真观察孩子的一举一动,是否与昨天不一样,不会因孩子太小,觉得她啥都不懂而掉以轻心。尤其是对能力较弱的幼儿,更是有诲人不倦的精神,循循善诱。

我园老师的美还体现在"勤奋"。伴随着幼教的不断改革,时代对幼儿教育也提出了新的要求,同时也对幼儿园老师的教育教学提出了新的要求。我们的老师,不论是老教师,还是新教师,都没有畏惧或退缩。大家都积极响应时代的号召,学习电脑、实践各种软件、摸索制作教学课件、学习先进的教育教学经验方法,在实践中反思、在反思中继续实践,不断挑战自我,努力成为顺应时代要求的新时代幼儿园教师。在园长董老师的带领下,老师们教研有质量、学习有收获、教学有创新、研究有成效,各个有发展。

## 点赞四:"智慧+才干"园长妈妈棒

园长是一所幼儿园的领军之人。我们小天使幼儿园继之前的两轮园长后,在2015年迎来了现在的全能园长妈妈——董磊雯老师。"智慧+才干"是我们园长的代名词。在我们眼中,似乎没有什么困难是能困住董老师的。教学展示、教育教研、对外公开、家庭社区、队伍培养、园所建设……董老师都能手到擒来。在董老师的智慧引领下,我们幼儿园越变越好,在社区周边的知名度也与日俱增。同时,董老师还无私地将自己多年来工作的实践经验与方式方法手把手地传授给我们,带动我们全体教师共同进步。在她的带领和引导下,一批青年教师在教学上脱颖而出,老师们也都能最大限度地在各自擅长的领域内发挥作用,团队凝聚力、创新争优的精神也成为我园的校园氛围。不论是幼儿园集体还是教师个人,在参与的各项、各级评比中,都能获得优良的成绩!

教育在改革,时代在变迁,我们小天使幼儿园未来还有很长的路要走。我相信在未来的日子里,在园长董老师的带领下,全体教师一定会更加团结,各展所长,为幼儿园的发展贡献自己的力量,为孩子们的成长保驾护航。我爱自己的幼儿园,我为我们天使人点赞,我为小天使幼儿园点赞!

# 观澜景在我梦里

## 上海市浦东新区观澜小学　周小单

观澜小学,历史悠久,雅致韵幽,与学校文化气质相得益彰。深受学生和家长的喜爱和青睐。尤其是前段时间一场关于"定格校园一角,畅想别致景观"的活动,点燃了整个观澜小学,许多老师、学生和家长一起参与到为景点命名的活动中。在春暖花开、春意盎然的季节里,观澜小学川周校区的美景在欣欣向荣中,迎来了属于自己的美名美义。

就让我们跟着历史典故,本着"文化归源,赋义创新;寓史于景,名义通达"的原则,循着校园十景,去探寻观澜的风韵。

"古韵老观澜,蕴深厚底蕴,魅力新校园,展迷人风采……"从观澜亭到安流亭,从思源广场到开心农场,从百花园到锦绣园……一个个来自老师、学生和家长的名字无不凝聚着一种发自内心的热爱。而这些蕴藏着信任和爱的名字,将一直留在观澜的校园。见证无数孩子们的欢声笑语和快乐成长。每天,当静悄悄的夜蔓延开来,校园泼墨般的天空变成黛蓝;当黎明到来,孩子们粉红的脸蛋和明亮的笑容,和学校一起苏醒过来,开始了美妙的一天。

台湾作家张晓风在送儿子上学的第一天,向学校发出追问:"我,一个母亲,向你交出我可爱的小男孩,而你们将还给我一个怎样的人呢?"

这是每个人都在思考的问题,每个家长都万分关心的问题,是父母对孩子的一种期望,更是每个学校的使命。而这些蕴含着老师、孩子、家长的期待和爱的景致路名,深切表达出教育的含义、学校的精神。

故事很多,请跟我来。

观澜的路有很多条,条条都不同。澜星大道上,熠熠生辉的"澜星"走过,开启了他们一天的绚"澜"生活。书院路,牢记先生捐银建观澜书院,不忘初心;求真路、求是路、守信路、踏实路,传承黄炎培先生为人信条,观澜精神存心间;春华路、夏涵路、秋实路、冬蕴路,四时有序,万物有理,本末相顺,生生不息。每个孩子每天都要走过这些路,一个个看似简单的路名,却默默滋润着孩子们的精神世界,春风化雨,润物无声。春华秋实,书声琅琅,每一个路名都是文化的浸润,每一天都是时间的精华,校园路让孩子们分分秒秒都沉浸在文化的海洋中……

校园门口的广场四个标志着年份(1834、1903、1949、2004……)且具有象征意义的门框代表着观澜小学的历史。1834 年 3 月,何士祁捐俸建观澜书院。开启了观澜的教育之旅。后来,黄炎培老先生力倡新学,改观澜书院为川沙小学堂,经过 14 次的变更,最终于 2004 年 10 月获准改校名为"浦东新区观澜小学",并确定了新校标。时光悠悠,文脉相传。如果说历史是一种见证,那么观澜小学就是在历史见证下一泓流淌不尽的溪流。饮水思源,今天的观澜之所以有这样的成绩,正是因为观澜一直不忘初心,砥砺前行。观澜的一个叫"思源"的孩子把自己的名字赋予了它。从此,这个广场有了名字——思源广场。这个孩子用这样的方式把自己融进了观澜里,也用这样的方式告诉自己和每一个观澜人,不忘初心,奋楫前行!

敬业楼旁边有一段花廊,主要种植的是凌霄花,观澜的一位教师为它赠名"凌云",寓意是凌云之志。每到春天,花香四溢,师生们走过凌云廊,随时可以铭记远大的梦想,时刻都有凌云之志,为实现中华民族伟大复兴贡献力量。"凌云"两字是一位教师对孩子们的最美好的期望,她把期望寄托在每一朵花里,随着花香荡漾在每一个孩子的心间。"凌云"两字也是一位教师对学校的最美好的祝愿,是愿意兢兢业业为观澜的美好明天奋斗的爱的告白。

观澜梦是一个有文化有精神的梦。文化的传承,观澜精神的传承,这也一直是学校非常关注的。学校举办了一系列文化活动,如"我的国·我的家,我的心'晴'故事——文化校园我最爱"。当一个孩子在升旗仪式上分享自己的"心'晴'故事"——《黄炎培爷爷指引我成长》时说道,在黄炎培爷爷所信奉的"理必求真、事必求是、言必守信、行必踏实"的观澜精神引领下,在学校的各项活动中,他得到了锻炼,成长为一个自信开朗,爱祖国、爱家乡、爱学校的有志少年!他的父母和学校都深深感到欣慰。正是看到了这样的孩子,家长们为在校门西侧正在规划的广场送上"启梦"两字,因为他们相信每个孩子都能在这里开启童心梦,铸就观澜梦。

正如格言所说:"只是告诉我,我会忘记;要是演示给我,我会记住;如果让我参与其中,我就会明白。"这场关于"定格校园一角,畅想别致景观"的活动,让每个观澜人都参与其中,感受百年观澜的悠悠历史,畅想百年观澜的美好未来。

曾经，孩子们会问，为什么这条路叫求真路？我告诉孩子们，"求真，求是，守信，踏实"是观澜的精神，也是观澜对你们的期望。一年级的孩子睁着大眼睛对观澜有了一个懵懂的印象。而现在，观澜的景点名皆出自老师、家长、孩子们之手，孩子们会骄傲地说："观澜景点的名字是我取的！"他们在取名的过程中，对观澜有了更深的印象，有了更浓的爱，就像这一个个景点的名字，永远镌刻在观澜校园里。而观澜景也永远珍藏在每个观澜人的梦里。

虽然只是一个小小的名字，但是凝聚着师生与家长对学校的热爱。这也证明了观澜是可以让家长放心的学校。润物无声，大爱无形。时光荏苒，岁月悠悠，在时光的洗礼中，观澜小学就像是一颗永不黯淡的璀璨明珠，镶嵌在美丽的上海的东方，凭借悠久的历史、得天独厚的观澜精神，孕育出一代又一代优秀的学生。学校不忘初心，时刻为打造一支"师德好、教艺精、底蕴厚、发展快"的教师队伍付出十分努力。相信会有更多的学生从这里走出去，走向更美好的明天！

若是有家长像张晓风那样问，我们会回答，全体师生一定乘风破浪，致力于培养出"品德如大海般纯净、知识如大海般渊博、体魄如大海般健美、情怀如大海般辽阔、劳作如大海般勤勉"的观澜学子。这是您的孩子，更是我们的孩子，我们会把观澜景送进他的梦里，会用观澜精神引领他前行。

# 火 的 永 生

上海市第六师范附属小学　武计芩

　　犹忆三年前，人声鼎沸，上海市第六师范附属小学（以下简称"六师附小"）迎来了她110岁生日。舞台上红衣红旗飘动，像火焰在跳动着。当时还是实习教师的我，内心被这炙热的火焰烧灼着。

　　我一直认为，每一场火，都有它的宿命。若是燎原野火，则不免阻于山川，湮于泥淖；若是星星之火，则不免山穷水尽，油尽灯枯。世上转瞬即逝的东西太多，为何六师附小能走过一百多年，"火"到现在？

　　我一时想不出这"火"永生的奥秘，或许，我应在今后的实践中亲自探寻。

## 灯　　火

　　见习期考核课前，我找带教导师马老师帮我看教案。

　　那是放学前，正准备下班的马老师迟疑了一下便答应了。

　　我们找了一个教室，马老师看着我的教案，紧皱眉头。我很紧张，因为那篇教案不是我写的，而是从网上东拼西凑来的。

　　洞悉一切的马老师并没有揭穿我，她打开课本，和我一字一句地研读。

　　夜幕很快降临了，我脑中仍一片混沌，马老师带我匆匆吃了点饭，继续淹没在那一窗灯火中。

　　静悄悄的夜只剩下马老师的讲解声，她像谆谆教诲的慈母，我像她放心不下的孩子，我的教案、语言、板书，甚至每一个教学动作、表情，她都亲自示范。

　　快10点了，我倦了，马老师还在用沙哑的声音讲解着。我没想到今天会那么久。偌大的教学楼，只明一窗灯火，分外孤单。

　　"马老师，我不求拿奖，合格就行。"我想打退堂鼓。

"怎么能为结果而去功利性地教书呢?"马老师温和的脸严肃起来,"提升自己很重要,尤其是新教师……"

这时她的手机响了。"爸爸接到你没? 好,我也快回家了。"

"确实不早了,我女儿也催我回家了。"马老师说。

女儿? 不是在国外吗? 难道……

"她今晚回来了。"马老师一脸慈爱。

我怔住了。这时,我才注意到,今天的马老师分外漂亮,她穿了修身旗袍,化着淡妆,白发全然不见,还穿上了细高跟……原来,都是为了迎接女儿啊! 可是,在"教师"和"母亲"之间,她毅然选择了前者,放弃接机,和一个之前素昧平生的新教师,磨课到深夜!

从此,我的心中永远独明一窗灯火,它像一簇火苗,点燃我的心。

## "枫 火"

枫林尽染的校门口,有人在枫树下徘徊,时而低头,时而仰头,灰白的头发在火红枫叶的映衬下格外扎眼。原来是快退休的刘老师。

"刘老师,怎么还不回家啊?"

"哦! 我在捡枫叶。"刘老师看了我一眼。

"捡枫叶做什么?"

她露出慈爱的笑容,"下周我们会讲到枫叶,我想给每个学生送一片"。

"学校有多媒体,放一张图片不就可以了吗? 为什么……"

刘老师笑笑,没有应我,继续寻找着她的枫叶,"这不行……这个……也不行……",她想要火焰一般的枫叶。

天欲雨。我离开她,离开那 树燃烧着的火焰。

我想,也许她不会用先进的多媒体,毕竟是快退休的老教师了。

可我总觉得哪里不对。周一一早,我来到刘老师的班级,大屏幕上展示着枫叶图片,她正在发枫叶——每个孩子手里拿着一片火红的枫叶,如同举着一支小小的火把,他们爱怜地看着手中的枫叶,满是喜悦。

"来,小林,"一个满脸愁容的孩子拖着步子,"这片最红的枫叶送给你。"

男孩子低着头。

"好孩子,"刘老师的声音很温柔,"枫叶代表火红的希望,一切都会好起来的,你很棒。"

男孩抬头接过枫叶,泪光闪烁,一老一小在教室里紧紧相拥。

"孩子们想要,我就去捡,"望着满腹疑惑的我,刘老师说,"小林跟随母亲生活,母亲又刚去世,我不爱他,他怎么活。"她望着孩子们微笑着。

四十几双手中举着火一样的枫叶,四十几双眼睛跳动着火一样的光芒。

孩子们笑了,我的眼睛却湿润了。

# 薪　　火

什么样的学校是好学校?

不敢妄言,一所好学校的形成肯定有多方面的作用。但我认为,如梅贻琦先生所言,"所谓大学者,非谓有大楼之谓也,有大师之谓也",对于小学,亦是如此。校园大、设备新等条件,并非最主要的。而精明强干的教师队伍,才是其灵魂所在。

有优秀教师,可以轰轰烈烈地办学,像点燃一场熊熊大火。而人生有涯,当一代教师退休、离开后,学校如何传承?恰似一场火,如何才能永生?

火的永生,需要将自己付诸执炬、传炬者。

执炬、传炬者是谁?

是马老师、刘老师。马老师培育后生,将教育的热忱、态度和责任传给新园丁,这是传"重教"之火;即将退休的刘老师身体力行,爱生如子,是在传"爱生"之火。执炬、传炬者不止她们,更是全体"六师附小人"。你看,为了学校发展,校长始终躬耕在教育第一线;为了播散教育火种,教师远赴新疆进行支教;后勤人员也都无私奉献,不遗余力……

星星之火,可以燎原;薪火相传,再创佳绩——学校课程改革取得重大进步,"3R"课程成功推行;学校管理制度不断创新,成就卓越;无数优秀教师从这里涌现,无数英才学子从这里走出;学校也先后被评为"上海市文明单位""上海市三八红旗集体""上海市中小学行为规范示范校"……所有进步,都是一代代六师附小人默默奉献、开拓创新的结果,他们在时,默默燃烧,执炬奔跑,退休前,又谆谆教诲,传炬于后生。

"薪尽,火传也。"

"六师附小之火"突破了个人生命的长度,在一代代的传承中得以永存。而此刻,何其荣幸,我也成了一个六师附小人,未来将执炬也传炬,将六师附小之火发扬光大。六师附小,愿你颠扑不灭,福泽后人,我为你点赞!

## 我（们）的教育创意

2020年"书香校园"读书活动的主题是"我（们）的教育创意"。

一个"创"字，是"柳暗花明又一村"的多元可能；一个"意"字，是"同心掬得满园香"的我能我行。

"我们"——是主体：平凡的我，往心里去，始于身，思之有理；

"教育"——是主旨：发展的我，往实处落，力于行，做之有术；

"创新"——是主张：最好的我，往高处攀，立于志，成之有道。

《浅谈初中化学学科P.I.E理念教学》，体现了既有开放性又有操作性；《达克罗兹音乐教学法的创新应用》，体现了既有实用性又有新颖性；《教学不仅仅是一种告诉》，体现了既有可行性又有前瞻性；《学习共同体构建要素与策略的探究》体现了既有研究性又有思辨性。

这真是教育创新（创意）主题的大荟萃、大云集、大集锦、大展示！不同的学段演绎着共同的精彩，不同的类型彰显着不同的智慧，不同的题目凝聚着相同的追求，彰显着教育创新的可行可进，真可谓百花争其艳、百曲奏佳音。虽然说"创新"这两个汉字的笔画是有限的，可广大教师的"创新"实践却有着多元的可能。"创"字天地宽，任凭我策马扬鞭；"新"字高山峻，难阻我奋力登攀。

阅读，不但是阅读，而且是不甘平庸、不满此身的追求。书，不只是书，还有一种生命对另一种生命的引领。春携百花，夏送凉风，秋含玉露，冬可赏雪，日日都是读书天。不负时光，不负自己，我们读书吧！

# 浅谈初中化学学科 P.I.E 理念教学

## ——以"盐"单元的个性化作业设计为例

上海市实验学校东校　沈毅辉

个性化作业不同于"统一化"作业，是教师根据授课内容及学生学习情况有针对性地设计作业的形式，也是国家教材校本化实施的一种有效手段，目的是通过个性化作业的落实深化课堂所学，同时培养学生自主探究、自主复习、构建知识网络的能力，以便及时巩固所学内容，检测学习效果，拓展化学思维，发展核心素养的目的，最终实现生活中的学以致用。

我校化学备课组经过多年的教学实践和探讨，总结形成了特有的化学 P.I.E 理念教学，即 Pleasant(令人愉快的)、Interesting(有趣的)、Efficient(有效率的)，三个单词的首字母组成英文单词 Pie(派，一种小点心)。一个化学实验、一个科学家小故事、一份自制单元思维导图、一份尽可能没有负担的练习等，都是化学教学中一个个美味又可口的"派"。基于这样的理念，个性化单元作业希望能激发学生的学习兴趣，发挥他们的主观能动性，让学生认为完成作业是个令人愉快的(Pleasant)过程，而不是负担。怎样的体验才是愉快的和有效的呢？这就需要我们在选题上做文章。考虑到化学学科特点，选择以身边熟悉的物质为背景，让学生觉得有趣、有意思，同时考虑到学生的学习认知水平，题目难度设置要合理，有代表性、典型性，并且编排要有连续性、有梯度，这样方能循序渐进。"跳一跳能摘到苹果"的体验才是有效率的，才能够体现教学的有效性和作业的有效性。这也彰显了个性化作业"20 分钟以内"的小巧特点——不会因为繁重的作业负担而让学生难以消化和应付。这就是化学个性化单元作业设计的真实目的。

## 一、"盐"单元的个性化作业设计策略与方法

"盐"单元划分为四个课时。根据课程标准、单元规划以及学生发展特点，我在进

行个性化作业设计时,梳理知识点和分析重难点,再依据学生的学习能力、学习层次等进行设计研究,具体策略如下。

## (一)从个别到普遍,从个性到共性

盐与我们的生活、生产和科学研究有着密切的关系。第一课时的作业中要求学生判断、书写常见盐的名称和化学式,从个别到普遍,认识到物质组成的"共性",从而归纳出"盐"的组成特点、命名和分类的方法,强化基本概念,同时增强学生分析、归纳、总结知识的能力。在第一课时中,另一个重要的学科基本要求是:知道酸碱盐的溶解性;利用溶解性表查找酸、碱、盐的溶解性,归纳出普遍规律。

片段一:盐的组成、分类和盐的溶解性(第一课时)

基于这一课时的知识点考查,我设计了如 Z1001 和 Z1002 的个性化作业:

> 盐的种类繁多,盐的用途也十分广泛,在工农业生产、科学研究和日常生活中都有很多的应用。
> 请将对应的物质连线表示,并写出该物质的化学式。
> 
> 大理石、石灰石中的主要成分　·　　　·a 碳酸氢钠_____
> 生理盐水中的溶质　　　　　　·　　　·b 氯化铵_____
> 胆矾　　　　　　　　　　　　·　　　·c 氯化钠_____
> 石膏　　　　　　　　　　　　·　　　·d 硫酸钙_____
> 干电池中的一种盐溶液　　　　·　　　·e 五水合硫酸铜_____
> 纯碱　　　　　　　　　　　　·　　　·f 碳酸钙_____
> 小苏打　　　　　　　　　　　·　　　·g 碳酸钠_____
> 
> 请将上述物质按照要求分类,填入相应的编号:

| 钠盐 | 盐酸盐 | 硫酸盐 | 含氧酸盐 | 酸式盐 |
| --- | --- | --- | --- | --- |
|  |  |  |  |  |

学生对于盐的前科学概念仅指食盐,这也是生活中接触较多的一种物质。通过对第五章的学习,学生已了解了盐是酸碱中和反应的产物。因此对盐的认识是有一

定基础的。而盐的种类多,应用广,该题通过呈现生活中常见的"盐"的名称,唤醒学生的记忆,书写对应的化学式,并且激发学生的学习兴趣。

### (二) 从同中求异,从异中求同

应用"对比学习",主要指的是借助对比法,对知识点进行分类汇总,厘清知识点内在联系,不仅可以全面把握知识内涵,促进其合理应用,还可以促进学生的思维发展,有利于发现事物的共性与个性。利用图像对比、表格对比等,增强对比分析及观察,把相似度较高的概念放在一起,使学生分辨出它们的共同点与差异性,将琐碎的知识点联系起来,形成完整的知识体系。在这一过程中同中求异、异中求同,使得学生不仅仅是完成作业,更深层次的意义在于学生逐渐学会归纳、总结,学生的综合运用能力也得以提升,促进学生的思维发展。如 Z1005:用"Y"形管可进行多种实验,某小组进行如下实验:

① 实验过程中可观察到的现象是＿＿＿＿＿＿＿＿＿＿＿＿＿＿＿＿＿＿＿＿＿＿＿＿＿＿＿。

② 其中发生分解反应的化学方程式为＿＿＿＿＿＿＿＿。

"Y"形试管的实验题不仅题目情景有趣,能激发学生实验探究的兴趣,而且在观察"Y"形试管上下两部分不同的实验现象和分析其实验原理的过程中,逐渐引导学生运用对比学习的方法,从而在今后的学习中加深思考,学会同中求异、异中求同。

### (三) 从碎片到系统,从零散到统整

第二课时的重点为归纳酸和碱的反应、酸与盐的反应、碱和盐的反应以及盐和盐的反应的规律,逐步总结出复分解反应的条件和规律,把酸碱盐的相关知识网络化、系统化。

**片段二:盐的性质(第二课时)**

在这一课时中,精选的例题是多个要求的统整。

如,要求掌握盐酸和硝酸银、氯化钠和硝酸银、氯化钡和硫酸、氯化钡和硫酸钠的实验现象和反应方程式,因此在此基础上归纳出这一类反应的特点,也强化了复分解

反应的概念,提升了学生的综合运用能力。同时,本课时也重点考查学生知识的迁移能力,以物质的检验和除杂为背景,解题时注意所加试剂的量和顺序,希望巩固所学的基本概念,并融会贯通。

### (四)从基础到提升,从堆积到建构

建构主义学习理论认为,学习者要想完成对所学知识的意义建构,即达到对该知识所反映事物的性质、规律及该事物与其他事物之间联系的深刻理解,亦即对该知识系统性、综合性的建构,最好的办法应是让学习者到现实世界的真实环境中去感受、去体验(通过获取直接经验来学习),而不是仅仅聆听别人(例如教师)关于这种经验的介绍和讲解。

第三课时的主要功能是对上一课时的巩固和提升,引导学生对酸、碱、盐、金属、氧化物这几类物质之间的相互关系加以运用,巩固物质间相互反应的规律。

片段三:盐的性质复习(第三课时)

1. 根据要求写出相应的化学式并在圈内进行物质的分类(物质类别填写"金属单质""非金属单质""酸性氧化物""碱性氧化物""酸""碱""盐")。

____用于食物保鲜气体 〇  〇 人类较早冶炼和使用的金属____

____最理想的清洁燃料 〇  〇 应用最广泛的金属____

____造成温室效应 〇  〇 食品包装中的干燥剂____

____引起酸雨 〇  〇 铁锈的主要成分____

____一元无氧酸 〇  〇 可溶性碱____

_____ 二元含氧酸　　　○　○　　　难溶性碱 _____

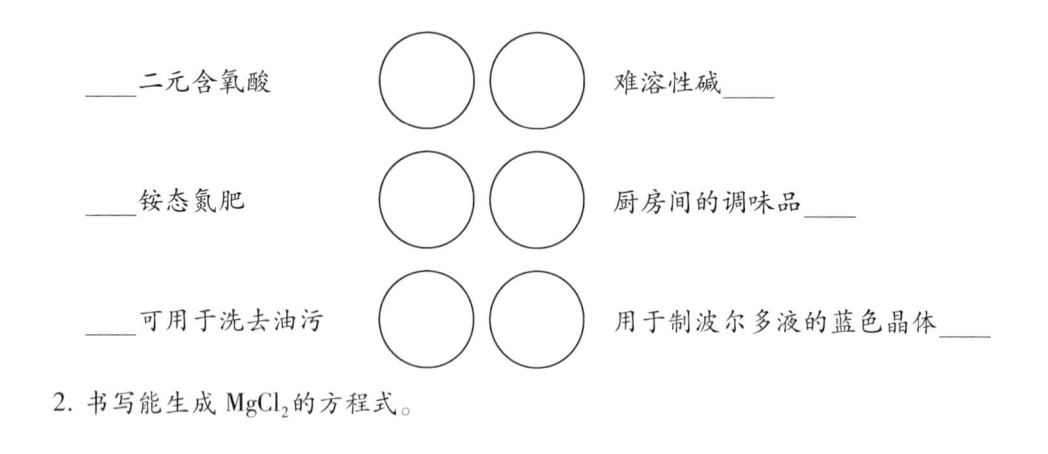

_____ 铵态氮肥　　　　○　○　　　厨房间的调味品 _____

_____ 可用于洗去油污　○　○　　　用于制波尔多液的蓝色晶体 _____

2. 书写能生成 $MgCl_2$ 的方程式。

_____

根据要求写出相应的化学式的热身训练,对于学生来说,归纳这几类物质的组成和分类,是十分重要的基础。接下来是书写能生成 $MgCl_2$ 的方程式。在这个过程中可以说是对复分解反应条件的实战训练。为什么这样说呢？因为课堂上老师已总结归纳出复分解反应条件,即要有气体、沉淀和水。对于初三学生而言,机械地记忆是很容易的,但是否真正掌握则需看实战检验的结果。表面上看书写能生成 $MgCl_2$ 的方程式并不难,学生也知道酸和碱、酸和盐、碱和盐、盐和盐以及金属在盐溶液中置换,能写出两三个也不是什么问题,然而要全写齐,肯定是有难度的。在第一步总结物质类别、第二步总结反应规律基础上循序渐进,最终形成一张"盐"图,完成知识的构建。

### (五) 从现象到原理,从主观到客观

第四课时在整个"盐"单元中起到画龙点睛的作用,是把单元知识进行融会贯通的过程。这一课时对于学生来说,从他们的年龄和生理特点上来分析,学生普遍有好奇心、喜欢动手做实验,对生活中遇到的现象善于质疑,而在实验探究方法、学习方法和总结知识系统性、条理性等方面还有待提高。这就为这一阶段的个性化作业设计提供了有利条件。

这一课时个性化作业设计的初衷是必须构建一个共同的平台,让学生能从各自的原有水平出发,设置生活中的一些情境对已有的知识、技能进行补充或整理并用之于实际情境中。以物质的检验、除杂、实验流程等形式,锻炼学生的思维能力,帮助他们掌握归纳整理的学习方法,逐步掌握和巩固所学知识,最终学以致用。

## 二、"盐"单元的个性化作业设计的启示

### （一）激发学习兴趣，深化有效教学

美国著名教学心理学家斯金纳设计了程序教学法，在教育界影响深远。这个教学法有几个原则，其中之一就是"小步子"原则。这一教学模式把教学材料分成系列连续的"小步子"，每步一个项目，内容很少，这些项目系列地安排，由浅入深，由简到繁，一步一步地学习，直到达到学习目标。[①]"小步子"原则对提高课堂教学的有效性有着很重要的作用和意义。"小步子"原则将教学内容分为若干片段，将各片段按照由易到难、由简到繁、循序渐进地串起来。[②]

这样的教学理论在作业设计上得到了很好的渗透。如 Z1001 中，第一步，呈现生活中常见的"盐"的名称；第二步，唤醒学生的记忆，书写对应的化学式；第三步，在对盐的认识有一定基础之后，从个别到普遍，归纳出"盐"的组成特点、命名和分类的方法，从而有效地落实学科教学基本要求。这个理论最大的好处在于，它在满足人类心理需求上，是用"小步子"的原则逐渐渗透的，这比"一口吃个大胖子"要有趣得多，也更容易使人满足并获得成就感。

而这一个个的"小步子"好比美味可口的小点心，不仅能激发学生的学习兴趣，也使有效教学工作得到深化。

### （二）凸显核心素养，发挥育人价值

生活中处处有化学。我们可以为食盐、碳酸钙、纯碱、化肥等熟悉的物质赋予人文色彩，将这些素材作为载体，落实学生核心素养的发展，激发学生热爱化学、热爱生活的情怀。从"形成化学概念、构建科学思维、实现实验探究、完成实践创新"等方面建构，增加更多现实的、有趣的、探索性的作业内容，对凸显学科核心素养和发挥学科育人价值，有着重要的意义和积极的作用。

---

[①] 陈宁,王怡菲.斯金纳程序教学在现代教育中的作用[J].九江学院学报(自然科学版),2006(04):135-136.
[②] 张秀芳.程序教学理论的形成及影响[J].黑龙江教育学院学报,2005(06):51-52.

# 教学不仅仅是一种告诉

## 上海市浦东新区唐镇小学　刘叶青

让学生体验到一种自己在亲身参与掌握知识的情感,乃是唤起少年特有的对知识的兴趣的重要条件。

——苏霍姆林斯基

### 教亦多术矣,运用在乎人

《桂花雨》是统编版五年级《语文》教材中的一篇语言优美的散文,文中弥漫着作者淡淡的思乡情绪和对故乡美好生活的回忆。在散文教学中,我们常常直奔密切相关的问题。但是这样的话,阅读忽然就变成了回答问题,专注于找寻答案了,而且常常是一个孩子把大家带进了文本,还没走远,另一个孩子带来不同方向的交流,又把大家带出了文本,也就难以通过散落的语言走向散文的神韵。那怎么让11岁的孩子,走进《桂花雨》的字里行间,进行深度学习呢?

我打开书本,翻阅教学参考书籍……"这里的桂花再香,也比不过家乡院子里的桂花。""母亲"说的这句话进入了我的眼帘。"母亲"将这两处进行比较,她这样说,实际上是有倾向的,真的是家乡院子里的桂花更香吗? 全文的字里行间不也都在说这个真相? 这个认知的矛盾,也许是一条通向文本的路径。我豁然开朗,于是,我进行了课堂的实践……

### 陶不求甚解,疏狂不可循

课堂上,在引出课题之后,我提出了"课文写了哪两个地方的桂花?"这个问题,然后让孩子们带着这个问题进行课文的阅读。之后,孩子们纷纷举手,站起来回答的竟然都是一个答案:台湾家乡院子里的桂花、杭州小山的桂花。

面对孩子们的回答,我有些惊讶:为了更真实地了解学生的学习能力,这篇课文,我没有让孩子们去预习,他们怎么知道作者琦君是台湾人?于是,我问:"怎么都说台湾家乡院子里的桂花?有什么依据吗?"一个学生的回答是:"因为家乡靠海,所以是台湾。"另一个说:"文中说,八月是台风季节,台湾也是常常在这个时候发台风的。"……看来很多孩子是望文生义啊。

我告诉孩子们,作者琦君是1949年才去的台湾,她之前都生活在大陆,她出生在浙江温州。所以,我觉得家乡院子里,应该是指温州家乡的院子。

## 甚解岂难致? 潜心会本文

看着孩子们恍然大悟的表情,我让他们先别急着表达,然后下发了伴学单,提出了学习任务:

一、母亲说:"这里的桂花再香,也比不上家乡院子里的桂花。"你认为哪里的桂花香呢?请用心默读课文,找出尽量多的依据说明你的理由。

我认为(家乡院子　杭州小山)的桂花更香。理由是(　　　　　　　　)

二、小组交流,轮流发言,认真倾听。

听了同伴的意见,我的补充是(　　　　　　　　　　)

拿到伴学单,学生们就由原来的自由朗读变为默读课文。当孩子们开始动笔写时,我便巡视起来,可一圈下来,发现几乎所有学生都不假思索地写了"家乡院子的桂花更香"这个观点,然后写理由……从孩子们写的理由中,我可以看出学生的思考还是不够深入。

于是,我又提醒了一次:要学着到文章的字里行间找依据,不能只凭感觉写。有部分孩子似乎听出了我话中的意思,继续阅读,最多的居然写了8条理由。

接着是小组交流,全班分享,我就做一个倾听者和记录员,把孩子们说的每一个不同的理由记录在黑板上。

前两组基本上从第四至第六小节中找到了相关句子来讲述"家乡院子里桂花香"的理由。第二组有一位同学回答道:"我找到了两句话,一句是'桂花开得最茂盛时,不说香飘十里,至少前后左右十几家邻居没有不浸在桂花香里的',还有一句是'全年,整个村子都浸在桂花的香气里'。这两句话都说明家乡院子里桂花很香。"我马上追问:那大家觉得这里的两个"浸"字,是一个意思吗?孩子们马上回到文本,把这两句话前后的内容进行了阅读……于是,讨论更加热烈了……

轮到第四组来交流:"我们组认为还是杭州小山的桂花更香。因为文中第七小节中有这么一句话——那才是香飘十里。"小组里的孩子也相继表达了他们的理由……经他们这么一表述,其他组的很多孩子们开始思考起来……于是,在第四组交流完毕后,近一半的孩子开始突破之前的认知,转而寻找"杭州小山的桂花更香"这个观点的依据。

学习在这样的探讨中曲折前行,文本的阅读也开始走向深入。

## 一字未宜忽,语语悟其神

两个观点都有赞成,交流进入胶着的状态,那些文本中不起眼的词语便也一一来到眼前,我的心中暗暗窃喜。

我让孩子们停止争论,先看看写得满满一黑板的各种理由,然后从中找出一个词或一个短语来进行 PK。各持己见的两方,最后都挑了"香飘十里"一词。单独一个词不能说明什么,我就请他们回到文本中,找出带有这个词的句子。我让孩子们先自己对比着读,再指名进行对比朗读。两组学生实力相当,都读出了真情,读出了一种相互呼应的味道。

读着读着,孩子们的观点逐渐趋向一致:从文中这两句话来看,还是全是桂花树的杭州小山的桂花更香一些。

既然是杭州小山的桂花更香一些,那为什么"母亲"却要说家乡院子里的桂花香呢?为什么前面也有那么多同学也说家乡院子里的桂花香呢?

这样,接下来的交流就从桂花香的话题走出来,走向了人,走向了"母亲"那一句淡淡的话背后所蕴含的故事和情感。

生1:因为这桂花树是自己亲手栽种的,而杭州小山的树不是自家种的。

生2:这棵桂花树中有"母亲"美好的回忆。

…………

## 学子由是进，智赡德日新

老师，我想问问，"母亲"都有哪些美好的回忆呀？

我又一喜：这不正是我要追问的吗！还没等我开口，孩子们一个个地站起来讲述着文中作者描写的那些跟树有关的故事：

"摇花乐，作者花了很多的笔墨进行描写，'铺、抱、摇、拣、铺、晒、收、泡、做'等一系列动词，表现了摇桂花和吃桂花的无穷乐趣。"

栽培、收藏、晒桂花、分享给邻居……

于是，一个个故事、一幕幕场景透过孩子们的只言片语得到再现，这桂花树里藏着的人的各种活动各种情绪，瞬间生动起来，具体起来……

## 孰善孰寡效，贵能验诸身

"到底哪里的桂花香？"这个不相关的问题，却让学生们忘记了他们是在阅读、在学习，从而专注于探秘了。在探秘过程和认知冲突中，学生们一遍又一遍地去回顾阅读，去咬文嚼字，去有感情地朗读，去倾听，去质疑。如此，学习过程变成了自然而然的生活。

事实上，这个看似不相干的问题，恰恰是生活对于人生的两种不同的价值判断，虽相悖却统一。有学生说小山上的桂花香，是从科学的态度出发做出的判断，母亲说家乡院子里桂花更香，表现了情感的特殊性，这种特殊的情感价值是审美价值，所以散文的美就点染在母亲的这句话里了。

"走进文本"是深度学习的标志，回答具有挑战性的问题，则是引领学生全身心积极参与、体验成功、获得发展的有意义学习的路径。如何设计一个挑战性问题，除了老师对学科有深刻的理解，对学习有深刻的理解，还要牢记"教学不仅仅是一种告诉，还应该是一种过程的经历"，是从学生的学出发，用一个问题，把学生领到语言的深处，让他们体会到学习无与伦比的快乐。

# 达克罗兹音乐教学法的创新应用

上海市浦东新区石笋幼儿园　朱军妹

## 一、活动背景

在某学期的带教过程中，我发现好几位青年教师对开展打击乐教学活动有点"摸不着头脑"，有的甚至有恐惧感。连着三个星期，我到班级里去观摩了四次打击乐教学活动，发现了一些共性问题。

一是教学设计没有新意，教学方式单一传统。教学程序基本上是回顾经验（分享对乐曲的感受、了解）→用身体各部位拍节奏→解读图谱、看着图谱合奏（或是看着教师的指挥合奏）。教师的教学方法大多是让幼儿机械地看着图谱演奏乐器，导致活动呆板、缺乏创新性，幼儿学习的兴趣不是很高。二是教师只关注幼儿演奏技能，忽略了情感体验。三是教师忽视了幼儿学习的主体性。活动中，教师过于高控，节奏谱配器方案、节奏型都是教师给予的，这样的学法、教法，将幼儿处于被动式接受学习状态，没有调动他们的主动性与积极性，也让活动无滋无味。

观课后，好几位教师说，"打击乐教学活动真的很难上，老师，你再多上几个活动给我们看吧"，我答应了。

## 二、达克罗兹音乐教学法给我的启示

为设计好活动，我翻阅了几本音乐教学书，也于网上查阅了四大音乐教学法相关内容，觉得达克罗兹音乐教学法用于我的打击乐教学活动非常适切。

达克罗兹音乐教学法的特色是律动教学、音感训练、即兴创作，教学法内容包括音感训练、听力—节奏—动作、即兴。其中提出，幼儿音乐教育应始于节奏教学，应让音乐与身体动作结合起来，让幼儿聆听音乐、接受音乐、学习以整个身心去感受音乐。

从中我悟到,幼儿园的音乐教学除了以某一内容为主外,还要注重将音乐各元素有机地整合、融合,更要注重儿童创作能力的培养,即利用动作、说唱、拍击、打击乐器等媒介来体认他们先前从音感及节奏动作课程所学到的音乐概念。教师还要创造温馨、充满音乐感的学习环境,以丰富多元、创造性的引导带领幼儿进入多彩的音乐世界中。那时开展的主题是"春夏秋冬",我根据《指南》锚定主题核心经验,决定选《采茶扑蝶》作为开展打击乐活动的素材。

## 三、我的实践

### (一)活动前——丰富经验,欣赏乐曲,学习舞蹈

达克罗兹的音乐教学法中提到:"任何音乐都可以通过身体表现出来,反之,任何身体动作都可以转换为相应的音乐。"活动开展前一周里,我让幼儿欣赏了笛子演奏的《采茶扑蝶》,借助课件、图片、影像等资料,加上我与他们的互动,幼儿了解了这首乐曲的曲式结构是三段式的,理解了乐曲表现的是茶农愉快采茶与扑蝴蝶的场景。我还引导他们随着乐曲创编舞蹈动作,我的作用只是在幼儿的节奏、舞步上作了点拨与指导。在创编过程中,没有了教师的示范、约束,幼儿学得更自由、更主动,连几个男孩也都跳得像模像样。此外,舞蹈学习中融入了节奏的快慢、节奏型的变化,对后面环节目标的实现、幼儿主体性的发挥与创造能力的培养,起到了很好的铺垫与助推作用。

### (二)活动中——设计配器方案,随乐合奏,尝试指挥

具体活动实录如表1所示。

**表1 活动实录**

| 活动过程 | 小环节与教师指导语 | 设计意图解析 |
| --- | --- | --- |
| 以舞蹈导入,萌发学习兴趣 | 1. 回顾乐曲 舞蹈导入<br>师(哼前奏音乐):乐曲的名字叫?谁来介绍下这首乐曲?<br>五月是采茶的好季节,我们一起到茶园里去采茶吧。(幼儿随乐舞蹈) | 达克罗兹的音乐教学法中提到:"人的身体本身就是乐器,人是通过自身的律动将内心的情绪转化为音乐的。"第一环节的设计意图旨在引导幼儿再次体验乐曲的欢快、活泼,并将对乐曲的感受与理解用律动大胆表现出来,为后面的创作起到助推作用。 |

续　表

| 活动过程 | 小环节与教师指导语 | 设计意图解析 |
| --- | --- | --- |
| 以舞蹈导入，萌发学习兴趣 | 2. 根据教师的舞蹈选配节奏谱<br>过渡语：刚才，我看到许多小朋友的采茶、跟蝴蝶做游戏的动作是那么有趣、好看。现在老师请你们欣赏我的舞蹈，我有任务哦。请你们看仔细，待会告诉我哪张节奏谱跟我的动作、节奏是匹配的。<br>提问：我跳的动作是哪张节奏谱？ | 达克罗兹提出："音乐训练中人们最易接受的是节奏与动作，而节奏与力度是音乐要素中重要的组成部分。"<br>我的两段舞蹈动作的快慢不同、力度不同，暗示了乐曲可以通过不同节奏型的动作、力度不同的演奏方式来表现，为后面幼儿的合作设计埋下了"伏笔"。 |
| 合作设计配器方案并整齐演奏 | 1. 用拍、敲、摇等动作表现节奏谱<br>（1）尝试用拍手、拍肩、跺脚、摇手等动作表现节奏谱<br>引导语：我根据你们跳的舞蹈动作用节奏谱的形式记录了下来。我们一起看着节奏谱用不同的动作表现吧。<br>追问：可以用什么动作表现乐曲？ | 达克罗兹音乐教学法中提到，"人具有天生的节奏本能，只需要加以引导、体验，就能表现节奏的律动"，这个小环节的目的是引导幼儿根据不同的身体律动表现出节奏谱上的节奏型。<br>节奏型在变化，幼儿身体律动也在变化，而且是他们自己创造的，这也体现了达克罗兹音乐教学法中提到的"音乐活动要注重即兴创造的培养"的理念。 |
| | （2）请个别幼儿拍出难度较高的一种节奏谱。 | |
| | （3）集体拍节奏，教师用语言提示。 | 因为是集体性奏乐活动，这里的设计隐性小目标是"让幼儿体验集体拍节奏时首先要专注，只有音色整齐才能达到好的音响效果"，这也是良好学习品质培养的一个方面。 |
| | 2. 尝试设计打击乐配器方案<br>（1）幼儿合作设计，教师做适宜指导<br>主要指导语：两个或三个小朋友合作，根据节奏谱选配乐器；听着乐曲商量下选什么乐器比较合适；老师多准备了乐器图片，不要求你们一定要用完。 | 每组的节奏谱是根据幼儿之前的舞蹈动作设计的，基本上是不同的，我给他们准备的乐器图片也是不同的，目的是让幼儿有更多合作创作的空间。<br>在打击乐演奏活动中，幼儿表达表现、创作及合作等能力的培养是非常重要的，只有让幼儿体验到大胆创作的成功感、合作演奏的愉悦感、聆听乐曲的重要性，才能真正发挥打击乐 |

续　表

| 活动过程 | 小环节与教师指导语 | 设计意图解析 |
| --- | --- | --- |
| 合作设计配器方案并整齐演奏 | （2）选取幼儿设计的配器方案集体演奏。<br>（3）根据教师的配器方案集体整齐地演奏。<br>（启发、引导幼儿学会聆听乐器的音色，努力使自己声部的乐器整齐、和谐） | 教学的作用。这与达克罗兹提出的"有知觉才有学习，创造力也依赖所有感官的记忆而激发。要利用动作、打击乐器等体现他们先前从音感及节奏动作课程所学到的音乐概念，并创作出他们自己的作品"也是相匹配的。 |
| | （4）看着老师的指挥整齐地演奏乐器。<br>演奏前提问：怎样使演奏的声音好听、整齐？<br>老师的指挥会有很多变化，怎样做到看着指挥整齐合奏？<br>（5）请两位幼儿指挥，其他幼儿合奏。 | "指挥法"是打击乐器演奏整体教学法的核心。<br>达克罗兹音乐教学法特性之一是"音乐教学应以节奏教学作为基础"，我对此深有同感。在指挥时我注意了各个声部的节奏变化，在幼儿变换乐器前，提前用目光、手势或是简单的语言加以提示，引导幼儿专注地参与到活动中，让幼儿感受到乐曲的节奏变化有一定规律，体验到随乐有节奏地演奏乐器的愉悦感。其后，我还注重引导幼儿大胆进行创造性指挥练习，这对提升幼儿节奏感、表现力、合作力、专注等学习品质非常有帮助。 |
| 欣赏歌曲片段，引发学唱兴趣 | 欣赏青燕子组合演唱的《采茶扑蝶》。<br>过渡语：《采茶扑蝶》是一首非常有名的乐曲，我们以前欣赏过各种乐器演奏的乐曲，今天我们跟着乐曲演奏了小乐器，也很好听哦。我还带来了几位阿姨演唱的歌曲呢。 | 一直觉得，一个好的音乐活动不会因为活动的结束而终止。一次打击乐演奏活动，肯定还不能满足幼儿进一步创编节奏型或是其他方面的兴趣。<br>青燕子组合的演唱动听优美，和声特别地和谐好听、吐字清晰，很适合给幼儿欣赏。前面的"动"加上此刻的安静聆听，让动静结合，一方面是让幼儿在演奏乐器时的高涨情绪逐渐平复下来，另一方面又萌发了幼儿想学唱歌曲的兴趣。 |

## 四、活动感悟

### （一）以节奏教学为主线，有机连接多元音乐要素，感受音乐世界的多姿

达克罗兹的音乐教学理论认为，"人具有天生的节奏本能，只需要加以诱导、培育

进而为音乐所用","音乐教学应以节奏教学作为基础"。通过开展本次活动前后过程,我深深地体会到了这一点。如舞蹈动作中融入了节奏变化,用身体律动表现乐曲时也关注了节奏感的丰富,再到后面的乐器演奏,我始终将"节奏"作为本次活动的重点。此外,又有机、巧妙地将音乐的多种元素做了连接(活动中有舞蹈、身体律动、乐器合奏、欣赏歌曲等),目的是引导幼儿感受与体验音乐世界的绚丽多姿,为了更好地激活"幼儿潜在的缪斯艺术灵性"。幼儿在宽松、充满音乐感的氛围中大胆表达、表现、创作,感受着音乐带给他们的快乐。看似活动中弱化了演奏乐器的常规提示、技能方面的要求,其实在行云流水般的活动中,已将其渗透于其中了。

总之,将身体律动、表演、即兴创作、歌唱等形式有机结合、巧妙连接,能更好地激发幼儿学习的兴趣,并能帮助幼儿逐渐形成全面的音乐素质。

### (二) 以幼儿为学习主体,巧妙引导其乐在其中,激活其音乐潜能

第一环节的舞蹈导入,我的巧妙引导加上之前丰富的经验、课件上的茶园美景,给了幼儿视觉与听觉上的美好体验,幼儿手拿篮子随乐欢快地采茶、拨开茶叶找蝴蝶、扑蝶、擦汗休息、欣赏茶园美景等,他们的表现力与创造力让我惊喜。

在合作设计配器方案时,我充分尊重幼儿,没有加以干涉,只是用心观察,讲了几句关键指导语。幼儿的合作能力、创造能力出乎我的意料,更让我欣喜的是乐器选择与音乐作品匹配度很高,几个幼儿还代表组员清晰表达了设计的想法。从幼儿的演奏中,我能感受到他们乐在其中,享受着音乐带给他们的快乐。在幼儿指挥环节,我鼓励他们指挥的手势要清晰、节奏型要跟老师有所不同。当然,我的每次舞蹈、指挥都是不同的,对提升幼儿创造力起到了至关重要的作用。

总之,在打击乐教学活动中,教师要营造丰富多元的音乐学习环境,巧妙引导、刺激幼儿进行探究式学习、创造性学习,而不是机械的技能训练,这样才能让他们感受到活动的乐趣,体验成功感,同时也能提高音乐感、创造力,萌发喜欢音乐的情感。

# 学习共同体构建要素与策略的探究

上海市浦东新区惠南西门幼儿园 孙 燕

2020年是不平凡的一年,席卷全球的新冠疫情将人类打了个措手不及。作为一名学前教育工作者,无论是组织本园教师在疫情背景下的"停课不停研"系列活动,抑或开展"线上+线下"互融家教指导策略的研究,还是通过公众号等网络平台共享优质教育资源,都让我深深地意识到领域、班级和学校的边界逐渐被打破,这一轮疫情促使教师不只是面向未来、走向未来,而应该是主动拥抱未来。基于我园办园规模不断扩大、教师团队结构持续发生变化、教师专业能力发展不平衡等实际情况,我们以"课例研修工作坊"活动为载体,以创建学前教师学习共同体促进教师专业发展为目标,开展了学前教师学习共同体构建要素与策略的个案研究,旨在以"线上+线下"互融的模式成就不一样的教师学习共同体。教师可以任意地在多个网络研修平台上开展教学设计,可围绕某位教师发布的教学构想在网上展开讨论,其他教师也可以根据自己的教学风格和幼儿的实际情况对教学设计进行调整和修改,真正实现网络"一课三研"。教师们还可以在研修平台上开展跨时间和空间的教学反思,其反思公开性能有效增强教师的成就感和责任感。

## 一、学前教师学习共同体之构建要素

### (一)目标一致——共同的研究目标

在非常注重提升教师现代化技术素养的大环境中,如何利用电子白板技术进一步体现"幼儿在科学探究活动中的主体地位",成为本次课例研修工作坊活动的目标之一。为了实现这个共同的目标,我们充分利用电子白板技术强大的人性化、交互化功能为科探活动中的"猜测""验证"等环节增加师幼互动与生生互动的概率,将白板技术与集体教学活动有机地融合在了一起,孩子们在探究膨胀条件的时候,动手在白板上操作,拖拽各种条件到相应的物品周围,有了充分自主的学习空间。对于幼儿来说,有了更多到白板前展示、表现、练习和合作的机会,这就在教学中凸显了幼儿的主体地位。这种优势,即幼儿与白板交互,有利于培养幼儿积极探索、主动学习的意识。活动之后,老师们主动根据小、中、大班幼儿的年龄特征,研究在白板使用中的优势,如哪些功能是孩子喜欢的,哪些功能是可以增加师幼互动的,大家群策群力,奉献智慧,利用课堂上、课余时间自主练习白板技能,在相互切磋中,提高驾驭设备的熟练度,共享课堂运用的成效。

### (二)群体协作——正向的同伴交流

工作坊的活动对于教师而言,从一开始的忐忑到后来的全情投入,收获到的不只是教学上的知识,更多的是在这个共同体中大家一起进行智慧的碰撞。在这样一个全新的学习形式中,教师的自我需求被充分发掘。在研究的过程中大家有思考有争辩,每个人都有自己的想法,当不能说服对方的时候,我们就用事实说话,用孩子在活动中的表现来判定孰优孰劣。在自磨与他磨的过程中,每一次细微的调整都使得集体教学活动设计更为完善,特别是对孩子后续的探究兴趣的激发有了更大的突破。在集体教学活动的改进过程中,我们秉承大家研讨生发的共识——"小调整,大改变"的宗旨,这不仅是尊重执教者的态度,也是团队其他成员对于集体备课中每个人投入表现的某种肯定。团队合作的初期往往需要更多的正向的同伴交流,这非常有利于共同体氛围的激发和维持,力求通过合作互动,同伴之间相互影响,以团队的形式进行研究。因此,一切的成功都来源于共同体成员智慧的结晶,教师学习共同体的创建有效激发"内驱力":由工作需要走向基于共同体成员寻求自我发展的需要,真正地"要我学"变成了"我要学"。

### (三)资源共享——教师专业发展需要专业引领

课例研修工作坊的活动形式对于学习共同体中大部分的教师来说是陌生的,尤其是问题聚焦和全程实证所需要的工具,如何做规范、做到位是一个大难题,做之前大家心里都有些忐忑。然而值得庆幸的是,浦东教育发展研究院的几位博士能紧扣工作坊教师的最近发展区,用丰富的活动经验和超强的业务能力给予我们最强劲的支撑。

举个最简单的例子——教师观察表的制作,在博士们的引领下,我们做到了每一次的观察表都不一样,有各自的重点。

第一次,没有预设前测与后测的提问,观察中也没有观察点的梳理,教师可以自己尝试用自认为最合适的方式去寻找观察点并记录。通过这一次活动,工作坊教师对于课堂观察有了实际操作经验,对于观察中的实际问题也有了初步的认识——前测和后测的有效性有待提升,观察要点仍需聚焦。

第二次,通过对第一张观察表的分析与梳理,我们预设了前测和后测的提问,使得活动前测与后测的环节意图更明显,目标指向更明确,观察过程中的预设观察点也开始出现,观察表能更好地为课堂观察服务。

第三次,几位导师又给了新的思路——提问的切入点要"小",尽量让观察员能用"是"或"否"来解答,帮助教师从烦琐的记录中解放出来,更专注于课堂中的观察,提升专业观察能力,更好地了解幼儿真实的学习状况。

对于我们而言,借助导师的引导,进而将自己的缄默知识外显化,就像观察表的修订过程中,我们的老师总是觉得直接拿来主义不太合适,但总是"点不透"。若干次的修订,也是梳理和清晰我们自身关于观察工具的认知态度的过程。最后,我们发现,"将自身作为观察工具",避免工具理性的局限,才是"在实践中学习"和"在实践中学会"的真义。

## 二、学前教师学习共同体之构建策略

### (一)"虚"实结合——线上线下互融

幼儿园的工作性质是"一个萝卜一个坑",不但工作时间较为固定,转圜余地较小。因此,"线上+线下"互融的模式使得教师们的状态都非常好,每次的线下活动全情投入,"一对一"的观察—思考—识别—调整—建议,为线上的研讨与反思提供了"真材实料",而每一次的线上研讨都是紧随其后,要求当日完成。三次活动之后,教师们都会在指定截止时间(当天晚上 10 点)之前就提交研修反思,三次活动教师反思的平均字数达到 1 778 字,足足是规定字数的 35 倍!自我反思即教师对自我教学行为及结果的审视和分析过程,它建立在教学经验基础上,大家运用多种形式,在不断实践与即时反思的过程中完成业务能力的自我提升。

## （二）学习氛围需要有意识建构——建构多元包容的学习文化与氛围

在课例研修工作坊的日志中，导师和园长多是从鼓励和赞扬执教者、观察者的精心和细心角度展开讨论，最后以各种感谢结尾。工作坊的教师多是从自身发现的幼儿学习的细节入手，特别是那些"亮点播报"，让我们看到了更多孩子的科学探索之美，以及浓厚的科学探索兴趣。很多教师在微信群内交流时，都会自觉或不自觉地赞扬和鼓励同伴，而且执教者会及时分享家长的积极反馈，让大家感受到自己的努力能够被看到、努力能够被欣赏。而专家老师往往承担着"黑脸"的角色，目的是督促大家更多聚焦在对关键事件的分析上。

在最后的TED分享活动之前，骨干教师早早地就把她的案例报告发在群里，还制作了交流PPT。我知道这是一个有思考有想法的开始，"内驱力"已经被有效激发。如何撰写好的案例与论文一直是我园教师专业发展的短板，但是这次活动中老师们的积极表现让我再次感受到了来自共同体的建构力量。

## （三）学习共同体的构建需要异质化——吸纳异质化的团队成员

顾泠沅老师有个形象的比喻，萝卜炖萝卜，不如萝卜炖牛肉。导师都不是学前教育专业出身，但是对于科学探索知识和幼儿观察深有研究，对于我们这群"萝卜"来说，他们就是我们的"牛肉"，可以借力。杜威说过，一群人不能称为共同体，有着相同经历、为了共同目的的实现而做出努力才能称为一个共同体。而专家导师也在第一次的讲座中谈到"共同体"，她告诉我们，大家一起组成的一个组织要成为真正的共同体，简单来说就是要共商、共享，共同的经历才能让我们逐渐成为一个真正的共同体。我们这个共同体的组成成员有专家，有骨干教师，也有青年教师。对课堂观察的侧重点不同，对于教育现象的理解也不尽相同，所以每次的活动感悟都有着明显的差异。正是由于每个人带着各自的经验、知识背景，因而在活动过程中的互相补充与碰撞，才能形成新的经验，产生新的知识脉络。我想，我们都为了一个共同的目的参与到共同体活动中，不仅仅在这一个月的时间里，而是在今后的工作中，这样一段携手共进的特殊经历都会让我们感觉到很难忘，这样一种共同学习、共同成长的形式也将继续保持并日趋成熟。

随着活动的逐渐增多，共同体成员的能量逐渐显现，比如三次课分别由王晓倩老师、龚雯雯老师、姚洁老师执教，每一次的调整都能被淋漓尽致地表现出来，老师们在调整活动设计的时候也能及时地献计献策;在研讨环节,教师的观察与分析能力也在逐步提升,都能透过详尽的记录,精准识别与分析幼儿行为背后的成因,并以案例的形式呈现。又如公众号的推文,虽然暂时由我执笔,但在这次的活动中我发现有几位老师的总结和提炼能力很不错,所以带给我思考:是否能在今后的学习共同体活动中尝试角色互换,将共同体慢慢地由个别推动发展到协作共享,有效提升每个共同体成员四大关键素养——反思、学习、合作、创新,促使教师的专业发展迈上新台阶。

# 只待"花"开

### 上海市浦东新区蓝贝壳幼儿园 孙思敏

2020年的假期尤为漫长,新型冠状病毒的到来,延迟了我们和孩子们见面的时间,拉远了我们和孩子们相处的空间,但它不能暂停我们对孩子的爱。这个漫漫的假期里,作为教师的我们也在不停地学习,不停地努力。我们认真地思考更好的创意,努力地做着更好的创新……只为了静待"花"开的那一刻。

在居家学习期间,我们不停地思考:怎么样才能填补幼儿不能来园的遗憾,怎样才能创设出更新、更有意义的方式与幼儿交流,让幼儿居家不孤单?有什么更好的教学方式可以将知识和爱隔空传达?

"多媒体""互联网"成为新时代青年教师实践创意的桥梁。于是我们开始尝试,尝试着运用线上各种形式进行家园互动,努力为孩子和家长创建一个美好的"云乐园"。在"云乐园"里,家长可以重拾美好的亲子时光,孩子们可以在"云乐园"中实现小小的愿望,感受大大的快乐。

"云乐园"的灵感是源于一个孩子给我发的一条语音。

——"老师,我好想你啊!"

接到这条私信是在2月中旬,按下语音按钮的瞬间,一个稚嫩的声音从手机中传来,那是我们班的筱筱。我想作为一个老师最幸福的事情就是被孩子所想念,我立即回复她:"筱筱,老师也很想你哦!""我可以和你视频吗?""当然可以呀。"于是那个下午,我和筱筱通过微信视频见面了,我们聊了很久,她很开心,结束的时候她说:"如果可以和老师一直见面就太开心了。"她的话点醒了我。

虽然因为疫情,开学遥遥无期,我们和孩子不能见面,但是我们可以通过线上技术进行见面,随即我便和我的搭班袁老师一起策划了简单的"云上随心聊"的活动。活动前期,我们向家长表达了我们的初步想法,和家长们协商时间,爸爸妈妈们都非常支持这个活动。于是我们和孩子们约定,每周六的下午他们可以通过微信群和小朋友、老师一起视频聊天。3月的第一个周六,孩子们第一次在线上见面了。他们在群里和老师打招呼,和好朋友说话,"我觉得手机上聊天开心得就像在乐园里一样"。无意间,乐乐开心地说了这么一句话。于是"云乐园"变成了孩子们微信群的名字,也成了他们宅家的线上乐园。

孩子们心爱的"云乐园",除了线上见面聊天,是不是可以给孩子带来更大的教育意义和更多的快乐?在一次云上随心聊结束后,我开始思考……

恰巧在这时,我又收到了一条语音,这次不是孩子的,而是家长的。

——"老师,我需要你的帮忙。"

接到这条私信是在3月中旬,当当妈妈着急地向我"求救",当当哭着要出去玩,跟他说外面疫情这么严重,所以不能出去,然而她根本不听!我当即和当当视频,用她听得懂的语言告诉她不能出去玩的原因是外面有一个叫新型冠状病毒的怪兽,等医生叔叔把它们打败了,我们才可以出去玩。稳定了当当的情绪之后,我开始沉思,我意识到了抗疫知识对孩子的重要性,意识到这段宅家期间自己在家庭互动方面的忽视,宅家的家长更需要我们专业的指导,宅家的孩子也需要我们专业的教育。

那么如何在家中做到防疫期间的幼儿家庭的健康指导和心理关怀?怎么样通过崭新的网络的形式让孩子们一起同心来抗疫?用什么来进行线上的家园互动呢?一个个问题出现在我的脑中,我不停地思考着。"云乐园"三个字出现在了我的脑中,我顿时恍然大悟。"云乐园"可以是孩子的开心乐园,同样也可以是家长的精神乐园。我们需要做的是用我们的专业知识去挖掘线上"云乐园"更深的教育意义和家园共育的价值。

于是我们开始重回原点,重新定义"云乐园",重新思考怎么将"云乐园"的线上优势最大化,怎么样在线上与孩子和家长进行家园互动一起来抗疫?如何让孩子宅家的生活更有意义?我们开始了拓展和创新活动……

我们建立线上"豆宝智囊团"——成立线上家长委员会,我们通过听取家长意见,一起商量"云乐园"的活动内容,讨论"云乐园"的活动方式,并一起定义了"云乐园"最新的价值所在。在智囊团的出谋划策和全班爸爸妈妈的支持下,"云乐园"更多的快乐由此开始了,云乐园的更珍贵的价值也由此体现……

"云乐园"上,我们定期进行"宝宝云上本领秀""线上爸妈变老师""线上大厨我来做"等活动,线上活动的崭新形式让孩子们宅家不再孤单,同时也为我们的教育开拓了最新的方式。

受到疫情影响,那一朵朵"小花包"只能在家中成长,而作为园丁的我们依然需要为其灌溉,浇上创新的雨露,撒上特别的肥料。"云乐园"是我们送给孩子美好的"春天",是园丁给予"花儿"最特别的照顾。"云乐园"收集着孩子们的欢声笑语,丰富了爸爸妈妈的亲子时刻,装满了老师的专业和爱。而我们所做的一切,只为了静待"花"开的那一刻……

## 教育的活力

2021年"书香校园"读书活动的主题是"教育的活力"。

"教育的活力"是征文的题目;"活力的教育"是实践的抓手。有人说,上海是"魔都",浦东是一座"活力之城",而浦东教育无疑也充满了强大的"活力"。若要问:如何寻觅"教"的光华,展现"育"的璀璨,浦东教育"活"在哪里?"力"在何方?"教育活力"其实就在我们的身边,短短的四个字,每一个字都值得精心解读:

教,是言传身"教"的"教"学相长,从教法教研到教学教导,有发现的力量;育,是果行"育"德的作"育"人才,从培育哺育到优育共育,有创新的力量;活,是源头"活"水的生龙"活"现,从活跃活性到活化活用,有事业的力量;力,是"力"争上游的尽心尽"力",从群力倾力到智力功力,有行动的力量。

正是有了浦东"教育的活力"之大格局、大平台,才拥有了无数"活力教师"爱岗敬业的光彩、"活力课堂"课内课外的多彩、"活力育人"以生为本的亮彩、"活力课程"创新研学的精彩。"谁持彩练当空舞"是每一位浦东教育人砥砺前行的添彩,是对"书香校园"读书活动的喝彩!更是广大教师那种对教育的大爱!对读书的热爱!对学生的博爱!对事业的钟爱!阳光抚摸,书卷飘香,见字如晤中诉说着"教育有情"的美妙,传递着"活力有道"的深刻。

一个人读过的书、走过的路,最终确确实实会成为自己身体和思想的一部分。而正是拥有这种思想和灵魂的人,才会抵达事业和梦想的远方。

# 阅读：赋予生命永恒的活力

### 上海市建平实验中学　孙伟菁

一直笃信语文教师本应是执着的读书群体,然而应试教育和功利教育的戕害与影响,高压生活与烦琐日常的负荷和消耗,让很多人远离了生命的阅读,遗憾的是我也曾是其中之一。要么是漫无边际、茫无目标的"盲读",要么是人读亦读、一味追潮的"跟读",要么是带着功利、任务逼迫的"躁读",要么是浮光掠影,浅尝辄止的"粗读",要么是拣择不当、兴趣随机的"碎读",要么是迷恋手机、醉心刷屏的"伪读",而心存宁静、持之以恒的细读、精读与深读始终缺席。心灵空间被一地鸡毛挤压得干瘪变形,书页上落满了灰,缺少书香的生命渐趋黯淡无光。

一个自己不读书的语文教师,若想点燃学生阅读的热情,无异于缘木求鱼、升山采珠。治学不读书,抓分不育人,人文精神必将枯萎,终极关怀必将衰减,工具理性的泛滥自会甚嚣尘上。正如北京大学中文系温儒敏教授所言："忽视课外阅读,语文课就只是半截子的。"有一个阶段,我发现自己执教或观摩他人的语文课上不时出现听而不闻、问而不答、启而不发的尴尬局面,而那些即便在课堂上举手发言的孩子,他们的思维其实并不活跃而深入,他们的情感也并不真切而丰盈,他们的感悟是局部而静态的,他们的体验也是空泛而肤浅的,机械地肢解课文如同摘下了树上所有的叶子却依旧不了解树的全貌、树的内核与树的风采。被鸡虫得失占据的语文课宛如死寂的墓地,文学修养、文化浸润、文明积淀极度匮乏,学生的语感培养、思维建构、情感润泽、心灵唤醒都只能是一句空话。

## 名家范读,激活变革原动力

作为建平实验中学的领航人和区域教育的带头人,李百艳校长对教师们教学中敏感于实操、热衷于技术、局囿于分数的现状忧心不已。她不止一次邀请改革先锋、人民教育家于漪老师来我校给全体同仁和基地学员开设讲座,并组织教师们共读《于漪语文教育论集》《语文教学谈艺录》等专著。于是一本本有深度、有温度的著作走进了我们的视野,一系列的高端讲座和研讨活动影响着我们的生活。谭轶斌老师曾说,如果一个人的人生意义充盈,情怀便自然天成,讲话就会呈现出大气象。"玉在山而草木润,渊生珠而崖不枯",近距离地感受着一位耄耋老人的赤子之心、一个草根教师的家国情怀、一代育人师表的润物无声,我们真实而又深入地领略了"用生命在歌唱"的大师风范与名家风采。著作中,于漪老师以自己一辈子做教师、一辈子学做教师的历程和追求,勉励教师们持续修炼自己的人格魅力和学术魅力,做一名不断超越自我的终身学习者,成为一个精神上气象万千的人。于漪老师对于党的教育方针的认真落实与对学生身心发展规律的精准把握,对教育本质的深刻认识与对教育宗旨的透彻剖析,对教育思想的迭代更新与对教学实践的同步丰富,对形式包装重组的坚决摆脱与对内核革新探索的倾情投入,赋予生命更新的力量,这力量直击人心。无论腹笥多么宽广,修养多么丰厚,于漪老师都会时时"倒空"自己,她永远敞开着,不带任何成见地汲取知识,感应着时代脉搏的跳动,在新挑战面前不断催生新思考和新作为。于漪老师上课,以情启理、理中蕴情、缘文释道、因道解文、剑气合一、德智融合,教者和学者情情相融、心心相印,全然进入了教育中的每一个当下,彻底打开了自己与他人的生命,这样师生才智充分涌流,生命活力竞相迸发的语文课堂应该成为我们精神生命的图腾。她熟稔基础教育的办学发展现状,洞悉一线教师的教育教学实践,深谙阅读浸润的深远意义,以高位引领强化专业性,以特需诊断强化针对性,以切实指导强化可行性,为后辈导向护航、赋能给力,唤醒了同仁们的变革意识,激发了教师们的阅读热情,提升了语文人的学科自信,助推了大家的生命成长。李百艳校长也经常饱含敬意与深情地跟我们分享她的心得体会,她说于漪老师教育思想元气淋漓、朝气蓬勃,那是因为,她终身从教、终身学习、终身实践。长期扎根深厚的教育田野,不断吸纳时代的源头活水,于漪老师就像一棵长在溪水边的树,无论什么年景,干旱也好,烈日也罢,都能根深蒂固,开枝散叶,果实累累,永葆常青的生命。她传承而避免因循,她新锐而抵制偏激,她创新而排斥猎奇,她领先而拒绝时髦。在专业上,她总是能够与时俱进,守正出新。于漪老师给了我们一个最好的例证和最佳的范本。

## 全员共读,激活成长内驱力

在建平实验中学书香校园的营建过程中,这份阅读赋予的活力春风化雨、润物无声,犹如在教师们心中种下一颗种子,满怀希望与热爱,葆有恒定和坚守,萌芽滋长、成熟茁壮……于我而言影响最深远的是李百艳校长在学校和基地一以贯之地开展"读名师、读名著"的系列活动,致力于初中教师的专业化与生活化阅读习惯的培养,构建了指定阅读与自主选读相结合的阅读共同体,以求固本培元、立己达人、增强自信力。读书是专业成长的捷径,理念得到更新,策略得到丰富;读书更是精神明亮的通途,生命得到滋润,心灵得到净化。在阅读中,伙伴们汲取的不仅是"经师"的内容、方法与技术,更有"人师"的信念、价值与情怀。阅读过程中的收获与成长,不仅是理论知识的丰富,专业素养的提升,管理能力的飞跃,更是精神世界的持续丰实和人生格局的不断放大。读书增值的也不仅仅是阅读的过程和成果,更是每位教师完整而充盈的教育人生,更是我们所能影响到的每一个美好的生命。阅读激活了老师们的能量场,增强了大家的潜藏内驱力,分享活动中认真制作的PPT,仔细润色的发言稿,无不体现出一种投入的姿态、阳光的心态、敬业的状态和优雅的样态。与书籍对话,在阅读的滋养与熏陶下,在文化的浸染与渗透中,成就大胸怀、大智慧、大德行,是教师们努力追求的境界。读书活动在建平实验中学的校园内助燃起梦想的火花、升腾起信念的火把,从而照亮了每个人的生命。日子不是白白过去的,一个人的改变绝非一日之功、一蹴而就,导师带动、任务驱动、同侪互动、学生推动、自我萌动无一不是更新蜕变和转化跃升的契机与动力。每一段如切如磋如琢如磨的共读时光都让我对于悦己正身、尊贤容众和求真悟道有了由衷的冀求与追慕,使心灵获得轻盈、洁净和安稳。在这样的氛围里,"生长"不全是赋予的、裹挟的,也有"主体"自觉的、应然的。青灯黄卷,书香墨韵,一个纯粹的天地,交付一颗丹心,和文字碰撞着、倾听着、丰富着、深刻着……在冰冷的黑夜里感受温暖的环绕,在老去的生命中体验青春的永驻,在辛苦的忙碌后享有甜美的释放……

当为师者首先跳入那锻造思想力、生命力的重生炼炉之后,自由的心灵必定引燃学生的思维,优游的气度必定陶冶学生的情怀。课堂的变化也在建平实验校园里真实地发生:重视阅读的积累而令学生丰盈厚重,重视思维的含量而令学生严谨创新,重视情感的体验而令学生灵动活跃,重视感悟的分享而令学生阳光自信,重视语言的品味而令学生高雅精致,与自我对话、与文本对话、与他人对话、与生活对话,构建真实的高质量对话课堂成为建平实验人的共同追求。这样的课堂少了一分标准化的拘谨,多了一分志趣化的自由,鼓励学生展示自己独特的视角、丰富的思想、各异的追求,追随各自内心的微光,在适合自己的轨道中自主而快乐地学习,葆有持续探究的求知兴趣和学习动力。"中小学语文教育是为人打'精神的底子'的。""中学语文教育应该多一些人文教育,人文教育落实到中学语文教育中,就是指给人建立一种精神的底子,在青少年时期一定要为对真善美的追求打好底子,这种教育是以后任何时期的教育所无法弥补的。人若缺少这种底子是会有问题的,这是很可怕的事。"阅读,作为语文课程中的重要组成部分,承担着"培养审美情趣和文化修养"的重大使命。作为语文教研组长和文科课程建设的负责人,我深知自身和同仁们肩负的精神哺育和文化浸润的重任,开始凝心聚力带动全组推进"悦读时光"课程建设,通过顶层设计、主题教研、活动实施,多渠道点燃了阅读热情,经由同伴共读、师生共读、亲子共读,全方位优化了阅读生态,践行了李百艳校长倡导的"让校园具有书香气,让教师具有书卷气,让学生具有书生气"。

## 项目"悦"读,激活课程创新力

"与书香相伴,和经典同行"的跨年读书会,成为建平实验中学的师生温暖一生的珍贵回忆;我校"为精神打底,给未来奠基"的整本书阅读项目化学习被中国教育电视台、中国教育报等多家媒体宣传报道,并选登"学习强国"。每项阅读活动,所有语文教师都精心组织、认真指导,每个学子都积极参与、热情投入。让语文的魅力渗入学生的稚嫩心灵,弥漫于校园的每个角落,充盈着建实的日常生活,是我们一丝不苟地对待所有活动的初衷。借助活动引导学生热爱阅读、热爱实践、健全人格、健康生活,源于我们对学生成长需求的高度关注。疫情防控期间,师生们集智聚力,提出真问题,创设真情境;体验真阅读,实施真合作;建立真联系,进行真探究;完成真任务,诞生真成果,陆续开发了"鹦鹉螺号上的最美时光""《骆驼祥子》阅读手帐""谈古喻今名言隽句诵写讲画演""探寻高质量的亲子对话之道——《傅雷家书》整本书阅读项目化学习"等特色项目。这些项目以任务为驱动,以探究为路径,以成果为导向,注重阅读的情境设计和实施规划,注重学生的自主建构和合作学习,注重学习的过程性记录和终结性评价,注重课内课外的联系和线上线下的融通,力图引发深度学习、培养实践能力、提升阅读素养。在隔离的时光里,借助语文教师搭建的平台,建平实验中学的学子们组建了基于阅读交流的学习型网络社区,引入了更为宽广的跨校区交互性学习模式。线上临时阅读共同体打破了个体阅读的沉闷,班主任、语文教师、家长和学生共同参与,彼此分享全过程挑战的极致体验,一起见证全方位收获的巨大惊喜,共同镌刻全身心付出的最美时光。公开式情境激发了展示的热情,驱动型问题引发了探究的专注,建设性反馈促发了思考的深入,阅读的主动性、积极性和创造性得以提升。多元视角的相互补充,多方思维的相互碰撞,多种声音的相互交织,互相督促,彼此激励,比较中甄别,借鉴中超越,协同中成长,阅读的趣味性、情境性和参与性得以增强。线上打卡、浏览评论、互动交流,对构建和谐亲子关系,营造书香家庭氛围、提升教师和家长专业化水平也大有裨益。

## 旷久研读,激活愿景共识力

于漪老师曾说:"课堂学科教学是单一传授知识技能,还是以所教学科智育为核心,融合情感态度价值观的教育,教学效果迥然不同。后者是真正的教书育人,把情意激发、情操陶冶、责任心、创新意识、对真善美的价值追求等,伴随着知识的传授、能力的培养撒播到学生心中,使学生在掌握知识的同时,智力获得发展,心里逐步亮起人生追求的明灯,形成正确的人生价值判断。课堂教学应该立体多维,发挥育人的多功能。"工匠精神与功利主义无缘,为了"悦读时光"课程的设计与实施,整个建平实验中学语文组真是不计成本地累积时间,不含功利地耗费心思。让读书这件事立体起来,鲜活起来;在孩子们心中播下了一颗热爱阅读的种子,让他们与好书终生相伴,这就是价值的所在,这就是幸福的源泉。这份激情与动力,这种愉悦与热爱是死守教材、紧盯分数的从教者无法理解、无从体会的,无私忘我付出的背后是将阅读作为信仰的虔诚,是把育人作为使命的执着。教师们本着"常识、常规、常态、常心"的原则,立足于"阅读课程化"的理念,以项目化学习为抓手,扎实、全面、系统地推进"悦读时光"课程建设,具体表现在课内化、教学化、系列化、活动化、评价化五个方向。教育领域从来都不缺新潮和热点,阅读氛围的营造不仅需要旷日持久的热情,更需要科学理性的思考,唯有沉潜与精进,才能让课程切实地落地,让学习真实地发生,让研究扎实地深入,让成果丰实地呈现。正如李百艳校长所说,所有成功,只有做,专注做,持久做。做得辛苦,但苦中有甜。有一种甜,是有这样愿做、会做的教师和学生,有这样的伙伴,有这样的教育,有这样的爱与被爱、成全与被成全的人生。一切过往,皆为序章,感恩阅读赋予我们生命永恒的活力!在时光的雕刻中,在时代的更迭中,建平实验人将不断提升阅读素养,在阅读中共创未来、共享成长,刀锋已经出鞘,子弹飞在路上,驶出了海港的千帆,将在乘风破浪中听见永恒的回响。

# 初中学生英语学习活力的激发

上海市高行中学　汤英华

教育的施予者和受与者都是有主观思想和主观能动性的人,"活力"是教育的要义。上海市教育科学研究院普通教育研究所徐士强教授认为:教育的活力,主要是指激发和增强教育中人的活力,包括主体性的彰显、能动性的发挥、创造性的释放和实践性的增强。对此笔者深以为然。新课程新教材改革背景下,学校学科教学从重视知识的传授转变为重视学科核心素养的培养。机械的灌输式、填鸭式教学已逐渐显现弊端,教师需要激发学生学习的活力,使学生充分发挥学习的主体性、主动性和创造性,这是核心素养和能力的培养路径。

语言学习以表达与交流为主要目的。对于已积累一定语言知识的初中学生而言,英语学习需要凸显自我表达即语言输出,这种自我表达既是对所学知识的巩固和运用,也能引发对未知知识的期待和探索。所以,笔者认为,初中英语教学重在激发学生的学习活力,即激发学生的表达欲和交流欲,使学生能用所学语言知识进行个性化、创造性的表达和输出。这也是笔者近年来在教学实践中的不懈尝试。

## 一、激发学生英语学习活力的途径
## ——搭建平台、促进表达

英语学科教材内容的学习侧重于语言输入,落实学生对语言知识体系的理解和掌握是英语教学的首要责任,但理解和掌握并不是终极目标,只有激发学生对语言运用的内在动力,使其自由地运用语言进行表达和交流才是语言学习的成效所在。笔者在日常教学中不断为学生搭建英语表达的平台,促使学生进行语言输出,让学生在自由表达中获得语言习得感,激发语言学习的活力。

## （一）英语表达与日常生活话题的紧密衔接

### 1. 结合教材示范促进表达，彰显学习主体性

在学习教材内容的基础上，引导学生结合生活体验和经验进行个性化的自我表达，以进一步巩固并拓展所学知识，是激发学生学习活力的途径之一。例如，《牛津英语（上海版）》6A 第三单元有如下学习内容：要求掌握 I've been to……This is a photo of ... We're ...等三个句型。为此，笔者要求学生在学习这些句型之后结合自己的游玩经历进行仿写。

以下是部分学生作品：I've been to Lake Tekapo in New Zealand. This is a photo of me. I'm standing on the rock and enjoying the view.（新西兰特卡波湖）I've been to Nara Park in Japan. This is a photo of my father and me. I'm feeding a deer.（日本奈良公园）I've been to Maldives. This is a photo of my mother and me on the seaside. Look, I'm smiling happily.（马尔代夫海岛）即便是这样的半命题式仿写，学生的表达也非常丰富和生动，充分彰显了学习的主体性和个性化。

### 2. 开展自由写作促进表达，发挥学习能动性

笔者的学生每天都有同一项英语作业——自由写话，即记录每天发生的事或自己的所感所想，内容不限，字数不限，表达完整即可。当给予学生这样的自由表达的机会时，学生会表现出超乎老师想象的倾诉欲和表达力。

以下是学生的部分写作成果：I have a new pet. It's a snail. I try to give it some sweet potato leaves. Sure enough, it eats them.（养宠物的经历）It's raining these days. I think it should be spring rain. Welcome the arrival of spring.（对天气和季节的关注）Mr. Tian told us that there would be a charity sale in our school next Friday. I'm really looking forward to it.（对学校活动的期待）Today, I was a little worried when I heard about the sandstorm in Beijing.（对北京沙尘暴的关注）Some classmates suddenly laughed in Geography class today. They laughed because Mr. Tian appeared at the window of our classroom and gazed at John and Sater who were playing without listening to the teacher. （对班级趣事的描述）Yesterday Xingao Housing Estate Phase 1 was locked down. I started to worry about this COVID-19 again.（因学校附近小区有确诊患者被封闭，表现对新冠疫情的担忧）My cousin, my sister and I went to see a film called 'Hi, Mum' today. The first half of the film was funny, but the second one made me cry.（对电影《你

好李焕英》的评价）Yesterday I watched TV with my brother till nine o'clock. This morning I waked up at twelve o'clock. I slept for 15 hours. I'm just like a pig.（真实的寒假生活状态）

可见，学生的写作内容涉猎广泛，包含生活的方方面面。给予学生自由表达的空间，充分发挥学生的主观能动性，不仅能激发学生语言学习的生机与活力，更能让学生体会到学习的成就感，从而激发学生进一步学习和探索的兴趣和内在动力。

3. 结合生活话题促进表达，激发学习创造力

《牛津英语（上海版）》教材内容以生活中的各个话题为单元划分，6B 教材中分别出现了 School uniforms（校服）和 Travelling in Shanghai（上海的交通）等非常贴近学生生活的话题。笔者利用教材内容进行一定的拓展，组织学生开展"理想的校服"和"N 年后的上海交通"等能充分发挥学生想象力和创造力的图文设计活动，促进学生运用英语进行完全自由化和个性化的表达，并结合绘画和设计等发挥学生的综合素养和能力。

在"理想的校服"设计中，学生运用到了风衣、羊毛背心、水手服、卫衣等元素，设计中带有自己的喜好和考量，有的甚至借鉴了日本动漫的风格。在"N 年后的上海交通"设计中，有的学生进行了城市整体交通布局的谋划，有的学生由目前的新能源电动车引申出环保交通工具的联想，有的学生对水陆空三维交通进行了构思，可谓创意无限。更令人欣慰的是，原本对英语学习缺乏热情也不太擅长的学生对这类作业充满兴趣并能积极主动完成，甚至有些作业的质量比其他学生的更高，这种创造欲引发的学习动力不容小觑，也值得教师好好把握。

## （二）活动平台支撑下综合表达能力的培养

英语学科课堂教学之外，选修课、社团和学科周活动等也是激发学生英语学习活力的阵地。教师和学校要竭力为学生搭建各种语言实践的平台，使学生在实际情境中提升语言综合能力。如我校开设了"英语与戏剧"选修课，学生们在戏剧专业外教的指导下，编排了经典剧目"*Peter Pan*"，参加了 2020—2021 年上海学生戏剧嘉年华展演活动。排演英语戏剧不仅是对学生英语口语表达能力的考验，更是对学生肢体语言的展示、情绪情感的表现、舞台的走位设计、角色之间的配合等综合能力的挑战。以"表演"激发英语学习的活力，体现在从筹备到表演的整个过程中。

此外，我校也通过开展英语学科周活动来丰富学生的英语学习，提升学生英语学

习的活力。2021年5月,学校结合"天问一号"等我国航天事业的发展和成就,开设了"中国梦·太空行"跨学科主题讲座,为期一周的"中国梦·太空行"英语学科周活动则紧随其后。预备年级开展了英语主题演讲赛;初一年级开展了英语主题小报设计赛;初二年级开展了英语主题竞赛。学生们充分发挥主体性、主动性和创造性,分别运用口语表达即演讲、书面表达即小报设计以及听、说、写结合的主题竞赛等方式,交流分享了对主题讲座的学习体会,抒发了对中国航天事业发展的礼赞和憧憬。

不同于前面碎片化或片段式的简单表达,英语戏剧、英语演讲、主题小报等表达更需要宏观的、战略性的、结构化的思考、设计、创作和实践,是融入个体完整的,一以贯之的思想、情感、观点的表达和展现,是英语学习活力的深度激发和综合体现。

## 二、激发学生英语学习活力的策略——给予自由、注重反馈

如上所述,初中学生英语学习活力的激发可有多重途径,同时也须遵循一定的原则和策略,使得途径和方式更为有效、长效。

### (一)自由与坚持

初中学生的自我意识和主体意识越来越强,要激发他们的学习活力,必须给予一定的自由空间,而不是一味地强迫和限制。比如,自由写话作业,笔者坚持学生写作的自由化——不定主题、不限字数,课业过于繁重的前提下可以"敷衍"完成甚至偶尔不完成。只有在"自由"的前提下,表达才是真诚、生动和真实的。与此同时,这一作业需要坚持不懈,每天坚持写话,这样才能在点滴表达中形成经年累月的积累和循序渐进的进步。

### (二)交流与评价

表达和交流需要互动,单向的表达输出是缺乏活力和生机的。这就要求教师对学生的表达进行及时的评价和反馈,让学生感受到教师的关注和重视。尤其是学生个性化和创造性的表达,教师的反馈不应止步于语言知识的对错判断(有时甚至要忽略学生的语法错误),更应对学生的观点和创意进行回应和评价,适时的鼓励和恰当的引导都能激发学生持续表达和进一步表达的热情。对竞赛类的学生表达必须进行评奖和颁奖,给予学生肯定和激励,使学生感受到获得感和成就感,从而内心产生自

我认同。

### （三）分享与展示

学生作品的分享和展示也是必不可少的环节。笔者坚持每天选取三篇自由写话在班级中分享，但充分尊重学生的意愿，若学生只想倾诉不想公开，只需在写话的旁边做好相应的标记便不会被选取。各项主题式表达尤其是图文表达也经常被以海报的形式展示于教室里，甚至是年级的走廊上，这不仅为学生互相学习借鉴提供了机会，更是以一种仪式感和成就感激发学生持续的表达欲望和学习活力。

# 知虫趣,享自然,激活力

上海市浦东新区锦绣博文幼儿园　高慧怡

随着社会的发展、人类教育的进步,尊重儿童权利越来越成为教育态度的主流。课程不再是一成不变、自上而下的"规定",而是尝试让儿童主动参与课程,发挥教师在课程中的引领作用,以实现教师和儿童对课程的共同参与,成就儿童终身发展,激发教育活力与价值。

## 一、课程共建何处来

一只意外到访的甲壳虫,打破了教室里上课时的宁静。

"我害怕,快打死它""不要不要,多么可爱的小虫子""我来,让我来"……就在孩子们七嘴八舌地争论着的时候,艾玛拿来一个碗,嘭的一声把小虫子扣住了,随后在老师的帮助下,这个不速之客住进了一个空瓶子里。

一只小小的虫子成为孩子们关心的对象,自由活动的时间里,总有孩子来逗弄一下这只被困住的虫。

你看,我也想来看。"还想要一只虫"的愿望波及了更多的孩子,去捉虫吧!让老师陪伴着你们,一同去探索、去发现、去感受这自然的神奇与奥秘。

于是,百合班的捉虫之旅正式拉开了序幕……

### (一)捉虫初探索:经验不足,失落而归

对于捉虫,孩子们个个兴致勃勃,在百宝箱里寻得了一些认为捉虫可用的工具,兵分两路来到了之前经过实地考察所选中的小菜园和草地上。

艾玛和同伴仔细在草地上搜寻着,边走边拨开覆盖在草丛上的落叶。

小煜捡起地上的树枝,挖一挖地下的小虫。

团团在天空中挥动着手里的网兜,挥几次看一看,挥几次再看一看。

叮叮用网兜装满了落叶,又倒出来,蹲在草地上仔细翻动着,突然一只蚂蚱从落叶里跳出来,叮叮连忙用手去抓,却什么也没抓到。

第一次捉虫,孩子们一无所获,记录纸上的"成功√"期待落空了。

**1. 教师的思考与支持**

虽然在生活中虫子是常见的,但对于如何捉虫,孩子们知之甚少,因此在捉虫的过程中,很多孩子只是浮于表面的寻找,用眼睛看、用网兜挥……这些方式多是孩子们基于自己的主观想法进行的,并没有一个理性的认知。由于经验的缺乏,部分孩子没有发现虫子,而发现的呢,又让虫子逃走了。

经过这一次不太成功的实践经历,孩子们进行了讨论,回顾了在捉虫时使用的一些办法,在讲述的过程中孩子们有点沮丧,因为都没有捉到虫。那么,这些孩子们的主观想法真的都是无用的吗?除了园内探索外,教师也鼓励孩子们在生活中去观察和发现。

**2. 幼儿的拓展与再学习**

当捉虫活动延伸至园外,在家长的帮助和陪伴下,各种各样的办法更多了,孩子们的眼界被打开了,留心于身边的自然生活,探索于书籍和网络的世界,并学习记录,教师也鼓励孩子们进行经验分享和互相学习。

### (二)捉虫再进行:实践验证,经验渐得

第二次捉虫,孩子们选择从小菜园开启昆虫探索之旅。

带着好朋友的锦囊妙计,圣圣首先从菜园的角落里开始寻找。

团团迅速进入状态,观察到白菜叶上的小飞虫,小心翼翼地靠近,小虫却突然起飞,一旁艾玛激动地举起手里的捕虫网说:"工具啊,你可以用这个网把它盖住,或者你可以请我一起来帮忙呀。"团团懊恼地拍拍脑袋。

合作的确是个好办法。芊芊在草丛角落里发现了一只蚂蚱,小网兜一甩顺利地扣住了它,艾玛喊来了团团,一起帮忙把蚂蚱装进了玻璃罐子里,收获了第一只战利品,其他孩子们也兴奋地凑过来。

活动结束后,老师和孩子们进行了共同回顾:今天你发现虫或是捉到虫了吗?在什么情景下?使用了什么工具?是如何使用工具的?

**1. 教师的思考与支持**

在积累了一定经验后,孩子们在实践之中的盲目性有所减少。实践出真知,之前

个体的经验在共同实践后得到验证,大家共同梳理出了几类常见昆虫生活的地方以及可以使用的捉虫工具。

在实践中,孩子们对于如何找虫已经逐渐获得理性的认识,成功的概率较之前也大了许多。但这其实只是第一步,而真正的捉虫技能依然是孩子们比较欠缺的,有时即使小心翼翼也未必成功,由于虫子的灵活多变,捉虫并非纸上谈兵那么容易。

孩子们的声音和活动中的种种情形也让我进行了思考:什么样的工具更得力?什么样的方法更有用?应该直接告诉孩子们答案,让他们少走弯路吗?倾听了孩子们的讨论后,我决定抛砖引玉,启发孩子们关注捉虫的准备工作。

2. 幼儿的拓展与再学习

其实,在后期的活动梳理中,有的孩子提到了工具的使用方法,也有的孩子提到了合作……显然,孩子们在这次实践中,正在走向第二步——对于工具与方法的关注。通过实践,有的孩子已经发现网兜并不一定是最好的,可能还需要使用更多的辅助工具,而且对于捉虫,观察仔细、速度快、胆子大也很重要,如果有朋友的帮忙可能会更好。

对于如何做好前期准备,计划书走进了孩子们的世界。在小组计划书上,孩子们计划了想要结队的同伴、需要准备的工具,等等。当然计划书的绘制也并非一蹴而就,一周时间里,有的小组会从展板上取回计划书,增加或者更换。

**(三)捉虫又实践:装备多样,小有收获**

终于又到了孩子们万分期待的田园日。这一次,小组准备工作早在田园日到来之前就开始了。孩子们一起收集了各式捕虫网、放大镜、手套、广口瓶等工具,团团还在爸爸妈妈的帮助下,通过淘宝获得一套专业捕虫工具。

对于本次的捉虫方式,孩子们也有着自己的预想,艾玛和团团决定先分头行动,前期准备的工具都各自放在小黄包里,需要用到什么随时自取。

拿着专业捉虫工具的团团首先成功,这一次依然是菜叶上的小虫,团团使用了昆虫夹——一个有盖子的小夹子,成功后的团团立即叫来了艾玛,小菜虫被放进了带有呼吸孔的背带盒子中。

昆虫夹竟然如此好用?带着疑惑的小文借来了同伴的捕虫网,双手一挥,网口相对,开心地说:"我也用昆虫夹来试试看吧。"

萱萱也有了收获。因为害怕虫子而戴了手套的萱萱,这次勇敢了很多,直接用网兜扣住了一只蚂蚱,随即呼唤队友桐桐前来帮忙。"动作要快,才能捉得住。"萱萱认真地对桐桐说。

在这一次实践中,孩子们小有收获。大家都迫不及待地想要分享自己小组的成果,对于工具的使用比较恰当又蕴含创意,小组合作的方式也获得了孩子们的肯定和青睐。

成功的经验越来越多,可是依然有孩子空手而归,面对不同的疑问和猜想,孩子们的讨论还在继续……

1. 教师的思考与支持

儿童会议的方式提升了孩子们的参与度,有提问、有互动,把小组内讨论的问题结果记录下来。在这之中,蕴含着孩子们的反思、总结、互动、求解等多种能力的发展。正是通过这样的方式,孩子们才在潜移默化中丰富了自己的经验。每当讨论结束、问题解决,又会激发孩子们再一次尝试的欲望,所以当捉虫活动进行到第三次时,孩子们依然兴趣浓厚。

2. 幼儿的拓展与再学习

在实践结束后进行回顾,并思考原因进行讨论,是孩子们开始具有系统性思维的开始,是一种宝贵的学习品质。在这之中,孩子们慢慢学会运用不同的方式来解决问题,比如:通过观察同伴的好工具、好方法,迁移到自己的操作中解决问题;学会求助与合作,积极寻求办法,达成目标;等等。

## 二、课程共建有体会

一次,笔者与孩子们初次探索课程共建问题,孩子们在活动中的种种表现令我感到惊喜,细思而知,这是一种来自儿童的力量。

### (一)教师陪伴做引领、赋发展

随着课改的不断深入,让儿童成为主动学习者的理念走进我们的视野。谈及主动学习,学前阶段的儿童似乎有着独特的天赋,这种天赋源自好奇的内心与发现的眼睛,而"活"的教育为孩子的天赋提供了滋养。

在秋虫之旅的探索中,将课程建设的舞台交予孩子,参与、学习、合作、互助,教师不再是活动的领衔者、知识的授予者,孩子们在活动中发声,教师陪伴做引领,我看到了更加积极主动的孩子们,"动"起来的教育更显魅力。

### (二)儿童体验得体会、夯基础

纸上得来终觉浅,绝知此事要躬行。信息爆炸的时代,孩子们常常知识丰满,却感受匮乏,走出教室,拥抱自然,对于需要大量感官学习刺激的学前阶段儿童来说,直接经验的获得显得尤其重要。

秋虫之旅的进行离不开实践探索的步步深入,经验不是一日习得的,对于成年人如此,对于儿童更是如此。一次次的捉虫体验,一次次的分享讨论,一次次的经验递进,孩子们就是在这一次次中获得了成长,乐此不疲地主动参与就是教育活力的最佳代言。

### (三)真实经历共成长、增活力

自然界有着神奇的魔力,吸引着孩子们在自然中沉醉,一草一木、一鸟一虫都能令之神往。同伴间的互动合作,教师们的引领陪伴,我们一同在活动中收获成长,"小鬼当家"的感觉让孩子们印象深刻。

自然间的有趣生灵,探索的热爱永无止境。我们与自然相拥,与秋虫来一场亲密约会,是科普读本之外的乐趣,孩子们喜欢,我也乐在其中。特别的真实经历让教育的开展充满了无限活力,共建、共享之路仍将继续。

# "儿童视角"下的集体教学活动

上海市浦东新区南六幼儿园　李敏芝

从微观上理解教育的活力,是教育中利益相关主体的活力。从一线教师的角度去思考,教育中有两个主体,一是教育的对象——幼儿,二是教育行为的实施者——教师。作为一名幼儿园教师,比较熟悉的一个理念就是"以幼儿发展为本",当下还有另一个热词是"儿童视角"。其实从根本上来说,不论是"以幼儿为本"还是"儿童视角",都凸显了"幼儿"在教育过程中的主体地位。其实幼儿本身就是拥有无限活力的群体。人们常说,孩子是祖国的花朵、初升的朝阳,当这些充满活力的孩子进入校园,如何推动他们的内生力,更加鲜活地在充满活力的教育中快乐成长,这才是需要教育者思考的。教育活力的表现维度有三个:生命力、适应性和可持续发展能力。

回归到"儿童视角",我以为想要培养有生命力、适应性和可持续发展的幼儿,首先教育者要具备"儿童视角"。这个论点有点宽泛,故本文以集体教学活动为例进行阐述,当教师真正以儿童视角出发选择素材、制定目标、设计环节、组织实施的时候,孩子才能切身地体验并且得到满足与发展。"儿童视角"到底是什么?很多教师在实施活动时,会以教师的儿童视角替代或误读"儿童自己的视角"。"儿童视角",应该是老师蹲下来观察儿童,用儿童喜欢的方式开展活动。

集体教学活动是孩子们共同集中开展活动的一种形式,相比于其他类型的活动,集体教学结构较高,目标定位更加明确,对于幼儿的促进作用相对也更加直观。教师们都知道集体教学活动的设计与实施都是需要尊重孩子的年龄特点,基于儿童的生活经验展开的,但是真正落实到实践中,难免会发现很多内容其实都是站在成人的立场臆想孩子的经验而做出的主观判断,并非真正通过对于幼儿的倾听、观察、识别做出的理性的分析和判断。所以我们看到有些教学活动中孩子们的表现不积极、很牵强,很有可能就是孩子们对活动内容、形式、材料都提不起兴趣。我们要清楚地认识到:儿童自己去观察、处理周围世界的角度和方式,一直都在,不取决于我们提不提出它。本案例希望能让更多的人关注"儿童视角",以更有效地推动教育的活力。

## 一、关注兴趣,满足需求:基于"儿童视角"的选材缘起

### (一)关注孩子对春天的兴趣和经验

春天是美好的,我们的孩子对于春天的具象经验、感受体验是丰富的,大部分幼儿在经历小班主题"小花园"时萌发喜欢观察周围的花草树木,有爱护它们的情感;进入中班主题"春天来了"后,了解了春天是个万物生长的季节,关注自然环境的不断变化;也能感受大自然美丽的景象,以各种方式表达自己的情感与体验。日常生活中孩子们也不乏在春天里散步、采风、写生,和孩子们用肢体语言、音乐语言、绘画语言表达对美好春天的感受的经验。皮亚杰认为,儿童是通过直接观察和经验建构来获取知识的。于幼儿而言,春天是盛开的花儿、绿绿的草,是嗡嗡的蜜蜂、叽叽喳喳的鸟,这是由学前儿童的年龄特点所决定的。3—7岁的儿童处于前运算阶段,这一阶段包括利用符号学习的能力(语言和思维的心理表征)。儿童是通过与有意义的经历进行互动来获取知识并把获取的知识与已有经验融合在一起。

### (二)满足孩子语言发展的内在需求

大班幼儿已经不单单满足于简单的交流语言,他们希望自己在说话时能有好听的词,更加优美的语句来帮助他们表达内心所思所想。

"文学语言是早期语言学习的一种特别的经验储备。学前阶段儿童喜欢聆听学习各种儿童诗歌、童话故事和散文,这种通过口头语言方式输入传递的语言信息,却带有凝聚书面语言特质的高质量语言的价值,对于儿童的语言发展具有非常重要的意义。想象是文学作品的基础和灵魂。"

比如,当孩子们和同伴聊起春天里的趣事,虽然孩子们的语言比较流畅,但孩子们想要通过语言表达对春天的喜爱之情时,往往在文学语言的表达上显得比较贫乏。通过对孩子们的观察,我们发现孩子们对于文学语言的表达诉求是真实存在的。其实本班孩子具备了对儿歌、诗歌、散文等不同形式的文学作品的欣赏感知的前期经验,但是如何把这些经验转化为孩子自己的文学语言进行输出,这是孩子们目前迫切需要解决的问题。

皮亚杰认为:"儿童是通过与有意义的经历进行互动来获取知识并把获取的知识与已有经验融合在一起的。"于是借助"春天"的当季时机,大班语言活动"在春天里散步"应运而生。

## 二、尊重规律,把握核心:基于儿童视角的目标定位

教学目标是关于教学将使幼儿发生何种变化的明确表述,是指教学活动中所期待得到的幼儿的学习效果。教学活动以教学目标为导向,且始终围绕时下教学目标而进行。教学目标的制定要依据孩子的已有经验、身心发展规律,本次活动目标是尝试用文学语言大胆表达自己对美好春天的感受(重点);体验散文诗中所蕴含的韵律美和意境美(难点)。

《学前儿童语言学习与发展核心经验》指出:"儿童语言的发展是指儿童语言理解和表达能力成长变化的过程和现象。""幼儿正处于语言学习与发展的敏感期和关键期,抓住语言发展关键期的有利时机,可以促进幼儿语言乃至其他方面的迅速发展。""语言是一个符号系统,儿童对语言的获得包括对语音、语义和语法的理解和表达,同时还包括语言运用能力的成长。"

教师需要关注的是为幼儿提供一个良好的语言学习环境、作为支持者和平等的交流者,支持、鼓励、吸引幼儿与教师、同伴或其他人交谈,体验语言交流的乐趣。"语言表达适宜一定的语言内容、语言形式以及语言运用方式进行交流的行为,是幼儿园语言学习与发展的主要表现之一。"

## 三、巧妙布局,层层推进:基于"儿童视角"的环节设计

集体教学活动环节的设计是否合理直接影响活动的效果,在本次活动中一共设置了三个环节:谈话导入、激发兴趣,欣赏感受、交流讨论,情景体验、表达表现。

第一环节,教师开门见山:

师:你有过散步的经历吗?

幼:散步就是慢慢地走;一边走路一边看看风景;没有目的地走路,不着急地走。

师：说说你喜欢散步的理由。

幼：可以看到认识的朋友一起走；看到路边美丽的风景；可以锻炼身体放松心情，很开心。

师：你喜欢在哪里散步？

幼：小区里、幼儿园、马路上、公园里……

从实施现场可以发现：问题设计贴近孩子寻常的生活经验，直接切入话题，能够很好地打开孩子的话匣子，激发孩子进一步交流的兴趣。

进入第二环节，舒缓的背景音乐起，同时是一段录音："在春天里散步，走啊走啊……"（与录音同步，我会配合在前面的展板前出示图符。）

师：丫丫散步发现了什么？怎么发现的？

幼：听见小鸟在树上唱歌，叽叽喳喳。

幼：看见小草从泥土里钻出来了。

师：丫丫看到了春天钻出泥土的小草，听到了春天叽叽喳喳的小鸟唱歌。

师：丫丫说的话有什么特别的地方？

幼：有一样的"走啊走啊"。

幼：有的说得慢，有的说得快。

这一环节引发幼儿关注到句子中的重复词语，表示动作的钻、唱歌，还有一些象声词的使用。这个环节呈现的两句表达美好春天的句子，可以让孩子们在欣赏中感知到原来我们可以把看到的春天、听到的春天用优美的语言表达出来，感受到文学语言的韵律美和意境美，好像真的看到听到。丫丫说得真好听，我们再来听一听，再一次巩固和感受。此时教师提出操作要求：后面有三张桌子，四人一组选一张桌子，选出你们最想说的春天的秘密，编成优美的语言说一说，记在心里，音乐结束，我们一起分享。幼儿分组操作，教师巡回观察，音乐起，幼儿回到原位。操作环节中，教师将感受到幼儿在实践中与材料互动、和同伴交流，为后续的表达变现奠定了重要的基础。这一环节不仅唤起了孩子对于春天的已有经验，更是让幼儿感受散文诗的语言美和意境美，体验文学语汇的优美、文学想象的美妙。

第三环节是孩子们的表达表现。孩子交流讨论创编结束后，展板展示在前面，孩子们分享交流,教师提出要求:一组幼儿大胆表达,其他组幼儿仔细听,听完后夸夸他们最优美的地方,并说说理由。

  第一组幼:走啊走啊,扑棱腾(象声词),一只青蛙跳到荷叶上呱呱唱歌;走啊走啊,轰隆隆,打雷了;沙沙沙,下雨了;走啊走啊,小鸟在树上说悄悄话。
  第二组幼:走啊走啊,花园里的花都开放了,好香好香;走啊走啊,我闻到了"薄荷"的味道,走近一看是小苗苗;走啊走啊,桃花开了,香甜香甜。
  第三组幼:走啊走啊,蝴蝶飞来了,在花园里跳舞;走啊走啊,下雨了,雨停了,彩虹出来了,就像一座弯弯的桥。
  师:大家把春天说得这么五彩斑斓、优美动听、生动活泼,我好想继续在春天里散步,感受这春天的美妙。谁也准备好了?出发了……

活动的重难点落在用优美语言大胆地表达,交流表达的孩子为了得到同伴的鼓励会尽可能地运用文学语汇,而倾听的孩子为了能够捕捉并夸赞同伴的优美的表达必须聚精会神地听,与此同时在倾听和复述同伴优美语句的时候,也是一次文学语汇的内化过程。

## 四、搭建支架,提供支持:基于"儿童视角"的材料提供

  散文诗作为一种文学形式,虽然孩子们偶有接触,但更多的是停留在欣赏的阶段,以幼儿主导的散文诗创编对于本班幼儿来说还是有一定难度的,需要借助一定的教学支架才能达成。此时教师作为幼儿的支持者应该充分思考如何为孩子搭建适宜的支架,帮助幼儿获得散文诗创编的经验。
  比如,第一环节中的几个开门见山的提问,从孩子生活经验切入,为师生之间的谈话互动搭建了一个支架,让孩子们能更快地进入活动情景中;之后教师提供了两句散文诗中的例句,借助欣赏后的交流讨论,让孩子们能够领会散文诗中充满童趣的文学想象、感受散文诗中的重复词使用、象声词的运用等。
  在体验创编的操作环节,教师精心设计了教学具:春天的图片可以帮助孩子们唤起对春天经验的具象回忆;贴有耳朵、眼睛、鼻子等不同表示的操作板,帮助幼儿梳理不同感官发现的春天,为后续的散文诗创编缩小了范围,让孩子们可以借助经验有

依据地开展文学想象;提供小脚印图符,提示幼儿可以借助"走啊走啊"的句式,在创编过程中透过这个图符提示进行散文诗韵律的把握,从而让幼儿更投入地进入散文诗的意境美中感受和体验。

贯穿活动始终的"散步"情景也可视作为教师的支持的一种,从开始到最后,散步始终是串联起整个活动的线索,孩子们在"散步"中看到春天、听到春天、闻到春天……包括背景音乐应用是为了烘托在春天里散步的一种情景,让孩子能够体验到类似于身临其境的感觉,更凸显孩子们自己创编的散文诗的画面感、韵律美和意境美。

## 五、助力发展,相伴相随:基于"儿童视角"的活动延伸

《3—6岁儿童学习与发展指南》在语言部分开宗明义地指出:"语言是交流和思维的工具,幼儿期是语言发展,特别是口语发展的重要时期,幼儿语言的发展贯穿于各个领域,也对其他领域的学习与发展有着重要的影响……通过语言获取信息,幼儿的学习逐步超越个体的直接经验。"

在集体教学活动中,将《在春天里散步》作为一个引子,激发了孩子们尝试根据自己的生活经验进行散文诗创编的兴趣,这仅仅是一个起点。可以看到孩子们在活动中对于文学语汇的经验积累,以及对于散文诗这种文学形式的体验和感受,因为这是基于孩子真正的需求而设计与实施的活动,所以孩子们在整个过程中是享受的。教师可以将这些活动材料适当延伸到区域中,让孩子们可以在个别学习时根据需求进一步了解,另外教师可以通过观察孩子们在区域中个别学习时的情况进行观察识别并分析,进一步地跟进教学。从教育活力的三个维度来反思,想要教育有生命力就要基于"儿童视角"发现孩子的需求,想要教育具有适应性就需要充分尊重孩子的身心发展规律,想要教育具有可持续发展的能力势必要给予适宜的支持,教师的相伴相随是对幼儿成长最大的助力。关注"儿童视角",开启活动力教育,尊重"儿童视角"为教育注满活力吧。

# 在幼儿园陶土坊活动中发展幼儿想象力的实践研究

上海市浦东新区上炼三村幼儿园　吴晓梅

幼儿园陶土坊主要是指以彩陶、黏土、陶泥为创意的主材料,以造型创意为主、色彩运用为辅表现想象的美术创意活动。陶土活动能够生动地表现人物、动物及各种事物的形态,是人类文化艺术创作中不可缺少的重要组成部分。它以质朴的造型、艳丽的色彩、夸张的表现而深受孩子们的喜爱。且泥本身具有湿润柔软和多变的特点,更能刺激幼儿手部触觉的感受,由此产生立体、三维的作品,可以促进幼儿视觉与手的协调性不断发展。它的可塑性、表现性、多变性都为幼儿提供了无限的想象空间。为此,我们进行了幼儿园陶土坊活动的实践研究,以此发展孩子的想象力,并提升幼儿感受美、表达美的能力。

## 一、幼儿园陶土坊活动的培养目标

由于幼儿的年龄特点、美术经验基础不同,因而陶土坊活动的目标也应有所不同,结合《3—6岁儿童学习与发展指南》,我们梳理了陶土坊活动中各年龄段幼儿的培养目标,如表1所示。

### (一)乐想象

表1　陶土坊活动培养目标——乐想象

| 3—4岁 | 4—5岁 | 5—6岁 |
| --- | --- | --- |
| 1. 乐于欣赏具有美感的泥塑作品,萌发对泥塑想象创作的兴趣 | 1. 欣赏泥塑作品时有不同的美感体验并从情绪上反应出来 | 1. 愿意和他人交流分享自己喜欢的泥塑作品和美感体验 |

续 表

| 3—4岁 | 4—5岁 | 5—6岁 |
| --- | --- | --- |
| 2. 愿意尝试多种泥塑材料，并在材料的启发下产生联想，萌发想象 | 2. 乐于联系生活情景大胆想象，并根据自己的需要多样化地使用工具 | 2. 能自主地联系生活经验和自己的审美感受大胆想象 |

## （二）能想象

表 2　陶土坊活动培养目标——能想象

| 3—4岁 | 4—5岁 | 5—6岁 |
| --- | --- | --- |
| 1. 能从色彩、形状和花纹上展开想象，联想到生活中的常见事物 | 1. 能从动态、造型和装饰上展开想象，联想到自己喜欢的事物 | 1. 能围绕主题在构思、构图和情景上发挥想象力，并流畅表达自己的创作意图 |
| 2. 能在游戏情景和老师的启发下逐步展开有意识的想象，并尝试表达 | 2. 能在故事情景或生活情景的启发下展开想象，并清楚表达 | 2. 能联系自己的审美体验和认识，在现有形象的基础上，再加工再想象，创造多个新形象 |

## （三）会表现

表 3　陶土坊活动培养目标——会表现

| 3—4岁 | 4—5岁 | 5—6岁 |
| --- | --- | --- |
| 1. 尝试运用搓、团、压、卷、包等制作方法表现自己想象的事物 | 1. 能用条泥和板泥制作表现平面的和立体的泥塑创作 | 1. 能和同伴合作，根据想象完成创作 |
| 2. 能从色彩、形状和花纹表现出事物的显著特征 | 2. 能借助工具更好地表现自己的想象和创作，并表现出动态、造型和装饰上的不同 | 2. 能灵活运用工具、材料及多种制作方式表现自己的创作意图 |

# 二、幼儿园陶土坊活动的类型

## （一）情境式陶土坊活动

积极的情感有助于点燃孩子创意的火花，更好地引发孩子大胆地展开想象。为此,我们尝试在陶土坊活动中从情感着手,采用富有趣味的情境去唤醒孩子的已有生活经验,让其萌生新想法,使其萌发创意想象。这样的陶土坊活动,我们称为情境式陶土坊活动。如"夏天遇见冰激凌"活动中,老师事先请孩子们设计了饮料杯,接着请孩子们利用黏土在饮料杯里制作冰激凌,生活中的情景再现,唤醒了孩子们的已有生活经验,使得孩子们大胆想象品尝过的各种冰激凌,造型各异。情境式陶土坊活动不仅可以从"趣"字着手更好地引发孩子们的创作兴趣,还可以联系生活激活孩子们的想象创作,因此深受孩子们的喜爱。

### (二)布展式陶土坊活动

在陶土坊活动中,作品布展的创意设计也很重要,适宜的布展方式能锦上添花,让作品的呈现更添异彩,同时也能带给孩子们更好的审美体验,让孩子们在欣赏的基础上更好地引发大胆想象和创作。如大班"创意花瓶"活动中,孩子们的作品造型各异,为了给孩子们创设一个更好的欣赏环境,教师借助阶梯状的橱柜有序陈列,感觉就像一个花瓶瓷器展,让孩子们在观展的过程中获得了更好的审美体验。相比于情境式的陶土坊活动,布展式的陶土坊活动适用的面更广,也更有益于提升教师的审美创造能力。

### (三)合作式陶土坊活动

即提供有利于合作的创意材料,鼓励孩子自主结伴围绕一个主题,开展合作性的创意陶土坊活动。如大班活动"四季微景观"中,教师提供了适合小组成员一起创作的玻璃器皿和竹匾,鼓励孩子三人一组,围绕夏荷、秋收等主题进行合作性的创作。当孩子们遇到困难需要帮助时,及时促成黏土组和陶泥组的合作,以使最后的作品内容丰富、精彩纷呈。合作式的陶土坊活动比较适合大班孩子,更有利于孩子借助集体的智慧拓展想象和创作。

## 三、幼儿园陶土坊活动的设计要素

在幼儿园陶土坊活动设计中,创作主题的选择、欣赏环境的打造、启发情境与提问的设计都很关键,需要教师精心思考。

### (一)选择创作主题,让陶土活动源自生活

源自生活去选择创作主题,可以更好地引发孩子的想象和创作。一是与游戏情节相结合。幼儿在做游戏时喜欢边跳边唱,那些有趣的动作、游戏的情节就是创作的主题。如孩子们在春天放风筝、在夏天学游泳、在秋天捡树叶、在冬天堆雪人,孩子们在游戏和陶土坊活动中碰撞思维,激发了创作灵感,于是就有了"美丽的风筝""多变的游泳圈""五彩的树叶""小雪人"等活动。二是与日常生活相联系。每天孩子们上下学都离不开各种车辆的接送,下雨了撑起伞穿上雨靴,从小到大,荷兰新城的桥走了好多遍,可你知道这些车、伞、桥的故事吗?你设计过它们吗?于是孩子们在创意工坊活动中做起了陶泥设计师。三是与当地特色相融合。这种特色主要是指当地的名胜古迹、工农业生产等。结合主题拓展活动,我们组织孩子们来到了古镇老街,古色古香的屋檐长廊都是我们创作的主题,"老房子""高桥松饼"等活动相继产生。

### (二)打造欣赏环境,让陶土活动更具灵感

"好吃的食物"活动中,孩子们制作了甜甜圈、蛋糕、三明治……在介绍时他们会张大嘴巴做"咬上去"的模样吃一吃,于是我们就着这些新出炉的食物开起了蛋糕店的角色游戏。与以往单纯的介绍不同的是,孩子们将他们的作品融入了日常游戏中,边做边玩中新的灵感也在不断迸发。

### (三)运用情境启发,让陶土活动焕发生命力

陶土坊活动"苹果"中,教师创设了水果店的情境:"乐乐开了一家水果店,生意可好呢!看,水果都快卖完了,你们看,什么水果没有了?苹果都卖光了怎么办呢?"这引发了孩子们制作苹果的愿望,提高了他们观察苹果外形特征的积极性。在活动最后,我们还设置了卖苹果的情节,让幼儿在情境中结束陶土活动。当然情境的运用不是单一的,而是多元的,我们要巧妙运用各种情境根据泥塑形象特点、幼儿需求的不同创设相应的情境,这样才能让幼儿在愉快的气氛中更大胆、自由地创作作品。

### (四)精心设计提问,拓宽陶土创作思路

在一次创作活动中,我先带领幼儿读了绘本《牙齿大街的新鲜事》,随后向他们提问:蛀牙虫是什么样子的?你看到过吗?孩子们结合故事和生活经验大胆想象。能

想象还得会表现,为此教师还需要聚焦制作难点,设计一些引导孩子思考制作方法的提问。在陶土坊活动中,教师要善于发现孩子们想象创作上的难点,然后聚焦问题有效设计提问,才能在陶土坊活动中更好地促进孩子们积极思考,支持孩子们的想象和创作。

## 四、陶土坊活动的指导策略

实践中我们发现,教师可以通过指导观察、创设环境、提供材料、组织分享等方式,让创意工坊活动变得更受幼儿欢迎,让幼儿更好地在教师的支持和引领下获得成功的体验。

### (一)从观察入手指导幼儿把握造型

在泥塑活动"迎春花"中,教师不仅给幼儿提供了图片,还为幼儿提供了实物迎春花,这样幼儿能更细致地观察到迎春花的形状、结构、层次等,呈现的作品也更立体化、形象逼真。

### (二)从环境入手支持幼儿自主想象

教师可将班级的每个区角的小装饰都融入幼儿的泥塑作品中,也可让幼儿互相投票选出喜欢的作品,并说说作品的优秀之处和不足之处,从中提升幼儿的审美情趣。自主赏评中,创意的火花就在此时碰撞,引发幼儿的自主想象,激发起幼儿创作的热情。

### (三)从材料入手提供有效的辅助支持

幼儿在创意工坊中做面条,很多幼儿都是采用搓的方式,搓成细条,而其中一个幼儿就搓圆压扁,用小刀和泥工板,切丝做面条,嘴里还说着:"这是宽面哦!"幼儿表现事物的方式有很多种,解决问题的方法也不同,在教师提供多样化材料的基础上,可以有更多的机会获得与他人不同的学习经验,这些经验将为其更好地表现自己的想象和创作奠定良好的基础。

### (四)从分享入手帮助幼儿提升经验

在"四季"活动中,轩轩介绍完她的荷花作品后,小雅说:"她的颜色搭配得很好,很漂亮,不过如果花瓣能重叠起来就更好了。"其他孩子也给出了一些不同的建议,轩轩很高兴地采纳了大家的建议。这样的交流分享既肯定了幼儿现有的想象和创作,又丰富了孩子的审美认识,并让幼儿更好地张开想象的翅膀,有助于引发幼儿对泥塑再想象再创作的兴趣。

## 五、幼儿园陶土坊活动中想象力发展的评价

### (一)陶土坊活动中的作品分析评价

这里的作品分析评价是指把儿童在陶土坊活动中完成或未完成的泥塑作品,用照片或视频的形式记录下来,然后可以从创作主题、造型表现上进行解读,从中分析幼儿想象力的发展。在日常活动中我们发现有的孩子能表现出外形特征,但花纹的细节表现比较忽略,有的孩子不仅能表现出想象中的造型,还能借助工具刻画出花纹。由此教师不仅透过作品有效分析评价了孩子想象力发展上的差异,也发现了工具的使用和多种泥塑制作方法的掌握是支持孩子表现想象的重要支撑。

### (二)陶土坊活动中的创作行为评价

这里的创作行为评价是指观察孩子在陶土坊活动中的操作表现来考察其想象力发展的评价方式。如大班陶泥活动"《西游记》"中,有一个孩子制作得很独特,不仅做出了形象逼真的孙悟空,还用麦秆包裹了上下两种不同颜色的陶泥做了金箍棒,最后还要求我们在金箍棒上刻上"定海神针"四个字。从中分析孩子想象力的发展差异,可以发现,制作金箍棒的孩子能想象,且想象得很具体,关注细节。当不能表现某些细节时能通过向老师求助来达成自己的想象,可见创作的态度非常主动和积极。此外不同美感追求也决定了,有的孩子不只是能想象,还会在想象的基础上更注重增强作品的美感。

通过陶土坊的实践研究,将泥塑活动融入幼儿学习生活中,给幼儿带来了良好的情感体验和文化熏陶。陶土坊的实践研究不仅有利于幼儿想象力和创造力的发展,同时还锻炼了幼儿身体的协调能力。幼儿通过长期的活动学习,传承了泥塑这一民间工艺,增强了民族认同感,审美意识和创造灵感也得到激发,得到了全面发展并快乐成长着。

## 温暖的教育

2022 年,"书香校园"读书活动的主题是"温暖的教育"。

温:是温言和温蔼之和合,彰显学科育人——让学生站立在教育的中央;
暖:是暖心和暖意之聚合,突显班级管理——让主体激发在学生的成长;
的:是我的和你的之融合,立显教育评价——让人文关怀在校园的四方;
教:是教研和教改之统合,双显教学教法——让教育彰显在精准的课堂;
育:是培育和化育之契合,善显心理疏导——让育人滴灌在活力的心房。

音乐有七个音符,贝多芬却将其出神入化为无限种美妙的可能。彩虹只有七种颜色,我们用多姿多彩的征文,展现出浦东教育无限种美妙的胜境。

"赤橙黄绿青蓝紫,谁持彩练当空舞?"是我们!是每一位浦东教育的读书人!这是彩虹的容貌,一股湿润中的清新,一抹蔚蓝中的绚丽,一种惊叹中的荣耀。通过"温暖的教育"读书征文活动,我们每一位教师收获了:常读常新的浸润之美、走笔心间的优雅之美,让生活有了内驱力;反思改进的补憾之美、努力攀登的坚强之美,让进阶有了向上力;解疑克难的教育之美、站立课堂的奉献之美,让事业有了成长力;内涵提升的赋能之美、书香校园的芬芳之美,让阅读有了延展力。

生动展现了:温暖教育的律动、成事成人的热动、教育变革的撬动;教育研修的推动、双线教学的互动、学业进阶的萌动;学校发展的驱动、教育梦想的搏动、爱满天下的涌动!

满纸情意满纸香——"书香校园"真美!"温暖的教育"真好!

# 为温暖教育提供温暖环境

上海市洋泾中学　李彦荣

立德树人是教育的根本任务,立德树人首先需要学生能产生"亲其师信其道"的追随意愿,因教师的教育魅力而让其产生愿意与教师和教育教学活动亲近的温暖感。我曾与华东师范大学的一名学生谈到类似话题,当我让他讲述他心中温暖的教育是什么样时,他给我讲了一个他初中时的故事:在一次课上,他的老师问全班同学长大后的理想是做什么。第一个同学说想做老板,第二个同学说想当明星,老师听后都有些许不悦。当轮到他说的时候,他随口说到自己想成为科学家,老师顿时流露出满意的微笑。他告诉我,这件事让他印象深刻。在他看来,学生无论是选择做老板、当明星还是成为科学家都是无可非议的,然而老师的这种评价方式却严重抑制了学生真实想法的表达,使学生为了迎合老师的评价标准,以后就只会说老师想听的话。

接着,他向我讲出了他心目中温暖教育的画像。首先,要让学生敢于真实表达自己的思想,无论学生的想法是否高大上、是否被教师认同。其次,温暖的教育应当是每个同学都被平等对待的,即教师和校长不因学生成绩的好坏而对其定性,同学们也不会因学习成绩不好被同学和老师歧视。再次,温暖的教育应该是优先培养品德好的人的过程,而不是优先培养学习好的人的过程。最后,温暖的教育应当是对人的智慧和思维启迪的过程,是对人的思想启蒙的过程。温暖的教育理应是让学生在受教育的过程中一点一点找寻到自己未来可能的人生方向,而不是仅仅教导学生念好书是为了上好大学、找好工作这样冰冷的认知。当学生因获得了良好的自学能力受益终身,因在学习期间获得的这种温暖的力量而有终身奋斗的动力和意志力时,就不会出现如今许多学生在大学躺平等现象。

听了他的这些言论,我在想,这一切问题的核心是什么,那就是评价,即我们对待什么是有价值的人的评价标准,什么是好学生的评价标准,什么是人才的评价标准,什么是好的教育方式内容的评价标准。而他感到的这些问题皆源于这些评价标准的工具化取向,使教育的人文性被无限抵消,教育的育人功能被弱化,教育的实用目标被无限放大,使深处其中的每一个人无法真正感受到教育的温暖,即使有老师在某个时刻使学生曾经感到温暖,但终究无法抵消漫长教育过程中的利器消磨。

教育何以温暖人心,就是因为它的发生是在教育对象最需要的时候,它的结果是对象感到最舒适的状态,它的效果不仅在当下舒适而且可以终身受益,正所谓"良言一句三冬暖"。而我们的学生们之所以经常觉得不够温暖,甚至厌弃学校生活,就是因为老师们给予的常常是他们不需要的,甚至是强加于他们的,包括人生观、价值观。社会现实让他们感到,没有办法"亲其师,信其道",这使教师的教育变得苍白无力,不但没有起到直击人心的温暖作用,甚至适得其反。所以如何形成一个既符合教育规律又符合当下学生真实需求的教育供给过程,需要我们为教师形成良好的评价观和教育方法手段提供大社会的支持。

首先,全社会要真正落实"破五唯"思想,尤其是在工资待遇方面,引导社会形成合理的劳动报酬制度,不再诱导学生把赚钱作为人生终极目标,却又自知目标低级不敢言说,使学生成为道德两难的受害者。在公共领域职业中,尤其是在教育系统内部,在同一地区要破除不同学段、不同学历教师工资待遇的级差,使真正喜欢教育的人才因兴趣爱好而选择在不同的学段、学科和领域任职,而不是因工资待遇差异而选择任职。以芬兰为例,他们就是全国范围所有学段的教师在学历和年资同样的情况下收入一致,他们的老师常用语就是我觉得做老师很幸福。

其次,在保障工资待遇较为公平一致的前提下,建立人人都是对社会有贡献的人的人才观和职业观,弱化因收入差距产生的职业尊严和社会地位差距,进而形成每个人都可以有尊严有体面地生活的社会环境,使教师得到学生的尊敬,也使学生不再因其家长的收入低而自卑,学生也不再因其职业选择的差异而受到教师批评、同学鄙视。

最后,在职业平等的社会认知背景下,鼓励学生以思想的成长和思维的发展为目标来追求学习的快乐,社会对学校、教师不再将学生的成绩好坏作为评价其成败的唯一标准,学习好不再是好学生的唯一评判标准。学生不再因学习不好而生活在对学校的恐惧和对教师的排斥中,不再受到同学和老师以及家长的暴力欺压,使每个学生都能在学校、班级和家庭中感受到学习所具有的乐趣和温暖,而不是长期沉浸于殚精竭虑的无限内耗中,不再产生考试过后再也不想学习、不想看书的厌恶感,不再把书本看成引起其身心不适的代表而一旦解脱再也不愿碰触。

# "温暖"相遇

## 上海市浦东新区新城小学 沈丽丽

"温暖"之于心理健康教育，犹如水之于鱼，心理健康教育不能离开"温暖"，而"温暖"也一直能在我们的心理活动课上与孩子们相遇。心理健康教育要"关注个别差异。教师要根据不同学生的不同需要开展多种形式的教育和辅导，提高他们的心理健康水平；尊重学生，以学生为主体，充分启发和调动学生的积极性"。

小学心理活动课则主要是指以小学生的成长发展特点为基础，为学生安排角色扮演、情境再现、分析探究和引领感悟等多种形式的活动，以此促进学生心理健康的培养，并且逐步帮助学生更深入地了解自己，正确认识自己的问题，促使观念、态度、价值观和行为的改变，进而能够相互信任、关心、了解、接纳，更好地适应学习、生活和工作的一种活动课程。

因此，温暖的心理活动课要有以学生主体为中心的温度、以教师引导为主线的梯度、以感悟升华为根本的深度。有了这三个"度"，心理活动课才能成为一个不断靠近孩子、互相启迪、教师引导、师生碰撞、深入体验和课后延伸的"温暖"过程。

## 一、温度——以学生主体为中心

一堂温暖的心理活动课，应该是36.5度——人的温度。作为教师，我们的工作就是看见人，看见学生，意味着课堂上要尊重学生的主体地位，倾听他们的声音，观察他们的行为，了解他们的世界，关注学生对事物的看法与体验，重视他们对生活的自我感知，尊重学生对世界的特殊理解。

### （一）倾听孩子的声音——教师获得温暖的教学视角

教师在备课时，往往会以教师视角进行设计，如"怎样达成教学目标？怎么使活动吸引人？怎么安排教学环节？"等。而学生在活动中,会产生他们的想法并表现出偏离教师预设的现象,他们会将自己内在的想法外化为语言和行为,来表达自己的观点。

例如,一年级的心理活动课《人民的守护者——警察》中,有一个环节提到了报警。我说:"人们遇到危险的时候会向警察求助,警察叔叔的电话号码你们知道吗？"一个孩子立刻打断我:"警察叔叔？警察没有女生的吗？"哎呀,说好的要注意用词呢？习惯性思维让我忽视了这一点,我赶紧道歉。然后我们一起上网搜索了女警的照片,立马就看到了许多女警执勤的英姿,有的在指挥交通;有的在办案……看着照片中的警察阿姨,孩子们又问,"她是一个妈妈吗？""她可能有宝宝吗？""她如果执勤时被车撞到,受伤了怎么办？""她保护我们,谁保护她呢？"……

虽然这节课,在孩子们的"插科打诨"中没能按时完成,可是倾听孩子们的"一百种语言"、读懂孩子们的"一百种行动",才是真正以学生为主体、围绕学生活动展开的教学。学生们喜欢的就是我们应该关注的,学生们遇到的问题就是我们应该和他们一起探究的问题,靠近孩子们,站在孩子们的角度,用心体察他们内心的想法,才能获得"温暖"的教学视角。

### (二)体会孩子的共情——教师收获温暖的教学理解

一堂心理活动课,要培养学生的共情能力——同感心、同理心,引导学生从他人角度出发思考问题,教师更应让学生感受到自己被尊重、被理解、被接纳,促进学生的自我探索与领悟,在师生互相启迪的基础上获得新的教学理解。

还是那节关于警察的课,那天我们把一位警官请到了课堂上,他用照片和视频分享了许多工作中的状态。其中有一张是在抗洪中执勤的照片,看到这张照片,孩子们的第一反应特别让我动容。他们问:"秦叔叔,你会游泳吗？""水这么大,会不会把你冲倒呀？""你要小心一点,我特别担心你呀！"……一个个的问题,让我讶然,原来孩子们的共情能力远远超出我的想象;原来比起一个勇士,孩子们更愿意把这位警察爸爸看作一个需要关心的普通人。对孩子们而言,警察不仅是一个群体,更是一个具体的人。

课程的准备阶段,我特别担心这么小的孩子,不能够理解警察所担负的责任,不能够"看见"什么是警察,为此做了很多准备。后来我发现,其实没有"看见"的那个人是我自己,我忽视了警察作为个体所具备的特质,而只是将"警察"作为一个群体、一种职业来看待。是这些孩子启迪了我如何去"看见",如何去理解他们的体验、感受、愿望、爱好、行动,理解眼下的一切对于他们当下生活的意义。

## 二、梯度——以教师适度引导为主线

温暖的心理活动课是一场"双向对话中心教学",不仅要有学生的各抒己见,教师也要适度发挥出自己的引导作用,与学生进行情感上的温暖互动。在尊重学生主体地位的基础上,让课程内容呈现阶梯状层次的递进,使得课堂教学有条不紊、由易到难、循序渐进,直至达到目标,从而凸显心理活动课的梯度。

### (一)课堂预设层层递进,做目标的引路人

放慢节奏,逐步进行,通过贴合学生发展的课堂组织和教学引导,才能令师生有效心流互动,促进学生的体验、感受和深入思考,更好地完成教学目标。

例如,四年级的心理活动课《快乐那点事儿》中,教师需带领学生将生活中快乐的事情记录在快乐分享卡上,并描述出感受和表达方式。如让学生直接完成此类任务,节奏太快。而层层递进的引导核心是把任务分化,逐步提高。首先,可以给学生一定的时间,让他们闭上眼睛想一想感到快乐的事。其次,让学生记录到快乐分享卡上。在记录的过程中,教师可持续给予学生一些鼓励性的引导,如"把你想到的、发现的快乐用文字或者画画的方式记录下来";"好,现在大家已经记录了快乐的事,请你再体会一下当时有什么样的感受?"以及在巡视过程中进行个性化反馈"你用笑容表达快乐""你用歌声传递给我们快乐""你快乐地跳了起来"等。最后,教师通过组织各种层面的交流,让学生学会从不同的角度发现快乐,如优美的环境、做自己喜欢的事、与朋友交往等,最终了解快乐可以通过表情、动作、声音、语言、文字等方式传递,只要善于发现、表达,快乐就无处不在,从而实现教学目标。

心理活动课的各种活动环节中,教师引导应遵循层层递进的原则,精心预设,紧扣学生心弦,在一个个教学细节的预约中展开,每个环节的设计都应是一级台阶,汇聚成一道爬上山顶的阶梯,通向最终的目标,课堂才能达到螺旋式上升的精彩效果。

### (二)思维碰撞课堂生成,呈现精彩展示

心理活动课是学生和教师共同创造的过程,是一个不断生成新资源、生成新的成

长体验的过程。师生互动、生生互动,让课堂充满思想碰撞,激发学生的探索和思考。因此,交流分享是心理课的重要环节,没有分享就像画作失去了灵魂,温暖的课堂也失去其意义。

孩子们用笔画出了他们眼中的警察,各式各样:有的英武,有的帅气,有的在抓坏人,有的在破案,有的在指挥交通……有个孩子画了一个"葛优躺"姿势的警察,他说:"警察累了,我希望他能有休息的时候。"还有一个孩子给警察画了一对翅膀,他说:"虽然警察们都很厉害,但我希望这个翅膀能够帮助他们保护好自己。"……

通过课堂上的互动分享,孩子们能将自己对于课堂内容的感受表达出来,而教师则需要敏锐地发现学生身上显露出的细节,静心倾听,耐心询问,才能激活思维,唤醒觉察,推动成长。

教师还可通过自我暴露的方式,巧妙引导学生发表个人观点。例如,《快乐那点事儿》中,教师自嘲曾经是个"厨房小白",但在疫情防控期间学会了做美食,感觉很快乐,并给这份快乐赋予了很多意义,有自己的成长、进步,还有家人、朋友的肯定,在快乐慢慢升级的过程中,获得了很大的成就感,感受到了幸福。通过深入发掘,适时引导学生深入探究,给学生以明晰的引领,学生也能够为自己快乐的事情升级。例如:他们认为旅游能帮助增长知识、锻炼能力、增进亲情和友情……;打游戏能让自己快乐、有成就感、锻炼应变能力、促进同学关系,还能学外语等。

这种生成性的课堂细节凸显了"温暖",大家将自己的想法通过师生互动、生生互动的方式融会在一起,相互传递与影响。教师要给学生留有足够的精彩碰撞的时间和空间,在过程中不轻易去打扰学生的进程和思路,随时准备承接学生的精彩展示,使课堂闪烁智慧,充满灵性。

## 三、深度——以体验感悟升华为根本

温暖的心理活动课设计教学活动时,不论是导入活动还是主题活动,都要能第一时间抓住学生的注意力,引发他们强烈的兴趣和积极的思考,让学生在活动中体验,在体验中感悟,在感悟中升华,温暖地体现心理活动课触及学生内心的深度。

### (一)深入体验,契合学生的内心需要

课程的精心设计体现在三个方面:贴合发展、贴合兴趣、贴合经历。活动内容符

合学生的年龄段,与学生兴趣有关,且学生需要有亲身经历或间接经历,满足这三个必要条件,才能够契合学生的内心需要,学生才能够深入体验、深刻感悟,最终升华,体现课程的深度。

如《观察力》一课中,我设计了一系列观察体验活动。学生亲身实践完成"可爱水漩涡"的小实验,通过把一个底部有小孔的杯子装满水后,对杯子里水的状态进行观察,得出了"杯子里有一个漩涡""水会转动""开始漩涡很小,后来变大了""漩涡转得越来越快,有时候会消失,然后又会出现"等结论,一下子沉浸入课堂的主题。通过这个"小漩涡"实验引出浴缸中洗澡水的旋涡,以及皮耶罗教授发现了漩涡旋转的方向与地球的自转有关的故事,引导学生讨论、输出他们了解的人类通过观察获得的许多重大发现,如苹果与万有引力、开水壶与蒸汽机、摇摆的灯与时钟灯等,体验到"观察力"的重要性。之后通过观察实物 1 分钟,然后移开实物,并尽可能详细地描述或者画出物体;以及分组把观察力运用到不同学科的学习活动中,考验了学生自身的观察力,让学生感悟观察需要方法。

课堂的整个过程都用活动串联起来,通过深入的体验活动,让学生亲身感受、重新认知观察力给人带来的力量和支持,引领孩子对观察力进行一次深度的探索,从而有新的认识和思考,获得真实的心理感悟,以更好的状态面对未来的生活。

### (二)课后延伸,营造"致知笃行"的平台

英国教育家怀特海说:"教育只有一个主题——那就是五彩缤纷的生活。"温暖的课堂不能局限于课堂本身,循着课内教育主题深化的脉络,继续向课外时空延伸,让课程追随学生的生活,使心理教育或明或隐地贯穿于学生的生活领域中,使其富于实践意义。

教师可以在课后安排一些具有表达性、思考性、训练性的活动,角色扮演、绘画等艺术性表达、课后调查、情景演绎等活动都是操作性很强的课后延伸方式。

例如:《观察力》一课中,教师通过展示自己观察的领域,引导学生将"小福尔摩斯在行动"观察任务卡带回家,与同学或父母不断丰富充实任务卡内容;《情绪觉察小达人》活动课中,要求亲子共同学习 21 种情绪视频微课,记录各自的情绪事件;《我能管好我自己》课后在班级层面展示同学们的自我管理时间规划表,并交流获得的启示;《我的好朋友》活动课后,要求学生帮助自己的好朋友做一件力所能及的事情,并在班级作交流反馈……

课后延伸,为学生创造"致知笃行"的实践平台,使课内知识走进他们的实际生活,使课中所学、所得、所感、所悟,真正转变为课后所用、所做、所行、所为,在课外生活世界中得以践履和彰显,形成真正的深度课堂。

以学生为主体的温度,是保证教师以学生为本的准则;以教师引导为主线的梯度,是课堂精彩纷呈的前提;以感悟升华为根本的深度,是教学不囿于课堂的意义。在新时代的实际要求下,心理教师需与时俱进,关注社会焦点;开阔视野,引进"鲜活"的活动素材;时刻保持创新精神,将新鲜内容不断融入教学,并坚持不懈用其成果指导实践,推动教学发展,明确专业理论在新时代的内涵和实际要求,让课堂与社会有机融合,使学生能时时在心理活动课上与"温暖"相遇。

# 云端感应触心弦,师生共鸣暖心灵

上海市吴迅中学　宋　飞

"在每个孩子心中最隐秘的一角,都有一根独特的琴弦,拨动它就会发出特有的音响。"因此,我以为的温暖的教学一定是触及学生内心、拨动"心弦"的教学。如何"触"学生？如何暖心灵？我想,开放感官便是答案。用云端的"看、听、嗅、尝"来抵达隔屏的"触",实现最终的"暖"。

## 看见"小透明"

如何窥见学生心中的一角,特别是传统班级里的"小透明"？他们既不是尖子生,也不是学困生,是平时很难关注到的中等生。线上教学刚好让"看"从平面化走向立体化。

"老师,我不愿意开麦,但我可以文字互动。"

"老师,这道题课上没听懂,能否再讲一遍？"

这些留言都来自班级里的"小透明"。线上课堂以来,原先班级里不爱发言的"小透明们"居然课上可以在评论区频繁"冒泡"。这也促使我思考如何抓住在线教学的优势,让"小透明"亦能闪闪发光。

少一些一板一眼,多一份温柔以待。一是用好"暖"评价。云端教学使我卸掉了平日的严肃,不再以很"官方"的口吻对学生进行评价,而是以更轻松的口吻夸赞学生;少一些统一单调,多一份个性化定制。二是用好"暖"作业。根据"小透明们"不同的学习风格,将作业分层分类,让他们被看到、被需要。

## 听见"不和谐"

"这作文范文和我想得太不一样了！"

这是一节图片作文教学课堂的评论区留言。原本以为是一次搞怪吸睛之举,但随后学生的发言让我眼前一亮。

"为何范文给的一定是 Amy 用脚丫画画得好?我觉得第二张严肃作画得好。如果只是解放天性,不学习,今后 Amy 怎么会成为名家?"

听过学生的见解,我才意识到讲评时应该措辞更加严谨,范文想强调创造力的重要性,但不应该框死学生思维,答案是开放的。

"说得很好,想要画好画,不仅需要天性与创造力,更需要毅力与后天训练。"

学贵有疑。认真倾听,认真感受,听见"不和谐",才有了碰撞的火花,才有了更和谐、更温暖的评价。感谢这位"脸皮厚"的学生,让课堂有了质疑,听见了智慧。很欣喜听到这样的课堂对话,即使探讨的内容并不深刻,但这是学习真实发生的开端,学生在思考、在提问。温暖的教学就是要学生大胆质疑,敢于表达,为教师的"教"和学生的"学"提供尽可能多的开放空间。

## 嗅见"微气息"

教学要温暖,教师不仅会"看"、会"听",更要会"嗅"。学生课堂上思维的触角伸到哪儿,教师的"雷达"味觉就要嗅到哪儿。随时捕捉教育微契机,与学生相联结。一次网课期间的语法课,屏幕前我激情盎然,但评论区的留言好久不动了,我察觉到这堂课可能又要"变质"了。这时互动评论区有同学留言说要去做核酸了。我灵机一动,在屏幕上打出了做核酸的语法情境句子。

"同学们每天都做核酸,那么就在核酸场景中,完成下面语法练习。"

When ____ (queue) up in the line to have the Covid test, we should keep social distancing.

Stay calm when the doctor inserts the swad ____ (use) to collect the fluid into the throat.

互动区的长龙又接了起来,大家跃跃欲试,有填空的、有翻译的,课堂从要"变质"走向要"变暖"……

洋溢着生命温暖的课堂,是充满互动的课堂,是学习真实发生的课堂。当看到学生们在评论区相互讨论评价时,我知道这节课必定是有温度的课。教师是要嗅觉敏锐,学科育人,联系生活,渗透德育。

## 尝见"学生味"

尝见"学生味"就是教师要让出讲台,角色对调,学生当老师,老师做学生。把课堂 C 位还给学生,彰显学生的主体性。

疫情最严重时,同学们居家学习,似乎都在为吃饭问题苦恼。平时最不起眼的葱姜蒜变成了奢侈品。种菜成了新时尚。于是我布置学生针对家里的一种植物或蔬菜写一篇演讲稿,第二天课上分享。学生的想象力真的令我大开眼界,有"Ode to the garlic""My dear money plant""Sorry, your ugly potatoes.""Thanks, carrots!"……同学们纷纷用拟人、比喻等手法抒发自己对家里植物的情感:或是感慨大蒜的珍贵,或是感谢绿萝给沉闷的居家带来生机,或是对之前"嫌弃"的土豆说抱歉,或是感慨"救命"的胡萝卜。同学们在课堂上通过屏幕分享,用饱含感情的声音生动地演讲,并配有家里蔬菜的图片,课堂好不热闹!学生互相评价各自的演说,我也甘于在屏幕背后做个小粉丝,听着同学们侃侃而谈。这般"学生味"真是不一样,美好又难忘……

## 触及"真"心灵

教师不能封闭自己的感官,"装聋哑""捂口鼻"或"睁眼瞎"。要打开感官,真切地感受,在看见"小透明"、听见"不和谐"、嗅见"微气息"、尝见"学生味"中不断体会与延伸,通过各种暖教学,激励、鼓舞、点拨学生,从而透过云端真正触及学生,拨动心弦。

在真听、真看、真感受中发现孩子。让教学回归到"人"上。教学中用好教师的"五感",心怀学生,做有温度的教育;遵循天性,循道而为,打开学生的"五感",做触及心灵的教育。给予学生公平共赢的学习机会,营造温暖润泽的倾听关系。关注尊重每个生命,让爱扎根于心底,体现在教育细节中。

德国哲学家雅思贝尔说:"一棵树摇动另一棵树,一朵云推动另一朵云,一个灵魂唤醒另一个灵魂。"前路漫漫,我将继续学做教师,春风化雨,同泽共暖,使自己不断成为"那棵树""那朵云""那个灵魂",用心感受学生、触动心弦、唤醒灵魂。

# "你创想,我支持!"

上海市浦东新区东方锦绣幼儿园　刘晓媛

"人们说要让教育充满爱,我说这还不够,要让爱充满智慧!"这才是教育。在幼儿园里,老师和孩子们每天朝夕相处,时时有智慧的火花闪现,有精彩的故事发生。我们的教育不能缺少温度,更不能缺少让孩子们的心灵富足和自豪的精神温度。有温度的教育才能让我们体会到教育的温暖和幸福。

主题创想活动是我园的特色活动之一,在班本化实施中我们基于对大班儿童立场的有效观察与支持,结合大班幼儿的年龄特点以及需求开展了主题创想活动"神奇的宇宙"。从儿童立场出发,顺应儿童的身心发展规律,用儿童的眼光去看待,用儿童的耳朵去聆听,用儿童的心智去思考。这种心中有孩子的教学正是我认为的温暖教学。

## 一、以"真兴趣"确立主题创想活动的内容

开学初,在谈暑假趣事的活动中,小卢同学说起了和爸爸妈妈一起去上海天文馆的趣事,同时还带来了几张在天文馆的照片。于是孩子们像是发现了新大陆一样,他们开始对星球、星座、宇宙等话题萌发了兴趣。基于孩子们对太空的已有经验,以及孩子们对"我是中国人"大主题下"了不起的中国人"子主题的内容的喜爱,孩子们自己收集了关于航天飞船的资料,请爸爸妈妈打印了宇航员的照片,等等。神舟13号火箭升空时,我们组织孩子们一起观看直播。就这样孩子们对神奇的太空又多了一份憧憬。一周以后,每个孩子都在讨论关于太空的问题,孩子们参与活动的积极性空前高涨。

在主题创想活动开展之前,孩子们的科学探索行为还处在产生疑问和猜想假设阶段。我用问题墙的形式梳理孩子们的疑惑。在问题驱动和激发兴趣的主题开展模

式下,我以问题为向导,唤醒部分幼儿的已有经验,推动其他幼儿的持续学习。例如在一次活动中航航对于火箭如何发射非常感兴趣,于是他在纸上画了一艘火箭、一个剪头和一个问号。然后将这张纸贴在了问题墙上。在后期的活动开展中,他们小组的孩子们就根据这个问题开始了实验。有的将火箭装在塑料瓶上,在挤压瓶子的时候就能将火箭发射出去。可是这个对于火箭本身的要求很高。只有用泡沫做的火箭,因为足够轻才能发射出去。有的孩子给火箭垫了几块积木然后用脚一踩,火箭就飞出去了。一个个精彩的瞬间就是孩子们利用已有经验进行探究的生动例子。

什么是有温度的教育?我想,有温度的教育就是教师用温暖的心灵去看到孩子的"真兴趣",用自己的实际行动去感染孩子,让孩子们的心灵得到慰藉。一个小小的进步,一个小小的愿望,或者只是一个成长过程中的微笑,都来自孩子天真的小小努力,来自他们真诚的不着修饰的童心。这份温暖在播种中,在耕耘中,在守候中,在陪伴中,在鼓励中,在坚信中……

## 二、以"真需求"推进主题创想活动的发展

### (一)对问题探究的需求

在主题活动开展的过程中幼儿通过经验的整合,会自己解决当初提出的疑问,我会鼓励孩子自己回答当初提出的问题,并且我也鼓励孩子将每周的活动中产生的问题记录在自己的记录本上,如此往复。我会不断创设问题情境,从侧面推动孩子们在主题活动中的深度学习。

孩子们的积极性被调动起来之后,就像是在轨道上奔驰的火车,朝着既定的目标前进。接下来我和孩子们一起商量,大家集思广益,孩子们与环境之间的对话,拓宽了他们的视野,也调动了他们探索未知的积极性。

### (二)和同伴交流的需求

主题创想活动的开始离不开孩子之间的交流互动。"你想研究什么呀?""我最近看了几本关于太空的书,下次带来我们一起看。""我家有很多管状的材料,我们一起搭火箭怎么样?"就在这样宽松的氛围下孩子们热闹地交流起来。你一言,我一语,大家都投入到主题创想的活动中。有了与同伴的互动、交流,他们开始跃跃欲试。有

的开始画活动计划书,有的忙着寻找合作伙伴,有的迫不及待回家收集材料。他们开始分工合作、情景表演、项目演练。我们的主题创想活动开始热闹起来。

### (三) 与材料互动的需求

随着主题活动的推进,我们班级百宝箱里的材料越来越丰富。有各种管状的材料,比如塑料瓶、打气筒、奶粉罐等,这些都是制作火箭的材料;有各种圆盘形的材料,如光盘、纸盘、圆形纸板等,这些都是要拿来制作飞碟的。还有吸管、黏土、棉线等,是用来制作星座图的。材料的收集来源于孩子们的经验,孩子们会在经验情境中获得灵感,以获取继续探索的动力和乐趣。这些五花八门的材料也让孩子们在主题创想活动中的深度学习持续"发酵"。

以上三点充分说明了在创造性活动中我们要满足孩子们不同的需求。通过对幼儿主题创想活动背后"真需求"的探索研究,并尝试顺应、支持幼儿的行为,幼儿的学习探索就会更加深入,从而发展幼儿的主动性、计划性、专注性等学习品质。

## 三、以"真支持"推进主题创想活动的延伸

### (一) 营造轻松的氛围

在主题创想活动开展的过程中,我尽力营造自由、宽松、开放的活动氛围,以消除孩子们的顾虑,帮助孩子们以积极主动的学习状态参与到主题创想活动中。在活动开展过程中,刚开始我时常像警察巡逻一样,到处观察是否有孩子做出"出轨"的行为。是不是跑题了?有没有做主题之外的事?一旦发现这些行为,就马上给予"点拨",生怕他们走远了。在这样一种紧张、压抑的氛围中,幼儿自主性学习的欲望大打折扣。于是我放慢了脚步,开始思考,这是我的初衷吗?这是我想要的温暖的教学吗?不!显然这是和我的初衷相违背的。我们要做的应该是放手尽量营造轻松的氛围。于是我改变了活动的形式。多观察,多倾听,多以商量的方式引导幼儿进行活动,使幼儿的心理处于轻松活跃的状态,激发自主性学习的欲望。开展活动前孩子们可以自主组队,挑选组长;可以选择活动区域,设定规则;可以自主选择材料,创意搭建。当我放手后,我欣喜地发现孩子们的创意在不断涌现。出现了光盘制作的飞碟、记录了外星人语录的记录本、五花八门的星座图,还有各种材质的宇航服,等等。轻

松的学习氛围激发了孩子们参与主题创想活动的欲望,收到了良好的活动效果。

### (二)创造多样的环境

一个能够激发幼儿探索兴趣,引发幼儿主动思考,与幼儿产生互动的主题活动环境,是一片能促进幼儿自主性学习的沃土。在主题创想活动中,我为孩子们的活动提供了时间、空间、材料、工具等方面的物质环境。

1. 灵活的活动时间安排

为了更好地开展活动,我将学习和游戏的时间相结合,大大增加了主题创想活动的时间。这样一来,每一次的主题创想活动都会有时间上的保障。如果有些孩子在特定的时间里还没尽兴,也可以鼓励幼儿在其余自由活动时间自主安排。从时间上,为孩子能自主创想提供了保障。

2. 高效的活动空间布局

在班级空间的布局上,我也进行了简单的分布。例如:需要制作作品的孩子可以选择靠近美工区的位置,这样方便拿取材料,方便创作;需要表演的孩子可以靠近多媒体的位置,这样方便搭建舞台,播放多媒体;如果是需要查阅资料的孩子,就可以在比较安静的图书区翻阅资料。这样从活动空间安排来看,发挥区域布局的高效的空间利用率最大限度地满足了孩子的需求。

3. 互动的活动情境创设

在主题开展的过程中,我发现营造良好的情境更能激发孩子们开展主题创想活动的兴趣。让孩子们一起参与主题情境的创设,是主题创想活动的开始。在每一次阶段性展示时,我都鼓励孩子和我一起收集素材,创设活动展板。在主题情境中,我引导孩子主动思考,大胆想象,提出观点和想法,这是孩子们参与活动的过程,更是他们自主性学习的过程。

### (三)提供适宜的支持

陶行知先生主张要解放儿童的头脑、解放儿童的眼睛、解放儿童的双手、解放儿童的嘴、解放儿童的空间、解放儿童的时间。在主题创想活动中,往往孩子们会有很多天马行空的想法,那么新经验的获得往往会来自讨论、商量等。有时还会在活动中出现辩论等形式。例如,一次活动中孩子们说起银河系像什么?大家都激烈地讨论起来。有的说像棒棒糖,有的说像瀑布,等等。在最后,老师进行了思维导图的梳理和小结,这往往会成为孩子持续活动的动力。这也是对她们的经验进行梳理。通过思维的碰撞,我们知道了更多的知识点。通过交流、讨论,孩子的思维一直在锻炼中。在主题创想活动中,面对孩子急需解决的问题,我们通过阶段性的经验梳理和环境版面的制作来支持幼儿可持续发展的学习。

在"神奇的宇宙"主题推进的过程中,孩子们的科学探究行为处在"翻阅资料""操作性探索""记录与整理"的阶段,教师也会利用思维导图、作品展示的方式可视化地呈现孩子的活动过程,引导幼儿将已有经验与真实现象建立联系。这样恰到好处的支持和引导也为孩子之间合作式共建、深度学习提供了有效支持。

主题创想活动具有开放性、自由性、自主性、针对性等特点,使得我在活动中与幼儿的互动呈现出了多种方式,也正是因为这些多元的互动方式,将我与孩子们之间的距离拉得更近,互动的实效才更加明显、更加高效。

我理解的"温暖的教学"应是包含着"真兴趣""真需求""真支持"来开展的。在活动中,每个孩子都能感受到来自同伴的支持、老师的支持、环境的支持。在这样的互动中,孩子感受到的是一种哺育、一种滋养。在主题创想活动中,让我们更明确儿童立场,将儿童立场落到实处。

"养鱼贵在养水,养花贵在养土,教育贵在温暖人心。"多学习,多反思,勇于实践,敢于创新,努力让自己成为一个有温度的教育者,向更深层次的"教学"前进。

# 爱得小一点,爱得大一点

上海市浦东新区百灵鸟幼儿园　王　岚

我一直觉得自己是幸运的,因为我的职业的关系,我能看到很多不同的家庭、不同的父母与他们孩子相处的方式,这是我拓宽自己教育视野的窗口。身为旁观者,无须担责,却又能冷静客观。于是在观察某个家庭的父母与孩子的相处中判断这个家庭如何理解教育;在看一个孩子的穿衣量多少后猜测孩子的体质以及家人的呵护程度……我喜欢暗暗拿出心中那杆"秤",掂量一下不同教育方式的轻与重、优与劣。不能算是好管闲事,而是旨在通过观察和思考,从更多窗口窥探教育的神秘与多样,并身为一个教育工作者思考该如何与时俱进,对症下"药"。看了这么多家庭,如果一定要分个类别的话,我认为可以最简单地分成两类:一种叫"爱得小一点",一种叫"爱得大一点"。在如今这个全民关注教育的时代背景下,每个家庭都在比谁在孩子身上更花心思,爸爸妈妈们恨不得掏空腰包、用足关系来给孩子们创造好机会、搭建好舞台。怎么还会有爱得小一点和爱得大一点之分呢?别怪我苛刻,我秤砣上区分大和小的标准应该就是格局的大和小、视野的远和近、放手的多和少、尊重的深与浅吧。

## 格局的大和小——父母的人格、胸怀和气度决定孩子的心胸

真的是没有资格去挑剔怎样的人来成为你学校的家长,但是凡能有幸遇上格局大的家长,一定庆幸并感恩。当时接管东方城市幼儿园时,两个月的园内大修牵动了所有家庭的心。毕竟来了"新东家",我们会怎样兼顾环境改建的优化和安全保障的双重要求是我们园内所有家庭都关注的问题。我感谢那些默默关注幼儿园微信群里时时发布的园内改建信息的家长们,虽然默默,但他们的选择是给予相信和支持,这无疑给了我力量。事实上,确实也有家长因为一百个不放心偷偷溜进建筑工地"帮"

着巡视,然后遇到同在工地巡视的我,就一再地提问,表达着不放心。可以理解家长为孩子身心健康发展的心切,却不敢想,如果每一个家长都这样,工作量该是何等巨大? 在幼儿园办园的过程中,家长们会在自己专属的群(没有老师在的群)里积极讨论园内或有或无的事物,虽说大部分是道听途说,却也是极其热烈地"关心"着:中班家长讨论着某小班的传染病,某位老师的肠胃炎成了他们所说的"怀孕";还有因为孩子之间的矛盾而升级成两个家庭之间的矛盾的事,在微信群里拉帮结派地互骂、威胁……以上这些情况,在遇到的时候,我总是会尽可能地理性直面,同时一定会告诉他们,选择相信比选择猜疑要幸福,且身为孩子的榜样,有没有想过这样地看人看事,对孩子会有怎样的影响?

## 视野的远和近——当下,值得珍惜,但过于聚焦,未来就走不近

"老师,我们的孩子还小,不急,让他慢慢来!"是啊,3—6 岁的孩子,身上处处闪现的是懵懂、可爱、朝气和阳光,谁会不爱,更何况是与之有血缘关系的亲人呢? 可当爱变得盲目和狭隘了,视野就近了,不带他走上需要努力才能攀上的成长的阶梯,只因为眷恋他的可爱而不忍心让他独立和受挫,日子一天天地会把焦虑带来,想要补救,往往就晚了。于是,因为依赖了食物粉碎机而错过了孩子咀嚼能力的最佳发展期,到了大班,吃蔬菜还不顺利。因为嚼不烂而咽不下,靠汤顺带吞咽下肚,堪比吃药。于是,因为孩子的月龄小,主观担心孩子会不适应集体生活,晚了一年再送来幼儿园,孩子各方面的能力,无论是语言还是运动,无论是独立性还是果敢性,都打了折扣。世上所有的爱都是为了让彼此走得更近,只有父母对孩子的爱,是为了让孩子飞得更远! 爱得大一点,就意味着能顺着孩子的成长和发展规律,及时地给予挑战的机会和空间,不急但也不能太缓,与普通大众的孩子一般,不搞特殊化,跟上大势不代表平庸,而是跟上了客观规律。所以家长们,不要因为"小小的"爱而阻碍了自己孩子成长的视野。

## 放手的多和少——给予空间,让成长自由且笃定

自幼儿园开办以来,园内开展过很多特别的活动,比如自行车骑行大赛。大赛当

天,下着瓢泼大雨,园方决定不改期,照常进行。当天园内的出勤率是60%左右,几乎每个班都有10个左右的家庭没参加当天的活动。确实,大雨天要求所有孩子来,不顾孩子的身体素质是绝不可取的。但却也有一部分没有参加的家庭是因为各类顾虑而剥夺了孩子去体会一段不一样的经历的机会。要不是因为瓢泼大雨,根本不会深刻体会孩子们骑行中散发出的拼搏精神;要不是因为瓢泼大雨,也见证不了孩子们团结合作、为荣誉而战的那股子士气;要不是因为瓢泼大雨,孩子们怎么会有机会知道"踩水、蹚水、戏水"间,他们是何等的快乐;要不是因为瓢泼大雨,骑行中对危险的认识和对自己的保护意识又怎会被很好地激发? 只有放手了,才会有这样的珍贵体验!很多家庭为什么不放手,是因为担忧? 那又为什么担忧,是由孩子自身出发,还是由自己高高在上的成人视角出发? 孩子的人生庆幸有个全方位关注的人护航,却也会因为有个紧握方向盘的人而有所束缚。被沉重的爱掌控着的孩子,可能少的是体验、是多元。没有了这些,也会少了比较和判断的能力以及那些弥足珍贵的自我意识。雨中的骑行大赛只是一个再小不过的缩影,其实可以放手让孩子自己去做的事情有太多太多。比如:在孩子能独立行走的时候,给他些时间容他慢慢地走一走,无论是平地还是烂泥;在孩子能背起自己的小书包的时候,让他自己背起来,或轻或重,它能让孩子学会承担自己的责任……

## 尊重的深与浅——请把他当成一个独立的个体

尊重是什么? 百度上说,尊重是指彼此间平等相待的心态及其言行。对待生命都要尊重,哪怕他是需要你蹲下才看得清他的眼睛的幼儿。身高、体重、行为能力等各方面都有局限的幼儿很容易就被剥夺了被尊重的权利。每周有一天早晨站在园门口,我总会看到有家长是握着孩子的手腕牵其进校门的。握着手和握着手腕不同,手心相对,有步调一致、共同前进的意思。而握着手腕则透露出要控制方向,生怕其有胡闹之嫌。不尊重,就把他当成了附属品。总不乏一些调皮的小男孩,屡次在园内惹别人,招来骂声。爸爸妈妈一面应付老师,一面应付同学家长,两面夹击,情绪自然坏到极点。他们便开始讨厌孩子给自己丢了脸,开始抱怨自己的孩子为什么就不能和别家的娃一样乖巧懂事,有时还会跟进漫骂与惩罚。他们屡屡忘了蹲下来,平心静气地听听孩子怎么说,帮助孩子分析一下当时的情境、遇到的人和发生的事。于是,你认定他为调皮捣蛋,他却只是苦于找不到朋友而施展了"不得法的拳脚"。不尊重,就和他的心越走越远。孩子年龄越小,父母的操心就加倍。年纪越大才得孩子的,父母的操心更是加倍。孩子出门是一件汗衫搭配一件外套,走进教室后父母想给孩子脱去,又担心受凉,就走出教室。走出教室拿自己的身体感应,觉得有些热意,再返回教室,要求帮孩子把外套脱了。再出门询问同班的家长是怎么给孩子穿衣服的,又折回教室要求还是把外套穿上。这样的案例在幼儿园里屡见不鲜。看似是家长自己在纠结,实则是不尊重孩子。不尊重,把他本该有的感知能力给抹杀了,变成了大家俗称的温度感知标准,叫作"有一种热叫爸爸妈妈觉得我热"。

教育,真不是一件易事。有人说,教不来还不如不教。而我的感悟是,要教人,先把自己教好!让自己的爱大一些,再大一些,让它有包容、有接纳、有反思、有温度!

## "慧"读书,优成长

2023年"书香校园"读书活动的主题是"'慧'读书,优成长"。

深入推进教师读书活动,让校园充满书香气,让教师成为真正的读书人。从学校读书活动到社团读书活动,从个人读书活动到亲子读书活动,犹如盛开在浦东教育园地里的魅力"四叶草"。从"爱读书"到"会读书",再到"'慧'读书",走出了一条浦东教育工作者"'慧'读书,优成长"的发展之路,见证了"有志者敦之笃之;力行者果之毅之"教育的光彩。

我们倡导着用阅读照亮阅读、用智慧点燃智慧、用创造激发创造、用心灵滋润心灵的读书学习之风。读书,成为大美浦东教育的亮丽风景线,"'慧'读书,优成长"中,浦东的"教育人",与"读"日日相伴,与"书"心心相印,与"思"刻刻相随,与"慧"天天相融。阅读的实际行动,印证了教育家苏霍姆林斯基曾经说过的一段话:"无限相信书籍的力量,是我的教育信仰的真谛之一。"

阅读成为老师们根植于内心的修养、一种无需提醒的自觉、一种久久为功的坚持、一种向阳而生的姿态。日日行不怕千万里,天天读不吝千万言。读书,无疑就是教师内涵发展的催化酶和助力器。在读书学习上把握主动,是最根本的教师发展的主动,是"到世界上最杰出的人家里去串门"。

用行动"致敬阅读",实现心与心的交流;用体验"享受阅读",实现美与美的分享;用心灵"感恩阅读",实现爱与爱的传递;用坚持"恒远阅读",实现人与人的共进!

# 浦东新区青年新秀系列阅读活动运作路径与经验

上海市浦东教育发展研究院　金秋玥

苏霍姆林斯基在《给教师的建议》中说:"读书、读书、再读书,——教师的教育素养的这个方面正是取决于此。"教师读书,可以滋养生活、工作的"源头活水"。

## 一、成立渊源

为了营造读书学习、以书会友、同伴互助、不断创新、提升文化、培育美德的青年教师学习环境,推进区青年教师学习共同体建设,自 2022 学年起,以 518 名浦东新区 2021—2023 学年"青年新秀[①]"(以下简称"新秀")为对象,浦东教育发展研究院(以下简称"教发院")教师教育培训部,组织实施了持续三个学期的系列阅读活动。

## 二、活动思路

本期新秀系列阅读活动的定位是,注重培养教师"深阅读"的能力。急功近利的阅读会导致教师缺少系统的理论思考和时间的沉淀,读书再多也无法真正提高个人的理论素养。因此,此次活动特别强调教师静心读、深刻领会,不求多,一学期一本书足矣;读经典,但求真正有所思、有所获。

经过前期调研[②]和专家访谈,设计了以"小组共读""专家伴读""自主研读"为主的活动形式,涵盖阅读方法论、教育教学类名著、学科专业书籍、文史哲类名著等。新

---

[①] 经过区遴选,教龄在 3—10 年的区优秀青年教师。
[②]《浦东新区青年新秀阅读现状调研问卷》,发放问卷 518 份,回收有效问卷 487 份。

秀系列阅读活动计划如表1所示。对应于不同的阅读目标,分阶段循序渐进地开展每学期的阅读活动,教发院项目组提供相匹配的活动平台和专业资源。目前已实施完成了前两学期的活动。

表1　新秀系列阅读活动计划表

| 时　　间 | "读什么" | "为何读" | "如何读" | 书目类别 |
|---|---|---|---|---|
| 2022学年第一学期 | 共读"智"书 | 以书会友,共读经典 | 同伴共读 | 教育教学类名著 |
| 2022学年第一学期 | 研读"用"书 | 专业研读,求实求深 | 专家伴读 | 课程标准、指南等学科专业类 |
| 2023学年第一学期 | 享读"闲"书 | 沉淀"阅历",吐纳成果 | 自主阅读 | 文史哲、自然科学类 |

## 三、活 动 实 施

### (一)第一学期——共读"智"书

第一期围绕教育教学类名著①,以相同的阅读兴趣为抓手,按照每位新秀自选的一本书进行分组,每组8—15人,组成64个研读小组,推选1位领读人,开展4—8次阅读分享活动,由于处于疫情防控时期,因而该学期的活动全部安排在Classin平台上进行线上活动,活动流程如图1所示。

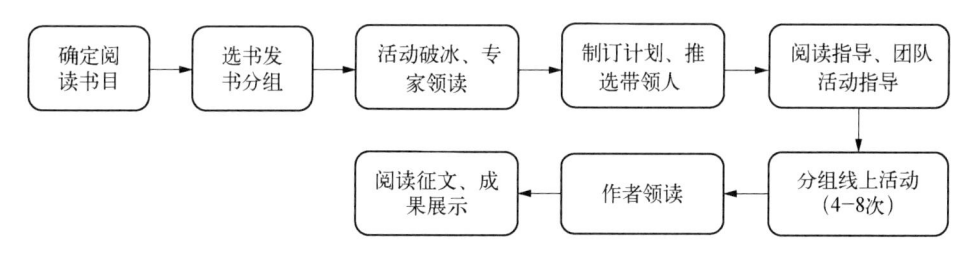

图1　新秀线上读书小组活动流程

---

① 参考《中国教育报》推荐教师阅读的100本书(2018—2021)中教育教学类,再请专家进行书目筛选,最终确定6本书。

为了更好地让每个小组活动有序且能真正促进成员积极参与、相互信任、深度交流，项目组在活动中安排了阅读指导、作者领读、读书会组织指导、阅读征文等相关支持活动，且要求每个小组共商一份学期活动计划，尽力创造机会让每个成员能在小组中轮流承担组织者、分享者、记录者、讨论者的角色。

### （二）第二学期——研读"用"书

2023年3月，围绕"专业研读"正式启动第二期读书活动。第二期研读活动分中小学组、学前组，中小学学段新秀以"新课标"为研读主题，主要研读教育部最新颁布的各个学科课程标准、教材及相关的标准解读、专著、优秀论文与案例等；学前学段新秀以"幼儿教育系列指南"为研读主题，主要研读教育部和上海市教委颁布的重要幼儿教育指南或条例，以及相关的指南解读、专著、优秀论文与案例等。每位青年新秀在两个月内聚焦这些内容进行相关阅读学习，并应用转化于教学实践，撰写"实战作业"，积累阅读成果。

与此同时，教发院青年新秀项目组提供配套的课程研修、专家指导、成果展示与指导等支持活动，保障新秀研读活动的质量与成果。如与Classin和华东师范大学等联合设计与研读主题相配套的课程研修，包括面向中小学学段的"新课标领航计划·共研营"、学前学段的"幼儿领域发展特点和学习方式·共研营"，为参与的教师全程提供社群伴学服务。如对优秀的"实战作业"进行评选与颁奖，并安排专家进行指导打磨，推荐给有关杂志予以发表。这一系列活动让新秀的阅读不只是"枯坐书斋"，更有良师、益友，相伴共学。

### （三）第三学期——享读"闲"书

有了前两个学期的阅读经验积累，项目组希望大部分新秀能够真正享受阅读的乐趣，理解何为好书，何为有效的阅读。阅读的种类从教育类、学科类扩展到文史哲、自然科学，阅读的形式也更加自由，新秀们自主选择优秀的作品，可以一个人默默地读，也可以与志同道合的小伙伴一起分享，在广阔的阅读之旅中促进全人的发展。

## 四、活动总结

总结前两期活动，从新秀的活动记录、阅读作业中，我们可以感受到新秀的阅读能力与兴趣有所提升,"平等相处、自由表达、合作共享"的情感交流平台逐渐构建,"读书有用"的观念更加浸入新秀的头脑中。希望通过完整的三学期阅读活动,新秀既能保持职业不怠的活力,同时保持心灵的润泽,成为一名有思想、有智慧的教师,从而促进浦东教育事业更上一层楼。

# 读书,最美的生命之旅

上海市新云台中学　王晓云

从做学生到当教师,读书始终是我最好的朋友与成长见证。在读书的过程中,文字以难以估量的力量,牵引着我不断地观察、思考、记录与创作,帮助我积淀了成长的原动力与持久的前行力。

我最早"读"到的书是收音机里的长篇评书,还有奶奶和外婆口中的民间故事。从著名评书表演艺术家刘兰芳先生口中,我认识了精忠报国的岳飞、骁勇善战的杨家将、铁面无私的包公……在奶奶和外婆绘声绘色的讲述过程中,孟姜女千里寻夫哭倒长城、白蛇报恩嫁于许仙、窦娥冤屈感天动地这一个个民间故事在我心底种下了真、善、美的种子。

识字后,我不再满足于仅听别人讲故事,更爱捧着书自己读。只要一逮到机会,我就会钻到图书馆去。读《满江红》唤醒了童年刘兰芳先生评书中对岳飞的敬仰与崇拜之情,我开始对历史产生浓厚的兴趣;读项羽的故事时,听着琵琶曲《十面埋伏》对中国民乐痴迷不已;读过《傅雷家书》,再去看傅雷翻译的《约翰·克利斯朵夫》,对外国文学产生了好奇心;读过莎士比亚的戏剧,再看中国十大悲剧,在比较阅读中更深刻地理解了中国戏剧悲剧大团圆结局的美学底蕴,一气呵成写了大学毕业论文《试析中国古典戏剧悲剧大团圆结局的美学底蕴》,获得优秀。此时,童年听过的《窦娥冤》重新回到视线中,我忍不住沉思:为什么会有这样的悲剧发生?能不能不让这样的悲剧发生?这样的思考触发了哲学启蒙,恰巧又读到《苏菲的世界》,"我是谁?""我从哪里来?"的追问让我重新审视生命,促使我报考国家二级心理咨询师,探索更多生命的意义。

书读得多了,心底就会有蠢蠢欲动的表达欲望。读过《三毛流浪记》,怀着同情之心写《小猫流浪记》;读过徐志摩的《偶然》,依样画葫芦悄悄仿写诗歌;"遇到"李清照后,摘录她的作品以及大量诗词名篇,于是在她的作品中发现了"酒"的元素,进而在古诗词中品味到了数词的无穷奥秘,这些素材在攻读华东师范大学研究生课程班时写进了论文《数词在古代山水诗中构筑的意境之美鉴赏指导》,得到了导师的认可,获上海市第四届古诗文教学论文评比二等奖。在市、区级作文竞赛上我也多次获奖,在报纸杂志上发表随笔、散文和诗歌,工作后还出版了三本诗集《如果此生不曾遇见》《追,城市的风》《云上花开·教育的诗意绽放》。

如果说,学生时代的读书经历是一个人的精神发育史,那么从教 26 年的读书经历,更是师生之间的共同成长路。

记得介绍《诺曼底号遇难记》作者时,我无意中透露了家里有几千本藏书。一个学生马上提出要借阅雨果的《悲惨世界》。课后,学生们纷纷向我借阅藏书。看着如此高涨的阅读热情,我索性做了一张个性化的借书单,面向所有愿意读书、喜欢读书且学有余力的学生。我的私人藏书渐渐成为一条流动的知识之河,因每个学生的接力阅读而焕发出无限活力。

好的书一定能够滋养心灵,塑造品格,培养气质,增加智慧。我从教师个人的阅读经历和教育的根本任务出发,引导学生阅读好书,也为学生甄别好书。比如《红楼梦》,不同的年龄段会有不同的关注点,也会有不同的感悟。我为学生设置了阅读阶段,每一个阶段都有任务单,完成阶段任务后进入下一个挑战阶段,最后结合《蒋勋说红楼梦》,从美学和人性的角度回味原著,撰写阅读感悟。比如读《论语》《诸子百家》,带着学生在朗读、背诵、摘录、演绎的过程中,通过一个个故事走近一个个人物,在感受春秋战国时期百家争鸣无穷魅力的同时领悟其中蕴藏的深刻智慧。

读书也要讲究方法。我带着学生一起阅读《如何阅读一本书》,一起做阅读笔记。学生的阅读变得更加有条理,也形成了不少阅读成果:读书笔记、读后感、思维导图,一份份作业中可以看出学生思维的发展。学生不仅喜欢阅读,也爱上了写作。以一个班级为例,初中四年间在报刊上发表习作、诗歌 20 多篇(首),在市、区级写作比赛中多人获奖,还专门结集一本诗歌、习作集《请在未来等我》。

2018 年 8 月,我担任上海市新云台中学校长后,确立了新的目标:和一群人一起在阅读中提升人文修养和专业素养。以"书香社"和"青年读书沙龙"为学习平台,带领全体教师共读《于漪全集》《被讨厌的勇气》《荒原上的大师》等,以榜样为参照,确定成长目标,在学习实践中落实"重德、崇文、担责"校风;一起共读新课标,以《走向实证》指导教师梳理教育教学中的经验并查找瓶颈,开展教学研究,提高教育教学实效;聆听鲍鹏山教授关于《水浒传》《三国演义》等经典著作的讲座,夯实学科素养与人文修养。组织师生和家长一起共读《云三彩》,和儿童文学家秦文君老师一起关注青春期学生的教育问题。在共读、研讨、反思的过程中,教师发现问题、解决问题的能力获得了质的飞跃,有关论文和案例在市、区级各类征文比赛中获奖,学校还出版了两本教育教学论文集——《从课程到课堂的生命活力》和《欣耘·活力——新云台中学五行课程建设的实践创新》,见证了阅读对教师专业素养的强大推动力。

读书是一种好习惯,应该成为生命的一部分。会读书的人,内心必然是丰富的,人生也必定是饱满的。因为阅读,我和学生、教师、家长一起拥有了共同成长的生命场域。

# 教书与读书

上海市浦东新区建平实验小学　朱　煜

## 《背影》里的人性美

　　因为《背影》，我开始阅读并喜欢上了中国现代文学。第一次读完《背影》，我就产生了共鸣。因为在一个冬夜，父亲骑车带我去医院看病。我坐在自行车的后座上，看着父亲上下起伏的背影，也曾经十分感动。

　　不同的年龄阶段读《背影》感受是不一样的。20岁之前读，对"他嘱我路上小心，夜里要警醒些，不要受凉。又嘱托茶房好好照应我。我心里暗笑他的迂；他们只认得钱，托他们真是白托！而且我这样大年纪的人，难道还不能料理自己吗？"这样的描述一定是很有同感的。青春年少，意气风发，总觉得自己可以独自面对整个世界，最听不得长辈的嘱咐唠叨。但是当自己做了父亲，再读这段话时，便能体会到另一层东西。父亲"少年出外谋生，独力支持，做了许多大事"。人世间的经历自然是丰富的，他怎么会不知道茶房只认得钱？即便如此，他还是要很"迂"地嘱托。这就是父爱。看似迂腐的嘱托背后是美好的人性。读者感悟到了这人性之美，文章便流传下来了。《背影》中不只有父爱，还有一个儿子的忏悔之情。这不也是一种美好的人性吗？

　　朱自清先生写过一篇叫《冬天》的散文。文章的第一自然段里也提到了父亲。说的是冬天里父亲与三个儿子在家里吃白水豆腐的情形。

　　白水煮豆腐，蘸点酱油，在小孩子的眼中便是极好的东西了。因为在小孩子看来，这不仅能解馋，还很有趣味。而在成年人的眼中，白水豆腐的美好则在于其中蕴含了人情物理。

　　读朱自清先生的这一类散文，常常让我从父子间的人性美联想到教师与学生的相处之道。我们常讲，教师要关爱学生。如果撇除教师职业要求的因素，教师爱学生的理由是什么？我想，是因为学生身上具备很多成人已经不具备的美好人性。学生身上的人性光辉有时是显性的,但更多的是隐性的,这就需要教师去发现,去激发,去呵护。让美好的品性在学生身上尽量保存得久一些。

一些年轻的同行常问我,对于提高一些学生的学习成绩有什么好办法。我总是建议他们,先不要急于找提高学科成绩的办法,先想一想自己是否发现了学生身上的可爱之处和闪光点。找到之后,想一想是否真正在心理上贴近了学生。如果做到了这些,办法自然会出现。因为此时教师与学生没有了隔阂,教师是真正在关爱学生,了解、理解他们,所以此时找到的方法将是最有效的。

## "干干净净的屠格涅夫"

屠格涅夫的作品我是读得比较用心的。董桥先生曾经以"干干净净的屠格涅夫"为题写过一篇文章。文章里说:

> 平庸的唠叨和诚实的叙述往往只有一线之差,可是差之大矣!前者不离一个"闹"字;后者求一"静"字。屠格涅夫笔下的人和事都是静的。静则不沉闷,不琐碎。这里牵涉到品位和美感。

文章里还说:

> 屠格涅夫完全不解释人物的言行;他只是很冷静地写下人物的言行,留下广阔的空间让读者联想、意会。天下事原该如此。

第一次读到这些文字时,我已经看过不少屠格涅夫的作品,这些文字让我兴奋不已。我情不自禁地一遍一遍地大声朗读它们。董先生写得真好!把我说不出来的感受就这样简简单单、干干净净地说了出来。董先生这篇文章的第一部分摘引了屠格涅夫的小说《初恋》的内容。文章最后,他写道:

> 干净是好的;人和文都一样,要干净,像屠格涅夫,像初恋。

上语文课也是这样啊!要干净。不要拉拉杂杂、枝枝蔓蔓。一堂课,定下一两个目标,认认真真地设计、落实,让学生专注地听、专注地想,扎扎实实地练习表达,走出教室的时候真正学到东西。有些内容还需要适当留白,让学生在今后的学习之路上慢慢体会、咀嚼。"天下事原该如此",因为天下事的道理本是相通的。

## 世界还小,我怎么能老

有一天,朋友送给我一本《当世界年纪还小的时候》,这是一本故事集。故事长长短短,插图也配得奇妙。

《邀请》一文写道,"我"打扫花园累了,停下来休息,一只蜜蜂飞过来邀请"我"参加蜜蜂女王的婚礼。"我"问蜜蜂,该穿什么去参加婚礼。蜜蜂回答:"翅膀。"蜜蜂的回答真是不合逻辑。可再想想,又感觉它回答得很妙。妙在哪里,却无从说起。作者的想象力让我失语。

凡我见到的关于这本书的介绍文字都把它列为童书。可我认为这是用孩子的口吻写给成人看的书。书中许多故事估计不会引起孩子的阅读兴趣。为了证实自己的想法,我选了一些读给学生们听。果然,对于故事性不强的篇什,有的孩子说,这个在乱写些什么啊?有的孩子甚至给出"乱七八糟"的评价。可过了一段时间,再想起这事,又觉得自己错了。那些跳跃的文字背后不正是孩子们应该有的无拘无束、天马行空的奇思妙想吗?

小学语文教师应该有一颗赤子之心,这样才不会让孩子们过早地"老去",让自己变得暮气沉沉。阅读儿童文学是保持童心的好办法。引导学生阅读儿童文学,不能仅靠业余时间的推荐,而应该走进课堂。我学习借鉴了 20 世纪 50 年代中学教学改革实验的做法,把语文课分成语言课和文学课两种课型。如此一来,就使得学生在语言课上扎实地学习语言文字知识,锻炼语言表达的能力。学生在文学课上接受文学作品的熏陶,可以获得心灵的滋养,从而更系统地激发文学阅读的兴趣,提高阅读品位。

# 呦呦鹿鸣悦书香　专业成长乐时光

### 上海市浦东新区曹路打一小学　潘志燕

曹路打一小学是一所年轻的学校,2023 年 8 月测算的全校教师平均年龄为 30.8 岁。为了提高教师的整体水平,学校成立了读书社团。作为一个以读书为主题、以提高农村教师专业素养为内涵的社团,自 2017 年成立以来,有了一定的社团建设策略和成效。

## 一、"三个一"营造呦呦鹿鸣

"呦呦鹿鸣,食野之苹",这是一个非常惬意自得的画面。作为读书社团,我们希望带给教师的感觉也像阳光下的鹿群,悠然自得地享受读书的快乐。所以,要在时间成本和心情预期中,规划好每一次社团活动,让教师们身心愉悦地参与每一次社团活动,空谈误师,实干兴师。

1. 一句清晨语录,清心自有墨香来

每天清晨,读书社团微信群里的一句清晨语录,源自教师们在读书时摘录的金句。20 人分成 4 个小组,每周发布学科专业、个人心灵成长、育人理念等不重类别的精彩内容。我们用"每日一摘"进行引领,让一句句简短但富有教育意义的语言唤醒教师们热情满满的一天。自 2022 年起,社团微信群的清晨语录实现了内容升级,即从摘录到原创,锻炼教师们的写作能力。社团还会将好的语录作为校园文化建设的一部分,装饰在校园里,让孩子们、教师们能时时欣赏,无形中也起到了宣传激励作用。

2. 一部教育专著,长风破浪游书海

在这个信息爆炸的时代,读书容易,读书又难。独行者疾步,结伴者远行。社团把每个月的最后一个周五固定为教育专著阅读时间,开展"一张面孔,一个故事,一部专著"读书沙龙活动。如果是读学科专业书籍，以社团成员预读，领着同学科其他教师一起读为主要形式；如果是育人或个人成长书籍，每个人负责分享一个板块的精彩内容。一开始教师们有点"完成任务"的心态，社团通过丰富活动形式、改善阅读方式等途径营造氛围，让教师"愿意参与"和"乐于参与"，比如请美术教师帮忙设计漂亮的读书"漂流瓶"。记得有一位教师在阅读完《给教师的建议》这一本书后，在"漂流瓶"上写道："我一开始有点不情愿去读教育理论的书，但是我认真读后感受到了这本书的'魅力'。"读的每一本教育专著，都是成长的刻度。

3. 一场读书论坛，书香才能溢芳华

每个学年，社团以读书论坛为学期"盛会"。2021年的论坛主题为"读享时光 共沐书香"，2022年的主题为"共享书韵 以读促行"，为了提高读书论坛的知名度，每次的主题活动都有校领导出席并作总结发言。读书论坛是一个思想碰撞的平台，让每一位教师共享阅读的成果。

## 二、"两个评"营造竞争机制

社团的主要目的，不是努力策划一次读书活动，而是希望在教师群体中形成读书的氛围，养成读书的习惯。因此，社团也需要一定的机制支撑。社团在学校的支持下，筹措资金，积极创造条件，改善和营造学习环境，健全评价和奖励机制。

1. 一处书香地，满校读书人

"书香校园"建设的重要板块是"书香办公室"。在社团的建议和负责下，每个办公室都开辟了一个小型图书角，由社团成员每月更换一批图书和杂志，让教师们离书本更近一些。社团和工会一起，每学期进行书香办公室的评比，教师们收集名家名言、书法作品等，装饰学校里的第二个家，评选出最具书香气的"书香办公室"。身临其境的读书环境，让教师们品书香之气、享阅读之乐。

2. 书卷有远方，路远行则至

每年4月23日是"世界读书日"，社团会在学校学生中组织一些读书活动。利用这一契机，我们在教师中，在读书社团的主要负责下，评选一些奖项以激励教师们。在读书这条路上有教师自身的内驱力，也有伙伴鼓励，更有学校支持。比如，每学期一次的每一位教师需要撰写的读书体会，会颁发等第奖。同时，学校为了鼓励更多的教师加入创作行列，每学期由读书社团负责组织评选"最佳创作奖""最具文采奖"

"最富诗意奖"等。教师心中要有诗和远方,当下的鼓励未尝不是一种让大家朝着更远的目标前行的方式。

## 三、用扎实进步支撑高远梦想

### 1. 胸中才思汩汩涌,笔下锦绣煜煜辉

学校教师在读书社团的影响下,馥郁书香,书籍里的切切情怀在心窝里丰盈地成长,入眸的文字会成为笔下的一段段锦绣,教师们不怕写,虽不能笔落惊风雨,却也努力"文成动心弦"。近几年的"黄浦杯"长三角城市群征文,教师们纷纷投稿,获得上海市三等奖、浦东新区一等奖等成绩。在浦东工会组织的读书征文活动中,社团每年都组织教师投稿,也会获得等第奖。仅2022学年第二学期,独立申请区级一般课题、规划课题和青年课题的教师就有5位,有30多位教师成为课题组成员。近三年共有15位教师发表了文章。大家在读书社团中,沉淀日复一日的努力,读书的动能充分释放。

### 2. 时光清浅处处安,心有所期不茫然

新学期开学前,社团组织全体教师做了一次别有深意的活动:给未来的自己写一封信,一年、三年、五年,你的读书目标是什么?未来的你想要在读书这条路上有多少收获?然后夹在自己最喜欢的一本书里,放在床头柜或者书架明显位置,和书本一起,以欢喜之心,悦读日常。

新学年,读书社团还将成立朗读者小组,在社区建设"书香小屋",构建不同层级教师阅读的纵横坐标系等,在实践中不断完善。

2023年全国教育工作会议指出要把开展读书活动作为一件大事来抓。把读书社团建设好,是农村教育缩小差距的一大关键,因为读书是最低门槛的高贵,是恰到好处的美好。对于学生如此,对于教师来说更应做好阅读引路人。读书是教师最好的修行,也是教师"最长远的备课"。手捧书本,捧起的是教师和学生共同的希望,读书社团愿为这份希望做出努力。

# 热爱而生　平凡开展

上海市浦东新区周浦镇第二小学　陆　洋

周浦第二小学的阳光读书会已经成立了12年有余,而我也和它结下了不解之缘。这些年中,我陆续以共读领读人的身份带领了几个共读小组的开展和推进。这些书各有魅力,如将游记和数学结合共讲的《德国,来历不明的才智》、直击课堂改革的《以学习为中心的课堂观察》,还有今年共读的关于考古人的书《最早的中国》,领读这些书都是非常有趣的经历,是非常有意义的跨界阅读。读这些书,和书中所描述的人和事,都有一种由热爱而产生、开展于平凡中的感觉。但这样的感觉最让我感同身受的时刻,还是在带领一个9人共读小组读《心流》时的感受。

《心流》是米哈里·契克森米哈赖所著,他是积极心理学奠基人之一,"心流"理论提出者。美国心理学会前主席马丁·塞利格曼誉之为"世界积极心理学研究领军人物"。而这本书开始最吸引我的还是封面上的那句"心流不是鸡汤,而是让你保持专注高效、幸福感翻倍的科学"。在对这本书有了一定的了解后,借着学校阳光读书会的东风,我着手计划如何共读这本书。

要想让共读成员更加有动力参加共读活动,单单依靠任务驱动一定是不够的,如何让共读氛围轻松愉快,又使得成员动力满满、有所收获呢?思考之后,《心流》共读采用了三步走的策略。

首先是稳定基础,营造宽松环境。共读计划采用微信群的线上共读形式进行,以每半月一章的速度推进。我想进入共读的读书人本身对阅读是有一定的热爱的,但太过注重效率的共读会有任务性强的误区,还是应该以一种较慢的读让大家放松些,缓慢的推进速度也不会造成过大的压力,便于营造一种相对轻松的氛围。

其次是保证推进,创造优质共读氛围。共读的推进还是需要将一定任务和热爱情绪的调动作为动力的。共读小组中每个章节会有一名领读人,其余为跟读人。领读人的要求为:每个领读人领读时长大概为两周,领读人每周至少引领性发言一次;

领读者对跟读者的发言评论,并提出自己的见解;设计至少一个关于本章节的问题提问(尽可能引起群员的共鸣,可以与每周引领性发言结合)。而跟读人的要求则是,每个章节,至少发表一次个人感想,并对领读者提出的问题进行回应(有话则长、无话则短)。

相对来说,领读人需要承担更多的任务。但是,一本书的共读,只会轮到一次,任务并不重,可以较好地发挥出其对本书的热情。对跟读人的要求不高,但每次发言均能得到领读人或是其他成员的回应,这对他们更好地保持热情读下去,有很好的帮助。

最后,我想就是让书中的内容有一个很好的实践和交流的机会,有一种让其思想在平凡的生活和工作中展开来,让共读者发现原来在自己身边就有的释然感。关于这点,我从书中学习了一些关于产生"心流"的知识和方法,通过自行编写测试方法,组织了一次心理小测试。由于疫情影响,具体测试从一周缩短到了一天,但仍然是相当不错的体验。

具体测试方法为:(1)将一个完整的工作日分成"早晨""上午""中午""下午""晚间"五个大致部分。(2)在每个阶段因为一些非常平常的事情在微信群中发言一次,内容包括"简述碰到的事情,难度分,技巧分"。(3)叙述事情时无须思考,仅仅表达出第一反应即可。(4)难度分为完成这件事情的难度值,数值越大难度越高,技巧分为自身拥有的可以处理好这件事情的能力分值,分值越大能力越强,两者的最高分均是7,最低分均是1。

当测试的那天来临时,一共有9位教师参加了测试,每位教师基于各自不同的生活和工作描述了不同的事件,比如有的教师描述了在家中带孩子的经历,有的教师诉说了突然找不到东西的窘境,有的教师写了当天做饭和锻炼的事情,当然更多的是上课和备课的情况。当难度分和技巧分双双达到5的时候,即达到心流状态了。最终有2位教师在下午的工作中达到了这一状态,而其他教师也大多达到了心流的临界点。这是一个非常有趣的测试,虽然我并不是专业心理教师,但兴趣使然下,我设计了这次的实验,并且还写了一份测试报告。该测试报告虽没有派上什么高大上的作用,但分享给了所有共读成员,不失为一种不错的共享。如今回看这篇分析报告,也是相当有回味。我想,这次心理测试虽然并不完美,但确是将书中知识和工作生活相融合的积极尝试。就像是前文所说,带着热爱的心情进入这一共读世界,让它在平凡的工作生活中慢慢开展。

在《心流》共读中开展的心理测试活动是非常有趣且有意义的活动,虽然它只是对共读书中方法的不成熟实践,但带给了整个共读更贴近生活的感受。再加上共读基本的互动,整个共读过程下来,取得了相当丰厚的思想聚集。我想,其他类的书目,应该也可以用这样的方法进行共读,让大家怀着热爱的心进入,体验在平凡中开展的神秘与释然。

# 会当凌绝顶，一览众山小

## ——我在新网师的成长故事

### 上海市浦东新区祝桥东港幼儿园　孙红卫

我于2022年秋加入新网师进行培训学习，看到不少优秀的小伙伴每天5:30坚持晨读，周末坚持共读，每天进行阅读打卡，学以致用，每天爬格书写实践认识体会，认真完成作业，她们的精神激励了我。在这种氛围的熏陶下，我也跟着她们的脚步扎实地进行新网师的学习生活，磨炼自己的专业阅读、专业学习、专业写作能力，最终也让自己获得了成长。回顾学习过程，我真心觉得很不容易，每次都觉得是在登山，总是要历尽艰辛，克服重重困难，才能爬到山顶，累个半死才能享受"一览众山小"！

## 在阅读打卡中接触理论

我喜欢阅读，也喜欢写作，回头看自己所写的东西，总觉得很不够，郝老师在《未来教师》一书中也提到：你写不出你没有领会的东西，你说不出你不懂的内容，你领悟到什么高度，写作才能达到什么高度。

所以，我来到了新网师，新网师每门课程都会为学员们提供专业的阅读书目，这些都是非常经典的好书。但是，越经典就越难读懂，书中的理论需要一点一点去啃，光啃还不行，还得写阅读笔记进行打卡，因为光看不写，转眼就忘，读得越多，忘得越快。阅读笔记打卡有助于巩固、回顾和理解。例如，《幼儿园社会领域教育精要——关键经验与活动指导》一书将社会认知分为个体认知（如感知、注意、思维等）、关系认知（如权威的服从、友谊、冲突、合作等）、社会关系认知（如社会规则、职业、集体中不同角色的认知）这三条理论，读后我立刻联想到了在班内发生的一件事，把班级孩子的行为同这三条理论结合起来，用理论分析行为，指出孩子的社会性发展状况，最后撰写成了打卡文章《"我不要这辆小汽车"所想到的》，小伙伴看了之后都为我点赞,都说文章很有启示性,理论结合实践很鲜活!

我想,一线的教师不缺乏生动的实践案例,但是缺乏理论的积淀。有了阅读,就打开了理论学习之门,让自己在工作中不仅能知其然,还能知其所以然,透过事物的表面现象挖掘出事物的本质与原因,指导自己进一步采取正确的行动,这就是阅读带来的好处!

## 在预习作业中运用理论

预习作业是新网师的特色,一般作业都是在学习之后,但是在新网师培训中,在学习之前,教师会给学员提供资料包,提出问题,问题都得用理论和实践来说明,然后就让学员自己思考、自己写预习作业。我想,这样做的目的是更好地培养教师们的自学能力,这也是一项成长的重要能力。

每次作业对我来说都是个大难题,有时候抓头挠耳地,考虑案例是否合适,考虑理论分析是否对路,改进建议和方法是否可行,真的太难了!现在回想,之所以难,就是因为欠缺理论分析和运用能力,要把实例背后的理念、行为、心理分析出来,再用相关理论来佐证和解决问题,就感觉很难。如果我们能把实践和理论打通,用理论指导实践,用实践验证理论,那么我们的提高将是质的飞跃,也可以用类似专家的眼光来看待问题、分析和解决问题了,这个格局就不一样了。

想到这些,为了自己的成长得咬牙坚持,当初的初心就是不断提高,没有攀登的精神谈何提高。于是当写不下去时,我就不断翻书查看,查阅资料,深入思考,左思右想,想不到有时候竟然豁然开朗,真是"柳暗花明又一村"。我想,这种境界的美妙真的只有新网师人才能深深体会!

就这样,我的预习作业和过关作业均获得了优良的分数,最终考核为"优秀"!

## 在工作中实践理论

在学习过程中,我发现每种语言活动的核心经验是不一样的。实践活动之后,我对语言活动的开展有了深入的了解,有了理论的支撑,开展语言教学时有了方向。不知不觉中,我这个语言教学的门外汉似乎摸到了一些门道,所上的课总体都能成功达到教学目标,这让我对自己刮目相看,竟然能把课上成功了,让自己的薄弱之处有了大幅度的提高。这大大激励了自己,不仅创下了一学期完成公开教学次数之最——有六次之多,而且越上越觉得有意思,越上越想上。这种感觉真是让自己"醉"了,竟然恋上了以前最怕的公开教学活动。

郝晓东老师说,在新网师成长提升的关键不在于讲师、不在于课程、不在于书籍,而在于自我。如果仅仅是抱着旁听者的态度,在自身无动于衷的情况下,希望轻而易举学到绝招、妙招,希望立竿见影、药到病除,这是根本不可能的。在新网师,转变多少,成长多少,取决于你投入多少:是否能扎实预习,是否改变阅读方式,是否按时提交预习作业,能否准时参加每次研讨,从根本上说,取决于内心对自身生命的"信"(坚信生命的种子终会在未来某一天灿烂绽放),以及对教育的虔诚与热爱。只有这样,才能真正从繁重的工作中解脱出来,把貌似单调的日常工作变为调查研究的体验机会,把特殊儿童当作上帝派来成全自己的天使,把工作中的一次次困难当作砥砺成长的契机。

我想,这段话很好地总结出了我在新网师成长方面的心路历程,也期待更多的老师来到新网师,开启真学习。在这里,你会改变工作、生活、行走的方式,你会逐渐了解,什么是新网师倡导的幸福完整的教育生活。

# 第一次成为领读人
## ——我正在读的一本书《听说：探索课堂互动的研究谱系》

**上海市浦东新区观海幼儿园　张玉荣**

真的要感谢一路指引我们的人，在我人生最为迷茫的时候，机缘巧合成了一个共读学习小组的领读人，这时才意识到工作之后读书是一件多么奢侈、多么享受的事情。在我们这个由浦东新区各个中小幼22名教师组成的共读小组里，什么学科的教师都有，大家相聚在一起，就是为了"读书、读一本好书"。因为读书是人类延续下来最古老的一种让人进步的办法，读书也是提升自己最廉价的成长方式。我们读书的主题由教师自己进行推荐，从中选取一本可以与现实工作相接轨的书——《听说：探索课堂互动的研究谱系》。我们读书的形式很随意，由领读人开篇讲述此次共读的主要内容及章节重点，其次从个人工作案例出发，就事论事地将理论与现实相结合，分析其中的精髓，萃取可以为一线教师服务的策略方法。

## 事件1：什么时候读书？

很多时候，因为觉得自己没有时间读书，所以不愿意捧起一本书。当我在朋友圈看到别人推荐好书时又忍不住去买。话说我认真读书的时间并不长，之所以能捧起书来读，是因为我遇到了像浦东教育发展研究院王丽琴老师这样一群热爱读书的人。

一开始，我告诉自己尽量读一些短篇小说，因此读的书通常在200页左右，我给自己算账说，一个月有30天，如果每天读5—10页，1个月就能读1本书了，就算我坚持不了那么好，偶尔偷偷懒，那一年也能读8—10本书呢。于是每次捧起书时，并不会想怎么读完一本书，而是想，我今天是不是能读够10页书。

从那时起，我的包里总会放着一本书。随便什么时候都可以把书拿出来，读上几页，一天中总有零碎的时间无事可做，拿来读书。其实很多时候，只要想到看书，身边有书，让自己把书打开，就够了。

2021年，我和"我们"（共读社团的老师们）因为一本书《听说：探索课堂互动的研究谱系》而相遇。那时候，我并不知道这本书读起来这么费劲，只是觉得"课堂互动"应该是我的强项，我也愿意在这个共读小组中分享我的第一教育现场的师幼互动环节。相约两周星期日的晚上8点，大家手捧同一本书，从电脑中传出"美妙而神奇"的想法，一次次的碰撞让我得到了成长，在那一刻我觉得"我在什么时候读书"已不再是个问题。

## 事件2：选择读什么书？

除了我们共读小组所选择的肖思汉博士的《听说：探索课堂互动的研究谱系》、魏戈老师的《成为研究型教师的八个锦囊》，还有《SOLO分析理论》这三本专业书是必读书目。我的书柜里还有很多存货，因为之前逛书展或是各种其他原因买书，哐哐哐地买了很多，都一股脑地堆到书柜里，自己一直没有时间看。有些书是在华东师范大学门口的大夏书店里买的，是有塑封的那种。这让我很心慌，因为只要打开我的书柜，看到连塑封都没有被扯下来，就一定知道我根本没读这些书。所以我学着人家的方法，把书柜腾空一格，放我读过的书，这样特别有成就感，看着一个格子被装满了，就有一种遨游书海、陶醉其中的意境。

读了一些书后，我渐渐也发现了自己对哪类书感兴趣，再逛书店的时候，也知道哪些书会对自己有启发或者对自己的工作生活有帮助。再去买书时，我就会朝着这个方向去留意，进而就会读更多自己喜欢和对自己帮助较大的书。感谢大数据，有时候翻阅的某一种类型的书很多，大数据就像我的一个朋友一样，向我推送一些我喜欢的书；还有读书多了，身边的朋友也多了，就会和一直爱读书的朋友交流，会听到他们说最近在读什么书，谁的书比较好之类的，于是就买来读。再有就是感谢樊登老师，他一直拓宽我读书的边界。有时正好遇到自己喜欢的，随手就买，但有时会觉得味道不合，读起来会困难些，那么就多听樊登老师讲两遍。这时自己读书的领域得到了拓展，而且自己的眼界更加开阔，思维也会丰富开明。当然也有坚持了一段时间，仍旧没读出味道的书，没关系，选择读什么书已经不是问题了，先放下，以后再读。

## 事件3：怎么读书？

有一本书叫《如何阅读一本书》，是由莫提默·J.艾德勒与查尔斯·范多伦共同编撰的，这本书也是我们读书社团的老师分享给大家的。这本书中提到了如何感受阅读的层次、分析阅读、阅读不同读物的方法、阅读的最终目标等内容，其中在第五章中涉及一个内容"如何做一个自我要求的读者"，核心内容是三种做笔记的方法。于是我读书时会拿着一支笔，把自己认为对的有用的知识点、有启发的观点、书中提到的有用的工具都画下来，以便下次翻书查找时方便。同时我发现，用笔边画边读书，不容易走神，能保持自己的专注度，能一次多看几页书。

对自己有用的书，我会写读书笔记，用自己的话把书里的意思写出来。我很少对一整本书写体会，通常是针对某一章的内容或者是某个有感触的细节写，之后会把这一章的逻辑和主要内容记述出来。我发现这样的做法对于记住书中的观念大有帮助，通常我写完了，也就记住了这本书。有些书，我会把读到的知识融入原有知识体系中，不断地完善自己的知识体系。我相信，再努力下去，我的认知程度一定会更有深度。也许我是井底之蛙，这些粗陋的读书方法并不是什么好的，但对于我"怎么读书"的问题眼下是解决了。

## 事件4：收获些什么？

通过读各位名人名家的书，与那些饱读诗书的人交流时，我的思想、气质、谈吐都在发生变化。一个人，不能够总是看重外表，而是要多去读书，去提升自己的内在，这个对每个人来说，都是很好的成长方式！有句话说：读书，是最廉价的成长方式。这个技能，我们都应该掌握！我在此分享一下我的读书记录表（见表1），这个表虽然也有一定功利性，需要交流用的，但其中的体会让我得到成长。因为成长是自己培养自己的事！

另外，我在读书的过程中明白阅读不但对教师有益，而且对学生也有益。教师的专业知识结构拓宽，孩子们才能在教师身上感受到"书卷气"。教师可以向孩子们传递一条信息：阅读是可以让孩子们扩大视野，汲取更多的精神营养。在《给教师的建议》一书中作者的建议、闪光的思想、精练的语言，对我们来说，如同一条条欢快清澈

**表1 读书记录表**

记录时间：2021年9月10日

| 书名或文章名 | 《幼儿工作者的视野：置身教育实践的记录》 | | | |
|---|---|---|---|---|
| 来源 | 浏览杂志 | 他人推荐 | 自己淘来 | 共享 | 其他 |
| 值得品味的片段摘录 | 津守真教授说过："我的梦想是进入孩子本身的存在和人本身的存在之中去。不是以孩子为对象要他们干什么，就只是融入孩子本身的存在中去。""如果抱着和孩子深入接触的愿望而待在孩子身边时，就会看到走马观花时看不到的东西。""儿童教育是让孩子喷涌出他们自己的想法的工作。" | | | | |
| 我的收获 | 看了津守真老师教育实践的记录后，我深深地感受到了这位老师的魅力，他实践的场所是一个很小的、仅有30名左右从两三岁的幼儿到十二三岁孩子的特殊教育学校。在津守真老师眼里，即使有残障的孩子，也同样是在游戏中成长的。在教育上，每一个孩子都是一样的。他对孩子细微的观察和解读，深深地影响了我。 | | | | |
| 需要在我的实践中做的尝试 | 回想起自己带班的时候，往往都是按照一日计划组织活动，有的时候缺少了对孩子细微的观察和反思。在处理孩子发生的问题或者情况时，没有能够站在孩子的立场上，往往缺乏细微的观察和思考。如孩子告状幼儿A欺负小朋友，由于幼儿A一贯都很调皮，因而我就带着这种观念，不由分说就觉得是幼儿A的错误。其实应该多向津守真老师学习。作为一名教师，要学会观察，学会倾听，更要学会反思，融入儿童的世界，有的时候要用儿童的思维去理解他们的世界，这样我相信自己在以后的从教生涯中会有更大的收获。 | | | | |

的小溪，汇集在一起就是浩瀚博大的海洋，常读常新。因为读书让我明白面对当今教育改革的新形势，面对新时代的幼儿，作为一名幼儿园教师，不仅要自己读书，还要引导孩子们爱读书。

一年的共读会已近尾声，我带领的《听说：探索课堂互动的研究谱系》这个小组举行了7次线上教师读书交流会。在共读活动中，来自不同年龄段、教学科目的教师们分别畅谈了自己读书的所思所想、所感所悟，有的是讲一些幼儿教育方面，有的是讲生活哲理方面，大家都精心准备，把自己的读书体会与其他教师交流。在交流过程中，情感也十分丰富，而且不断地反哺到自己的实践工作中，这就是我们读书最大的收获。

常听到这样一句话："一朵云推动另一朵云。"我们的共读小组队伍越来越壮大，外省的教师也加入了其中，成都高新区陈老师、山东烟台卜老师，等等。细细品味每一位领读教师的读书心得,我也从中感悟到了不少老师提供的互动话题、交流读书感受,相互间分享了智慧、增长了见识。

感谢我们的共读会,感恩遇到的每一位对自我研究、自我专业成长有要求的书友。所有参与者在共读过程中都发表了自己的读后感,整个读书交流活动每一次都有新的收获。我也吸取到了不少经验,既有教育孩子方面的,还有生活方面的。尤其是在教室里,教师要关注每一位孩子,用平等的目光看他们,走进他们的内心世界,在生活中也要做到坚持不懈,不管前面有多大的风浪,都要扬帆启航,笑着去迎接一个又一个的挑战。

读书,是教师的工作方式、生活方式,更是教师成长的方式;读书,让我们更加自信,一群人,三言两语诉说感悟与共鸣;读书,教师间能互相吸取经验,有利于我们今后的专业成长,打开人生的另一扇门,也许下一个"奇迹"就在那里。

# "一波三折"的征文经历

## 上海市浦东新区临沂五村幼儿园　范素娟

近年来,"师幼互动"逐渐成为学前教育的热点话题,作为一线教师,我也对此产生了浓厚的兴趣,日常带班过程中也开始关注自身的师幼互动行为,但是"怎样的师幼互动行为才是有效的呢"？带着困惑和不解,我有幸参加了上海市教育科学研究项目"高质量师幼互动促进幼儿学习品质发展的实证研究"的科研培训班,并有机会领取了《有力的师幼互动——促进幼儿学习的策略》一书。这本书让我如获至宝,获益匪浅。

## 一、受到启发,撰写征文

通过阅读,我收获了很多关于师幼互动的理论经验,例如：欢笑、搞笑和好玩,可以让师幼互动成为有力互动;教师在有效互动中的责任就是理解和适应儿童的需求;教师的"放权"并不代表"不管""不顾",其实在放手的同时,我们更要"睁大眼睛和竖起耳朵",做到最大限度地放手和最低限度地介入……这本书一下子开拓了我对"师幼互动"的认识和理解,让我感受到,原来有力、有效的师幼互动可以是这样的！受到启发的我,准备将学到的这些关于师幼互动的"读书经验"落笔成文,围绕"户外游戏中的有效师幼互动策略"主题,着手撰写征文。

## 二、满怀希望,未被录用

在撰写论文之初,我先把书中学到的一些关于师幼互动策略的经验进行梳理,并逐条列出提纲,然后寻找户外游戏中的案例加以补充佐证,最后加入自己的一些感悟体会。我自以为这篇文章已经写得很不错了,不仅有很多的师幼互动理论支撑,还有好几个精彩丰富的案例故事,当然,还有自己对于师幼互动的体会。于是,我非常自信地拿这篇文章参加了市里的一个关于"高质量师幼互动"的征文比赛,心想:这次我一定能获奖!可是事与愿违,尽管我满怀希望,但结果不尽如人意!沮丧、失望、气馁,一下子充斥我的内心,"为什么没有成功呢?难道我还没有读透这本书吗?难道我的文笔不够好吗?"我自问,心中充满了迷茫!

### 三、感恩点拨,豁然开朗

带着疑惑,也抱着一颗不服输的心,我试着向《浦东教育》杂志社投去了这篇文章。等待一段时候后,我欣喜地收到了杂志社编辑的回复!虽然这并不是被录用的通知,只是有待进一步修改的建议,但我仿佛看到了希望,再次充满了战斗的勇气。在杂志社编辑的点拨下,我清楚地认识到自己失败的原因主要有以下两点:一是文中关于"户外游戏""师幼互动"的概念阐述不清,有待进一步厘清什么样的"师幼互动策略"是有效的?为什么有效?有效在哪里?二是案例论述部分比较零散空洞,需要一个有针对性的、逻辑性强的案例贯穿始终……看着这些建议,我顿时有种豁然开朗的感觉。

### 四、再捧书本,细细研读

原来,我失败的主要原因在于自己并没有真正读透这本书,只是"拿来主义"思想作祟,把自认为比较有效的师幼互动经验套用在一些案例中,这种浮于表面的"读书"其实没有真正做到"慧"读书,也没有起到"优"成长的作用!于是,我决定沉下心来,再次捧起《有力的师幼互动——促进幼儿学习的策略》这本书细细研读……在反复阅读中,我终于领悟到:其实,有力、有效的师幼互动策略的背后,是为了更好地促进幼儿学习品质的发展,在户外沙水游戏中亦如此!于是,我开始重新梳理案例,将"户外游戏"聚焦到"户外沙水游戏",还边读书边思考,努力去挖掘案例背后促进幼儿学习品质的师幼互动策略点……于是,新文章《看见孩子 点亮梦想——浅谈户外沙水游戏中的有效师幼互动策略》应运而生,失败的阴霾也逐渐消散,我不再急于渴望成功,更多的是想将书本中的经验"内化"!

## 五、坚持不懈,终被录用

虽然,修改的过程是漫长、枯燥、乏味的,我也经常会为了某一个字咬文嚼字,某一句话反复斟酌,但是我乐此不疲,乐在其中!因为我知道,写论文的过程就如同我在和书本进行着面对面的对话,我要努力把自己的读书体会内化在征文中,让更多的人看到我是如何在户外游戏中运用有效的师幼互动策略促进幼儿学习品质的发展的。……没过多久,我又一次向《浦东教育》杂志社寄去了修改好的文章。在等待与盼望中,我终于迎来了杂志社编辑的回信:修改得挺好,没有太大问题!这一刻,我内心抑制不住地激动,在坚持不懈的努力下,我终于成功啦!

这次"一波三折"的征文经历,让我深深地体会到,作为一线教师,我们读书时要学会"慧"读书,"拿来主义"思想不可取,只有沉下心来研读,才能做到将读书感悟内化运用、融会贯通,才能将经验落于实践,不断调整自己的教育教学行为,提升自己的专业素养!此外,在专业成长的道路上,当我们遇到一些挫折和困难时,也千万不要放弃、退缩,再次捧起书本,细细研读,相信"拨云见日终有时,守得云开见月明"!

让我们从现在开始,一起"爱"读书、"慧"读书,让读书真正优化我们的专业成长之路吧!

图书在版编目(CIP)数据

慧阅读 优成长：浦东新区"书香校园"教师读书活动优秀征文集 / 毛力熊主编；严国华，王丽琴副主编. — 上海：上海社会科学院出版社，2024
ISBN 978-7-5520-4326-6

Ⅰ.①慧… Ⅱ.①毛… ②严… ③王… Ⅲ.①读书活动—文集 Ⅳ.①G252.17-53

中国国家版本馆 CIP 数据核字(2024)第 050280 号

## 慧阅读 优成长
——浦东新区"书香校园"教师读书活动优秀征文集

主　　编：毛力熊
副 主 编：严国华　王丽琴
责任编辑：路　晓
封面设计：萧　萧
出版发行：上海社会科学院出版社
　　　　　上海顺昌路 622 号　邮编 200025
　　　　　电话总机 021-63315947　销售热线 021-53063735
　　　　　https://cbs.sass.org.cn　E-mail:sassp@sassp.cn
照　　排：南京展望文化发展有限公司
印　　刷：上海万卷印刷股份有限公司
开　　本：710 毫米×1010 毫米　1/16
印　　张：15.5
插　　页：6
字　　数：290 千
版　　次：2024 年 4 月第 1 版　2024 年 4 月第 1 次印刷

ISBN 978-7-5520-4326-6/G·1304　　　定价：78.00 元

版权所有　翻印必究